安徽省教师教育专业核心课程规划教材

U1004613

现代教育技术

XIANDAI JIAOYU JISHU

李怀龙　韩建华　主编

安徽师范大学出版社
·芜湖·

内容提要

本书为安徽省教师教育专业核心课程规划教材之一，主要介绍现代教育技术理论基础、教学设计、网络学习与现代远程教育、教育技术技能等内容。本书紧扣最新《教师教育课程标准（试行）》《中小学教师信息技术应用能力标准（试行）》，内容全面，通俗易懂，适应现代教育技术发展的需要，既可作为师范院校教师教育类公共课教材使用，也可供教师入编入职考试参考使用。

图书在版编目（CIP）数据

现代教育技术/李怀龙，韩建华主编. —芜湖：安徽师范大学出版社，2016.4（2025.7重印）
（安徽省教师教育专业核心课程规划教材）
ISBN 978-7-5676-2233-3

Ⅰ.①现… Ⅱ.①李… ②韩… Ⅲ.①教育技术学－师范大学－教材 Ⅳ.①G40－057

中国版本图书馆 CIP 数据核字（2015）第 247721 号

责任编辑：何章艳
装帧设计：任 彤

现代教育技术
李怀龙 韩建华 主编

出版发行：安徽师范大学出版社
芜湖市九华南路 189 号安徽师范大学花津校区 邮政编码：241002
网 址：http://www.ahnupress.com/
发 行 部：0553-3883578 5910327 5910310（传真） E-mail：asdcbsfxb@126.com
印 刷：苏州市古得堡数码印刷有限公司
版 次：2016 年 4 月第 1 版
印 次：2025 年 7 月第 11 次印刷
规 格：787 mm×1092 mm 1/16
印 张：16.25
字 数：385 千
书 号：ISBN 978-7-5676-2233-3
定 价：46.80 元

“安徽省教师教育专业核心课程规划教材”
编　委　会

本丛书为：

1. 安徽省“振兴计划”重大教学改革研究项目“安徽省教师教育专业教育类课程内容标准和教材建设研究”（项目编号：2013zdjy188）建设成果
2. 安徽省教师教育协同创新中心课程资源开发成果

总　序

百年大计，教育为本；教育大计，教师为本。随着我国基础教育改革的不断深入，社会对教育的要求越来越高，教师教育改革日益受到人们的广泛关注并开始进入实质性的改革阶段。为贯彻落实《国家中长期教育改革和发展规划纲要（2010—2020年）》，深化教师教育改革，规范和引导教师教育课程与教学，培养造就高素质专业化教师队伍，中华人民共和国教育部于2011年下发《教育部关于大力推进教师教育课程改革的意见》，就推进教师教育课程改革和实施《教师教育课程标准（试行）》提出意见，要求创新教师教育课程理念、优化教师教育课程结构、改革课程教学内容、改进教学方法和手段、加强教师养成教育、强化教育实践环节。《教师教育课程标准（试行）》明确指出，教师教育课程标准体现国家对教师教育机构设置教师教育课程的基本要求，此标准是制定教师教育课程方案、开发教材与课程资源、开展教学与评价，以及认定教师资格的重要依据。同年，教育部师范教育司、教育部考试中心颁布《中小学和幼儿园教师资格考试标准（试行）》，指出中小学和幼儿园教师资格考试标准是教师职业准入的国家标准，是从事中小学和幼儿园教师职业的最基本要求，是进行中小学和幼儿园教师资格考试的基本依据。2012年，教育部颁布《教师专业标准（试行）》并指出，教师是履行教育工作职责的专业人员，需要经过严格的培养与培训，具有良好的职业道德，掌握系统的专业知识和专业技能。《教师专业标准（试行）》是国家对合格教师的基本专业要求，是教师开展教育、教学活动的基本规范，是引领教师专业发展的基本准则，是进行教师培养、准入、培训、考核等工作的重要依据。三大“标准”的颁布，意味着传统的教师教育课程设置、课程体系以及课程内容，已经不适应教师教育改革的发展要求，难以满足基础教育改革对教师素质的新要求。

在这种背景下，安徽省高等院校教师教育合作委员会为贯彻落实教师教育改革的新要求与新精神，推进我省教师教育专业课程建设，开始着手筹划安徽省教师教育专业课程建设与教材编写工作。在安徽省高等院校教师教育合作委员会的组织与协调下，此项工作于2014年10月正式启动。安徽师范大学、淮北师范大学、安庆师范学院、阜阳师范学院、合肥师范学院、淮南师范学院六所师范院校，立足于教师教育的协同与创新理念,组织研制安徽省教师教育课程体系并协同进行课程开发。在继承传统教师教育课程设置优点的基础上,根据教师专业发展的需要以及《教师教育课程标准(试行)》关于教师教育课程设置的基本理念和指导思想,六所师范院校在前期研究和充分讨论的基础上,确定了“中学教育基础”“心理学”“小学教育基础”“小学生心理发展与教育教程”“现代教育技术”“学校心理健康教育”“教师职业技能训练教程”“教师职业规范与专业发展”“教育实习”“陶行知教育思想与实践”等十门课程,作为教师教育专业基础课程,并基于设置的课程开发相应的教材。

此次教师教育课程设置及教材开发的基本指导思想是:在保持传统教师教育课程框架的基础上,对课程内容采用模块化设计,同时各学校根据自身教师教育办学特色,有选择性地设置相关课程模块,满足学生多样化的学习需求。同时,课程设制与教材开发不仅考虑到师范生毕业后入职入编的需要,也考虑到为师范生将来专业的持续发展奠定坚实的基础;不仅考虑到师范生通过相关课程的学习能够获得对基础教育最基本的认识,也考虑到师范生通过专业教育后能够很快地胜任中小学教育教学工作。这是一个包含多重意图的课程设计思想。试图将多重意图反映在一种课程体系中,这样的设想不免有理想化的色彩,其是否合理,能否通过课程实施而成为现实,有待实践的检验。

遵循教育部三大“标准”的理念和精神,从传统的教师教育课程转向创新的教师教育课程,其中还有许多工作要做,有许多问题要解决。我们的努力只是这个转向的一个微不足道的方面。希望我们的努力能够为这个转向注入新的元素。

安徽省教师教育课程建设和教材编写委员会

前　言

学习是人类的基本活动,学习能力是人类与生俱来的基本能力之一,人类(无论是个体还是组织)的生存和发展依赖于自身不断地有效学习。人类学习一方面是对当前环境的适应,另一方面是继承前人的关键经验和正确的行为方式,并根据自身与环境相互作用的效应改造这些经验和行为方式。新生代在学校的学习更多地表现为后者,从这个意义上说,教育活动有两个基本内容,一是为学习者(多数情况下是新生代)挑选出“关键经验”和“正确的行为方式”,二是支持学习者学得更好、更快、更愉悦。前者主要涉及教育目标和教育内容,后者主要涉及教育教学策略和方法。

教育教学策略和方法就是支持学习者的学习,为学习者设计适当的教育教学方案,并有效实施和不断改善这些教育教学方案。教育教学方案包含一系列内容,涉及学习目标的确认与陈述、学习者的分析与了解、学习情境的创设与改造、学习动机的激发与保持、教学媒体的开发与选择、教育信息的表达与设计、学习内容的分析与组织、学习路径的设计与选择、学习过程的记录与监控、交互方式的设计与选择、学习效果的测量与评价等等。以上这些内容就是教育技术理论与实践领域的主要内容。

以计算机网络技术和多媒体技术为主要特征的信息技术,依据学习科学、认知科学、教育教学理论、媒体理论、传播理论和系统工程方法的研究成果,为设计、实施和改善教育教学方案提供了一系列可能的方式和途径(完全不同于以往的任何一种技术所提供的内容),并不断变革教育教学的各个领域。在国内这些研究内容和实践领域被称为现代教育技术。

《现代教育技术》教材主要包含以上内容,分为现代教育技术概述、现代教育技术的理论基础、教学设计、多媒体课件的设计与开发、网络学习与现代远程教育、教育技术技能六章。本书在设计与编写时充分考虑教学的需要,每章都提供学习目标、内容小结、问题思考与讨论、阅读指南、网络导航等内容。

“现代教育技术”是高等师范院校教师教育专业的一门重要的公共基础课,其目的是培养学生的教育技术理论素养和实践能力。本书有较强的适应性,既可作为高等院校本(专)科生和研究生的教育技术公共课教材,也可作为各类学校教师进行教育技术培训的教材,还可供从事教育技术、信息技术教学与管理的人员阅读参考。

本书的编者都是长期从事教育技术教学与研究的教师,全书由李怀龙(淮北师范大学)、韩建华(安庆师范学院,现已更名为安庆师范大学)主编。各章编写分工为:第一章由黄玉(安庆师范学院)编写,第二章由徐影(淮北师范大学)编写,第三章由万士全(安庆师范学院)编写,第四章由张坤颖(淮北师范大学)编写,第五章由韩建华和方申荣(安庆师范学院)编写,第六章由吴姜、庄自超和李怀龙(淮北师范大学)编写。韩建华负责第一、三、五章的编写组织和统稿,李怀龙负责第二、四、六章的编写组织和统稿以及全书的编写组织。

本书在编写的过程中引用了大量专家学者的著作、论文和网络资源,同时也参考和引用了大量同类著作与教材的内容,限于篇幅并未一一注明;本书的编写得到了安徽省高等院校教师教育合作委员会、淮北师范大学教育学院、淮北师范大学教务处、安庆师范学院教育学院、安庆师范学院教务处和安徽师范大学出版社的大力支持,在此一并表示衷心的感谢。

由于编写时间和编者水平的限制,疏漏和不妥之处在所难免,恳请广大读者和专家批评指正。

编　者

2015 年 11 月

目　　录

第一章　现代教育技术概述

学习目标

理解教育技术的定义和研究内容；了解现代教育技术产生与发展的历程；了解我国中小学教师教育技术能力标准；对教育技术产生兴趣；深刻认识学习现代教育技术的重要性。

一　教育技术的基本概念

（一）教育技术的含义

美国是教育技术发展较快的国家。专业人员由于出身和关注点不同，对教育技术的称谓有所差异。媒体派关注媒体开发和应用，该领域的专业人员使用“教学技术”（Instructional Technology），这是使用最为广泛的术语，它大体上对应于我国的教育技术；学习派强调学习心理学在教学中的有效应用，关注对教学系统进行整体和系统设计，这一领域的专业人员则使用“教学系统”（Instructional System）。近年来，随着两大学派走向融合，人们越来越多地使用“教学设计与技术”（Instructional Design and Technology）；还有一部分专业人员关注以计算机为核心的当代信息技术在教育中的应用实践和学术研究，他们则使用“教育技术”（Educational Technology）。

教育技术的英文名称是 Educational Technology，Educational 用来修饰 Technology，因此，要理解什么是教育技术，首先要认清技术的概念。所谓技术，就是为实现某一特定目的而运用的、基于各种科学理论与原理的、作为人的能力外化的工具、工具的规则体系以及运用这些工具及其规则体系来实施的问题解决式社会实践活动。以此为基础，教育技术就是以解决教育实际问题、提升教育教学质量为目标的所有教育媒体、教育媒体的规则体系，以及系统化地运用这些教育媒体及其规则体系来解决教育问题的创造性活动。

教育技术学是一个正在发展的年轻学科。教育技术作为一个专业和领域出现，最早可以追溯到 20 世纪 20 年代美国的“视觉教学运动”。从 1963 年到 2005 年，美国教育技术界对教育技术进行了多次定义，反映出它从一项教学方法的改革运动到教育技术的实践研究领域,进而发展为一门学科与专业,并逐步走向成熟的发展过程。以下是不同时期教育技术定义的演变。

1. AECT1963 **定义提出的背景及其对美国教育技术发展的作用**

教育技术作为一种实践历史悠久,但作为一种较为系统的理论或一门学科只有几十年。教育技术的概念是由多股思潮汇聚形成的。作为一个机构,美国教育传播与技术协会(Association for Educational Communications and Technology,简称 AECT)最初以全美教育协会的视觉教学部之名创立于1923 年。其最初的使命是提升人们对教育中视觉媒体作用的理解,但是随着时间的推移,对话与交流开始使其囊括了来自其他领域的观点,包括系统论、行为主义心理学理论、工业心理学理论、传播理论以及视听媒体方面的理论。在 20 世纪 60 年代,"视听传播"作为一个混合语出现了,它深深地受到由斯金纳及其他行为主义者提出的革命性教育观念的影响。这个革命性教育观念的标志物就是分别于1965 年在英国出版和 1968 年在美国出版的斯金纳的著作——《教学的技术》(*Technology of Teaching*)。

20 世纪 60 年代初期,AECT(当时叫作"视听教学部")组建了一个专业委员会(定义与术语委员会)去明确而简洁地陈述概念及相关术语的定义,并确立"视听传播"作为中心概念。1963 年,视听教学部对视听传播下了正式定义:视听传播是教育理论与实践的一个分支,它主要研究如何对控制学习过程的信息进行设计和使用,包括:①研究在有目的的学习过程中可以使用的图像信息和非表征性信息的独特的相对的优缺点;②在教育环境中利用人员和设备将信息结构化、系统化。这些任务包括对整个教学系统及其组成部分的计划、制作、选择、管理和应用。它的实际目标是有效使用每一种传播方法和媒体,以开发学习者的全部潜力。

这个定义使广大专业工作者茅塞顿开,把眼光从静态的、单维的物质手段方面转向了动态的、多维的教学过程方面。这从根本上改变了视听领域的实践范畴和理论框架,即由仅仅重视教具教材的使用,转为充分关注教学信息怎样从发送者(教师等)经由各种渠道(媒体等)传递给接受者(学生)的整个传播过程。由于教学信息的传播是一个复杂的、多要素相互作用的过程,传播理论必然与跟它差不多同时形成的系统观念汇合,共同影响视听教育向视听传播的转变。而且教育界开始有硬件和软件之分,视听教材被视为传递教学信息的媒体,而不仅仅是辅助教学的工具。比视听媒体更具包容性的术语"教学资源"开始出现,于是学者们将关注的焦点从视听教育逐渐转向整体的教学传播过程以及教学系统这一宏观层面。

2. AECT1970 **定义提出的背景及其对美国教育技术发展的作用**

由于媒体技术的发展和理论观念的拓新,美国教育界感到原有视听教育的名称不能代表该领域的实践和研究范畴。1970 年 6 月 25 日,美国视听教育协会改名为"美国教育传播与技术协会"。1970 年,AECT 对教育技术作如下两种定义:第一种,在人们较为熟悉的意义上,教育技术是指产生于传播革命的媒体,这些媒体可以与教师、课本和黑板一起来为教学目的服务……教育技术由电视、电影、投影机、计算机等硬件和软件组成……第二种定义不太为人们所熟悉，这一定义指出教育技术超出了任何特定的媒体或设备，它是按照具体的目标，根据对人类学习和传播的研究，利用人力和非人力等各种资源的结合，促使教学更有效的一种系统的设计、实施、评价的全部过程和方法。在这个意义上，教育技术整体大于部分之和。

从 AECT1970 定义中可以看到，教育技术一方面指的是在教与学过程中应用的媒体及其开发与应用技术（包括硬件和相应的软件），即有形的媒体技术；另一方面指的是分析教与学的总体过程，并解决其中的问题，从而获得优化效果的系统方法，是对教与学过程进行系统设计的技术，即无形的、智能的系统技术。由此可见，这个定义反映了教育技术概念的演化，表明了教育技术是在视听教学运动中形成的一个规定性定义，界定了教育技术是教与学过程中应用的媒体技术和系统技术的总称。但是这个定义容易使人将教育技术误解为媒体技术。

这个定义在 20 世纪 70 年代初被该领域理论和实践人员普遍接受，可以说，这是促使该领域的专业组织——视听教学部改名为教育传播与技术协会的重要因素之一。由于该定义的理论影响，AECT 成立了一个定义与术语工作组（Task Force on Definition and Terminology），对该领域的理论构架开始了更深入的研究。

3. AECT1977 定义提出的背景及其对美国教育技术发展的作用

AECT1970 定义是一个规定性定义，阐释了教育技术的基本含义，而教育技术在实践意义上指的是一个特定的实践与研究领域，这就要求人们必须指出教育技术在教育与教学实践中的应用模式。所以 AECT 在 1977 年组织百位教育技术方面的学者、专家，经过一年多的讨论，出版专著《教育技术领域定义》，阐述教育技术是如何运用特定的理论和原则来分析和解决教与学问题的，并用一个过程性模型来形象地描述教育技术在教学实践中运用的过程。他们认为教育技术是一个复杂的、综合的过程，这一过程包含各种人、各种方法、各种思想、各种设备和组织机构，而这些人、方法、思想、设备和组织机构是分析人类学习中的所有问题以及为这些问题而进行的设计、实施、评价和管理的过程中所涉及的。这个定义主要表达了三个方面的意思：①教育技术是一个复杂的、综合的过程，该过程包含与人类学习有关的各种因素（人、方法、思想、设备等）；②该过程是指将先进的技术设备、思想、方法用于解决人类学习中所面临的各种问题的应用过程；③教育技术的着眼点只是实际应用。这个定义充分认识到研究领域的复杂性，强调系统方法在过程整合、因素分析、问题解决中的应用，并以学习问题的分析和解决为中心，突出了学习者的主体地位。这一定义体现了认知主义思潮的主要思想，实现了认知理论与教育技术的结合。

4. AECT1994 定义提出的背景及其对美国教育技术发展的作用

在 1977 年得出教育技术的领域定义后，AECT 又经过近 20 年的实践与研究，使教育技术基本上具备了形成独立学科的条件。即有了明确的、区别于其他学科的研究对象和概念，形成了分析、解决教育与教学实践问题的知识体系（基本理论），具有一套科学的方法论。所以 AECT 组织了几百位教育技术方面的学者、专家，经过几年的讨论，发表了新的有关教育技术的定义，即 AECT1994 定义。该定义的英文表述是“ Instructional Technology is the theory and practice of design, development, utilization, management and evaluation of processes and resources for learning”，翻译为中文可以理解为“教学技术是对学习过程和学习资源的设计、开发、利用、管理和评价的理论与实践”。与前三个定义相比较，AECT1994 定义更为明确、简洁、概念化，也更易于理解、接受和传播。AECT 组织对它的评价是“迄今为止最好的、最概念化的一个定义”。

5. AECT2004 定义提出的背景及人们对它的期待

近年来，一方面，由于教育理论的不断涌现和新技术的发明，如人们对于人类学习过程和知识本质的新认识、信息和技术的大发展、学习资源的数字化、绩效技术的发展等，教育技术学的理论和实践面临着许多变革与挑战；另一方面，人本主义思想的提出及其发展使人们对过去片面地强调技术进行了反思。在 2004 年的 AECT 国际论坛上，AECT 定义与术语委员会主席巴巴拉 · 西尔斯教授首次提出了 AECT 2004 年关于教育技术的新定义，即 AECT2004 定义（该定义于 2005 年正式发布，学术界多称之为 AECT2005 定义）。该定义的英文表述是：Educational Technology is the study and ethical practice of facilitating learning and improving performance by creating, using and managing appropriate technological processes and resources。彭绍东教授对此的翻译为：教育技术是通过创造、使用、管理适当的技术过程和资源，促进学习和改善绩效的研究与符合道德规范的实践。

AECT2004 定义作为教育技术理论体系的重要内容，人们一是期待它能进一步划清教育技术与教学论、学习论、课程论、绩效技术等学科领域的界线，以便更好地指导专业发展；二是希望通过言简意赅、通俗易懂的语言使这一定义成为普遍接受的概念，为专业认证提供相关信息，提高公众的接受度与认可度，以便更好地促进学术交流，使专业发展与学科建设更加规范化；三是希望通过这一定义倡导教育技术实践应该符合道德规范，强调教育技术应该创新。

通过 AECT2004 定义与 AECT1994 定义的比较，我国教育技术专家何克抗、李文光等人认为，能够较为真实地反映目前国内外教育技术研究与应用现状的、相对比较科学的教育技术学定义为：教育技术学是通过设计、开发、利用、管理、评价有合适技术支持的教育过程与教育资源，来促进学习并提高绩效的理论与实践。

（二）教育技术的研究内容

教育技术的 AECT1994 定义在很大程度上影响了我国教育技术学科的理论与实践，因此，本书对教育技术内涵的理解基于此展开。图 1 - 1 是 AECT1994 定义的结构图。

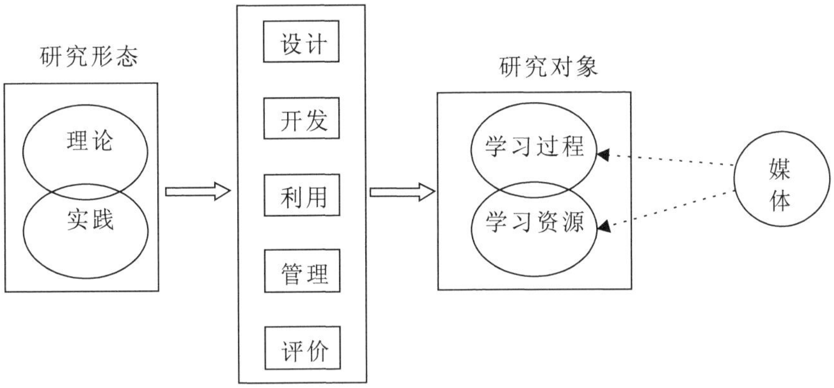

图1－1　AECT1994定义的结构

如图1－1所示，教育技术有两个研究对象，即学习过程和学习资源；五个研究内容，即设计、开发、利用、管理和评价；两个研究形态，即理论和实践。其中，学习过程是学习者通过与信息、环境的相互作用获取知识和技能的认知过程，学习资源是学习过程中所要利用的各种信息和环境条件，包括支持系统、教学材料和环境。

图1－2是AECT1994定义的研究内容。

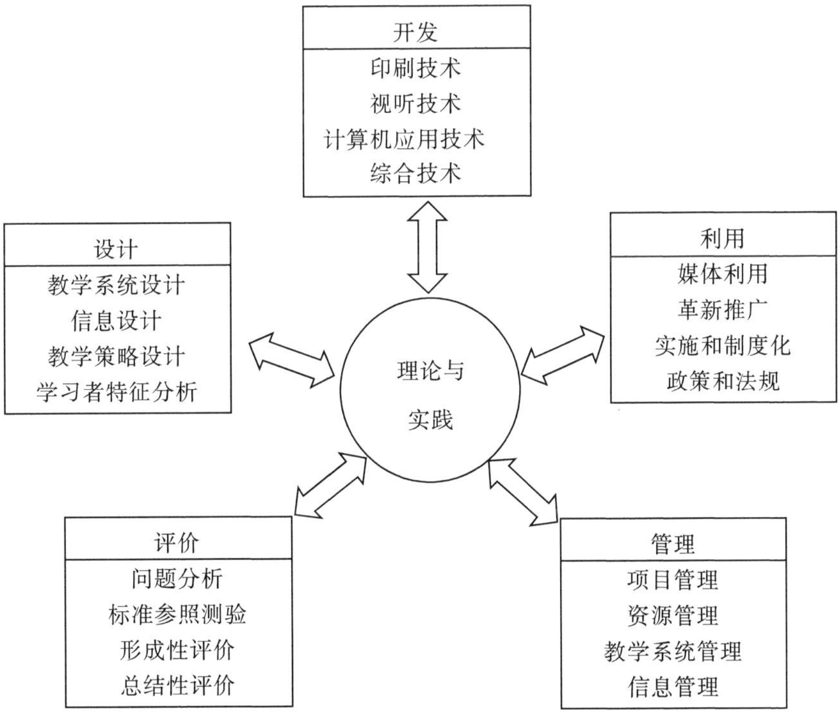

图1－2　AECT1994定义的研究内容

AECT1994定义中，设计分为过程的设计和资源的设计，包括教学系统设计、信息设计、教学策略设计、学习者特征分析；开发是将媒体设计方案转化为物理形态的过程，包括设计、制作和发送等功能，根据媒体的制作技术可分为四类，即印刷技术、视听技术、计算机应用技术和综合技术；利用就是使用过程和资源以促进学习，包括媒体利用、革新推广、实施和制度化、政策和法规；管理是指通过计划、组织、协调和监督来控制教育技术，包括项目管理、资源管理、教学系统管理与信息管理；评价就是确定教学和学习是否合格的过程，包括问题分析、标准参照测验、形成性评价和总结性评价。

二　现代教育技术的产生与发展

（一）国外教育技术的发展历程

关于教育技术的起源众说纷纭，有学者认为，教育技术作为进行教育活动的手段、方法和技巧，它的产生可以追溯到古代部落教士对知识主体的分类。人类早期发明了用来积累和传播信息的象形文字或书写符号，每个时代都有其为完成某种文化教育而发明的某种教育技术或程序。也有学者认为，教育技术的真正始祖应该为古希腊各地齐聚雅典的修辞学、哲学雄辩术、伦理学等方面的教师。他们用"技术"这个术语，按照某种系统的方式，将知识运用于实际的教育艺术过程中；他们为满足教学目标的要求将认识规律公式化，对课题进行系统分析，设计教学方法，编写教材。还有人认为，从教育产生的第一天起，就有了教育技术。按这种说法，教育技术可以追溯到人类远古时期对生产和生活经验的传递。随着时代的前进，人类为完成教育不断采用新技术，从而使教育技术不断发展。

以芬恩为代表的美国教育技术界大多数学者的观点是，教育技术起源于第二次产业革命时期，即自动化和原子能时代。他们认为教育技术始于 20 世纪 20 年代初期，并把视觉运动的兴起作为教育技术的发端。也有人认为 17 世纪至 19 世纪末的直观技术与哲学认识论（感觉论）应作为教育技术的初始阶段，以班级教学为形式，以书本、粉笔、黑板、图片、模型及口语为媒介的直观技术是较为简单和原始的教育技术。

有人把教育技术分为传统的和现代的，他们认为从教育产生到 19 世纪末是传统教育技术发展的时期，主要以口头言语、形体技术、文字、印刷等为技术手段参与教育活动。19 世纪末，媒体介入教育技术领域，标志着教育技术进入现代教育技术发展时期。

如果从一个专门领域与学科的角度来理解教育技术，更多的学者认为直观教学是教育技术的先声，并把美国 20 世纪初期的"视觉教学运动"作为教育技术的开端。因此，美国可以作为研究国外教育技术发展历史的典型代表。美国教育技术的形成与发展可以从三个主要方面追溯：一是视听教学运动推动了各类学习资源在教学中的应用；二是个别化教学促进了以学习者为中心的个性化教学的形成；三是教学系统方法的发展促进了教育技术理论的核心——教学设计的诞生。

1. 媒体教学技术——从直观教学到视听传播

（1）直观教学——教育技术的先声。

一般认为，捷克教育学家夸美纽斯是近代教育理论的奠基人，他所提出的直观教学观点为教育技术的发展奠定了基础。直观教学是指运用真实事物的标本、模型、图片等为载体传递教学信息，进行具体的教学活动。

夸美纽斯认为，知识的开端来自感官，教学应从观察事物开始。在可能的范围内，一切事物都应该放在感官跟前；如果得不到实物，就用图像、模型等直观教具代替。他把直观教学定为教师的一条“金科玉律”，要求在一切教学中普遍运用。他按照直观教学原则编写的带有 150 幅插图的教科书《世界图解》被认为是教育技术发展史上最重要的成就之一。19 世纪瑞士教育家裴斯泰洛奇、德国教育家福禄培尔及第斯多惠等人则对直观教学在欧洲和美洲大陆的传播产生了深刻的影响，使直观教学成为教育者的有意识的教育行为。

（2）视觉教学——教育技术的发端。

19 世纪末，工业革命推动科学技术的迅猛发展，一些新的科技成果，如照相技术、幻灯机、无声电影等被引入教学领域，给传统的以手工操作为主的教学带来了新的技术手段，人们意识到视觉媒体在提高教学效果方面具有巨大潜力。20 世纪初，美国的视觉教学开始出现。1918 年到 1928 年十年“视觉教学运动”期间，一场系统的教学改革运动蓬勃发展。1922 年，格拉迪斯等编著的《满足社区需求的电影》是第一本完整的视觉教学专著；1923 年，美国教育协会成立了“视觉教学部”，即今天的美国教育传播与技术协会的前身；1937 年，霍本出版了《课程视觉化》，系统地论述了视觉教学的理论基础、基本原则，并提出了各类媒体分类的层次模型。美国教育技术界人士大多把 20 世纪 20 年代初期美国教育领域内兴起的“视觉教学运动”作为教育技术的开端。

（3）视听教学——媒体教育技术的主体。

20 世纪 20 年代末，由于有声电影和广播录音技术的发展及其在教育领域的应用，视觉教学的概念已经不能涵盖当时的教学实践，视觉教学便发展为视听教学。视听教学初期，学校教育技术发展缓慢，之后由于第二次世界大战爆发，视听教学在工业和军队训练中得到大力发展，美国利用视听教学快速培养了大批军事人才。1945 年，德国投降后，德军总参谋长威廉·凯塔谈及战争失败的原因时说：“我们精确计算了一切因素，只是没有算到美国训练军备的速度，我们最大的错误就在于低估了他们迅速掌握电影教育的速度。”

第二次世界大战结束后，视听教学稳步发展，出现了一系列标志性的成果。1946 年，戴尔出版了《教学中的视听方法》，其中的“经验之塔”理论成了视听教学的主要理论根据。1947 年，美国教育协会将“视觉教学部”正式改名为“视听教学部”，从此它的工作目标更趋专业化，不仅宣传推广各级各类教育的新的视听课程计划，资助、生产和提供各种视听教材，还对从事视听教学资源计划、生产和应用工作的人员进行培训。

（4）视听传播——教育技术观念由媒体论向过程论和系统论过渡。

第二次世界大战以后，传播理论和早期的系统观同时影响视听教学领域。传播理论使教育技术观念从静止的媒体论走向动态的过程论，而早期的系统观使教育技术观念从有形的媒体论走向无形的系统论。在这种影响下，视听教学演变为视听传播，这是教育技术发展史上一次革命性的转变。从此，视听教学开始沿着过程论和系统论两个方向发展，教育技术的观念开始更新。

视听传播论将教学内容、媒体、方法、人员和环境等看成教学系统的要素，根据教学需要与目标对教学系统进行设计，设计出的教学系统作为一个完整的教学“产品”投入教学情境中使用，以解决类似的教学问题。视听传播彻底改变了传统视听教学的理论架构，把对提高媒体教学效果的研究置于整个教学过程的宏观框架中，完全改变了传统视听教学论对视听媒体进行孤立研究的方向。

2. 个别化教学技术

(1)早期的个别化教学。

个别化教学是一种适合学习者不同需要和特点的教学。早期个别化教学具有如下特点：教学目的明确，试图使学习迎合学生个别差异，打破传统教学的固定步调和模式；学生能自主制订学习进度计划，但必须达到一定的教学要求才能进入下一阶段的学习；重视课程内容的选择与组织。个别化教学作为一种普遍的教学方法，早在19世纪中叶就已经存在，而作为真正的个别化教学系统，则出现在伯克于1911—1913年在美国旧金山一个师范学校所进行的试验中。早期的个别化教学试验为教育技术的个别化教学研究和实践积累了宝贵的经验。

(2)程序教学。

程序教学就是将教学内容按一定的逻辑顺序分解成若干小的学习单元，再编制成教学程序，由学习者自主学习。程序教学有如下特点：学习步骤小，可以自主确定学习步调，反应积极，能即时反馈，错误率低。

在程序教学的发展中出现了两种模式，即斯金纳的直线式程序和克劳德的分支式程序。在直线式程序中，所有学习单元由浅入深，学习者只要做出正确的反应就能获得强化，并被允许进入下一个学习单元。在这种模式中，学习必须按照教材程序规定的顺序进行，程序只提供反应正误的反馈信息，不提供补充学习材料。在分支式程序中，学习的信息量大并且带有分支，允许学习者对学习单元进行选择，不同的反应将把学习者引导到不同的学习页面上。反应正确可进入新的学习单元，反应错误则进入补充学习单元。这种模式无疑使进度快的学习者不必通过所有的学习单元，使学习更加个性化。

(3)计算机辅助教学。

20世纪60年代后期，其他个别化教学的研究也得到了一定程度的发展。由于计算机具有人机交互、动态模拟、高速运算、海量存储、控制灵活等特点，其性能大大优于早期的程序教学机器，于是人们开始探索通过计算机进行个别化教学。1959年，美国IBM公司设计了第一个计算机辅助教学系统，利用一台IBM 650计算机和一台电传打字机向小学生教授二进制算术，并能根据学生的要求产生练习题，同时还研制了编写课件的著作语言Courseware-I。早期的计算机辅助教学是以行为主义学习理论为指导的。

20世纪70年代末和80年代初，计算机辅助教学开始以认知心理学为理论基础发展，强调学习者的心理特征与认知规律，把学习看成学习者根据自己的态度、需要、兴趣、爱好，利用自己的原有认知结构，主动对当前外部刺激所提供的信息进行有选择的信息加工的过程。按照这一理论开发的计算机辅助教学系统更充分体现个别化教学的各项要求。计算机引入人工智能技术来建造学习者的认知模型，能够了解学习者的学习基础、认知结构和认知策略，并根据学习者的需求和特点进行有针对性的个别化教学，因此，计算机辅助教学是比较完善的计算机个别化教学技术。

20 世纪 90 年代，计算机多媒体技术、网络通信技术、人工智能技术进一步发展并交叉整合。同时，建构主义的学习理论和教学理论逐渐成熟，人们开始利用多媒体计算机和基于互联网的网络通信技术构建基于建构主义的教学系统。计算机不再只是一种辅助教学的工具，而是作为认知工具、情感激励工具以及协作和交流工具，起到导师、伙伴、工具的作用。国际上开始使用计算机辅助学习这一概念来代替计算机辅助教学。即便如此，计算机辅助教学仍是计算机教育应用的主要领域，个别化教学是计算机辅助教学的基本功能。

3. 教学系统方法的形成

教学系统方法是一种系统的设计、实施和评价教与学全过程的方法。20 世纪 60 年代，在程序教学的开发模式、行为科学和一般系统论的影响下，教学系统方法逐渐形成。20 世纪 60 年代初，加涅、格拉泽、布里格斯等将系统论思想与上述任务分析、行为目标和标准参照测验等理论、概念及方法有机结合，提出了早期的“系统化设计教学”模型。20 世纪 60 年代中期，运用系统方法解决教学问题逐渐成为视听传播领域的指导思想。20 世纪 70 年代，美国视听教育协会改名为“美国教育传播与技术协会”，而教学系统方法的发展是促成改名的重要原因之一。另外，教学系统方法还直接促进了教育技术学的核心——教学设计理论与方法的形成与发展。

（二）我国教育技术的发展历程

随着国外视听教育的发展，20 世纪 30 年代视听概念引入我国。但我国真正比较全面地探讨教育技术，是在 20 世纪 80 年代之后，教育技术学从此创立。

1. 电化教育阶段（1978 年以前）

20 世纪初，幻灯传入我国，于是我国出现了最早的无声电影和幻灯教育手段。1936 年，当时的国民政府教育部在南京成立了电影教育委员会和播音教育委员会，这是我国最早的电教机构。1936 年，教育界人士经过讨论确定了“电化教育”这一名称。1937 年，商务印书馆出版了学者陈友松所著的我国第一本电化教育专著《有声的教育电影》。1938 年，金陵大学（后并入南京大学）设立了电化教育专修科。1945 年，苏州国家教育学院建立了电化教育系。1947 年，北平师范学院（现为北京师范大学）建立了直观教育馆。1949 年，中华书局出版了杜维涛所译的戴尔的名著《视听教学法之理论》。

新中国成立后，于 1949 年 11 月在文化部科学普及局成立了电化教育处，由电化教育专家萧树滋任管理科科长。1951 年，北京辅仁大学教育系开设了电化教育课程，由萧树滋主讲。1957 年，西北师范学院教育系也开设了电化教育课程。1958 年，北京市建立了“北京市电化教育馆”。而后由于三年经济困难和十年“文革”，电化教育未能快速发展。

2. 定义、内涵探讨阶段（1978—1987 年）

关于电化教育是否要更名为教育技术，我国是从 1982 年开始真正讨论这一问题的。

1984—1986 年,这一讨论进入高潮。讨论的议题是:要不要改名称,改为什么? 一是认为没有必要使用“电化教育”这个名称;二是认为应改为“教育技术”。经过讨论,达成了共识:我国的电化教育在本质上与国外的教育技术是相同的,两者的目的都是利用科技成果开发新的学习资源,并采用新的教学理论和方法控制教育过程,取得最佳的教育效果,达到教学最优化。这场讨论之后,1987 年,国家教育委员会发布了“高师本科专业目录”,正式确定了“电化教育”的名称。1986 年,国家学位委员会批准设立教育技术硕士专业,教育技术学就此在我国正式确立,形成了教育传播学、教育技术学、电化教育学三科鼎立、同步发展的格局。

在讨论“电化教育”是否更名为“教育技术”的同时,交织着对教育技术定义、内涵的探讨。当然这种探讨大多数是与电化教育作比较进行的,分别从教育技术学的研究对象、研究领域、研究方法等方面来探讨教育技术的定义、内涵。但在涉及教育技术定义、内涵的表述时,大多是介绍西方国家的。教育技术的本质是一个既涉及教育技术内涵又涉及教育技术学在教育科学中的地位和归属的问题。对于什么是教育技术的本质,大致有工具说、方式说和要素说三种观点。

3. 学科体系形成阶段(1987 年至今)

我国教育技术学学科体系的形成基于三个方面:国外教育技术学的介绍与借鉴;20 世纪 80 年代中期,我国对教育技术学有关理论方面的系统探讨;1986 年,教育技术学学科在我国的正式确定。教育技术学充分利用众多的现代科技成果,吸收前沿科学的方法论精华,使教育技术学趋于系统化和科学化,从而完善了自身的理论体系。据不完全统计,到 2012 年,全国有 200 多所高等院校设置了教育技术学专业,近 90 所高等院校具有教育技术学专业硕士学位授予权。截至目前,教育技术学专业已形成从学士到博士的多层次、多方向的完整人才培养体系。

(三)现代教育技术的发展趋势

1. 网络化

随着互联网应用的发展和网民用户的不断增加,网络远程教育必定会对教育产生很大的影响,无论是教学手段和教学方法,还是教育模式和教育体制,都会产生巨大的变革。这种不受空间、时间和地域限制的网络远程教育可以覆盖世界上每一个有网的角落,使教育具有开放性和普遍性。学习者可以在任何时间、任何地点,选择任意的专家教授进行交流,还可以下载大量需要的信息资源。

2. 多媒体化

多媒体,在计算机系统中是指组合两种或两种以上媒体的一种人机交互式信息交流和传播媒体。媒体包括文字、图片、声音(包括音乐、语音旁白、特殊音效)、动画和影片,以及程序所提供的互动功能。多媒体传输形式的多样化有利于提高教育效果。

三　现代教育技术与教师专业发展

（一）信息素养

信息素养（Information Literacy）这一概念是美国信息产业协会主席保罗·泽考斯基于1974年提出的。信息素养的本质是全球信息化要求人们具备的一种基本素质，它包括能够判断什么时候需要信息，并且懂得如何去获取信息，如何去评价和有效利用所获取的信息。

信息窗 1－1

信息素养

信息素养包含技术和人文两个层面的意义：技术层面上，信息素养反映的是人们搜集、鉴别、筛选、利用信息的能力，以及在教学过程中有效使用信息技术的技能，它包括信息科学技术常识和信息能力。人文层面上，信息素养则反映了人们对于信息的情感、态度和价值观。它建立在技术层面的基础之上，涉及独立学习、协同工作、个人和社会责任等各个方面的内容，包括信息意识与情感，以及信息伦理道德修养。信息意识与情感是指具有使用计算机与其他信息技术来解决工作、生活中的问题的意识与积极态度；信息伦理道德修养是指信息应用人员能够遵循伦理道德规范，不从事非法活动，知道如何防范计算机病毒和其他计算机犯罪活动。

［**资料来源**］卢强，等. 现代教育技术［M］. 北京：电子工业出版社，2011：19.

具体而言，信息素养应包含五个方面的内容：①热爱生活，有获取新信息的意愿，能够主动地从生活实践中不断查找、探究新信息；②具有基本的科学和文化常识，能够较为自如地对获得的信息进行辨别和分析，正确地加以评估；③可灵活地支配信息，较好地掌握选择信息、拒绝信息的技能；④能够有效地利用信息表达个人的思想和观念，并乐意与他人分享不同的见解或资讯；⑤无论面对何种情境，都能够充满自信地运用各类信息解决问题，有较强的创新意识和进取精神。

美国提出的信息素养概念则包括三个层面：文化层面（知识方面）、信息意识（意识层面）和信息技能（技术层面）。道伊尔在《信息素养全美论坛的终结报告》中，对信息素养的概念作了详尽表述：一个有信息素养的人，他能够认识到精确和完整的信息是做出合理决策的基础；能够确定对信息的需求，形成基于信息需求的问题，确定潜在的信息源，制定成功的检索方案，基于计算机和其他信息源获取信息、评价信息、组织信息，并运用于实际，将新信息与原有的知识体系进行融合，在批判思考和问题解决的过程中使用信息。

在信息社会,随着科学技术和经济的发展,各行各业的竞争越来越激烈,这对教师的信息素养提出了更高的要求。对教师信息素养的培养要求具体体现在中小学教师教育技术能力标准中。

(二)教师教育技术能力标准

1.美国国家教师教育技术标准

作为信息时代的合格教师,究竟应该具备哪些有关信息技术的基本知识、技能和素养,以及运用信息技术进行教学的知识和技能,才能在课堂教学中有效地使用信息技术?早在1993年,国际教育技术联合会(International Society for Technology in Education,简称ISTE)就制定了美国国家教师教育技术标准(National Educational Technology Standard for Teachers,简称NETS),具体说明了教师在教学中有效运用计算机和其他电子设备所必须具备的知识和技能。ISTE在时隔15年之后的2008年6月30日,公布了新版NETS。新标准涵盖5个能力维度和20个能力指标。与旧版本强调教师应掌握与技术相关的知识和技能不同,新标准关注的是教师在一个日益数字化的时代里,如何提升学生有效学习的能力以及让学生如何富有成就地生活。新标准的内容如下:

一、促进学生的学习,激发学生的创造性

教师利用他们擅长的专业知识(学科知识)以及教学、学习和技术方面的知识,在面对面或者虚拟的环境中为学生的学习、创造活动及创新能力的发展提供有益经验。教师应该能够:

(1)促进学生的创造性和创新性思维。

(2)鼓励学生参与探索真实世界中存在的问题,并运用数字化工具和资源来解决这些问题。

(3)促进学生使用协作性工具进行反思,使学生的概念理解、思维、计划和创造性的学习过程得以清晰地展现。

(4)在真实情境或虚拟环境中,通过与学生、同事或其他人共同学习来示范协作知识建构。

二、设计和开发数字时代的学习活动和评估工具

教师设计、开发数字时代的学习活动和评估工具,借助数学化工具和资源,使学生的学习在已有经验的基础上更富成效,培养学生具备《面向学生的美国国家教育技术标准》中规定的知识、技能和态度。教师应该能够:

(1)设计可以将相关数字化工具及资源整合进来的学习活动,促进学生的学习,激发学生的创造性。

(2)开发信息技术丰富的学习环境,在这个环境中所有学生都能够追求个体的自主成长,并成为设定自我教育目标、管理自我学习过程、评估自我学习结果的积极参与者。

(3)根据学生不同的学习风格、学习策略以及使用数字化工具和资源的能

力，为他们量身设计具有个性化特点的学习活动。

(4)针对学科内容和技术标准，给学生提供多样化的形成性评价和总结性评价，并利用评价结果来分析学习和教学情况。

三、成为数字时代工作和学习的典范

作为全球化、数字化时代中一种创新职业的代表，教师应展示自己所拥有的知识、技能和工作过程。教师应该能够：

(1)在技术系统中流畅地使用各种技术，并能够将现有知识迁移到新技术、新情景中去。

(2)与学生、同事、家长及社区成员合作使用数字化工具和资源，支持学生有效学习和创新能力的发展。

(3)利用数字化时代多样化的媒体和形式，与学生、家长及同事就一些信息和观点进行有效交流。

(4)成为有效利用数字化工具来寻找、分析、评价和使用信息资源以支持研究和学习的榜样。

四、提高数字化时代公民素养及责任意识并使其成为典范

在不断发展的数字文化氛围中，教师应该理解区域性及全球性的社会问题和职责，并在专业实践中展现出符合法律和道德规范的行为。教师应该能够：

(1)提倡、示范并讲授安全地、合乎法律和道德规范地使用数字化信息和技术，包括尊重版权、知识产权以及资料的恰当来源。

(2)按照“学习者中心”策略的要求，根据学生不同的需求为其提供平等地使用合适的数字化工具及资源的机会。

(3)示范并促进学生养成与使用技术和信息相关的网络礼节和负责任的社会交互行为。

(4)运用数字化时代的交流、协作工具，与不同文化背景中的同事和学生进行沟通，理解不同文化并发扬全球意识。

五、注重专业能力和领导能力的发展

通过高效应用数字化工具和资源，教师持续不断地提高自身专业实践能力，在学校和专业圈子中展现领导能力。教师应该能够：

(1)参与区域性及全球性的学习共同体来探究对技术的创造性应用，以促进学生的学习。

(2)通过参与决策制定、参与学习共同体建设以及开发他人的领导能力和技术技能来展示教师自身的领导能力。

(3)定期对当前相关研究及专业实践做出评价和反思，以便更好地利用数字化工具和资源促进学生的学习。

(4)致力于教育事业、学校和社区的效力、活力及自我更新的建设。

2. 中国中小学教师教育技术标准

为了提高我国中小学教师的教育技术能力水平，促进教师专业能力的发展，2004 年 12

月 25 日,国家教育部正式颁布了《中小学教师教育技术能力标准(试行)》(以下简称《标准》)。这是我国中小学教师的第一个专业能力标准,它的颁布与实施是我国教师教育领域一件里程碑性的大事,对我国教师教育的改革与发展产生了深远影响。

《标准》包含教学人员、管理人员、技术人员三个子标准,体系结构相同,但基本内容有所差异。这一《标准》的体系结构为具有我国特色的"414N"结构:"4"表示 4 个能力素质维度,"14"表示每个维度有 14 个一级指标,"N"表示有 N 个绩效指标(对于教学人员、管理人员、技术人员这三类子标准,N 依次为 42、46、43)。其中,4 个能力素质维度是:

(1)应用教育技术的意识与态度,包括信息需求意识、信息应用与创新意识、对信息的敏感性与洞察力、对信息的兴趣与态度等等。

(2)掌握教育技术的知识与技能,包括教育技术的基本理论与研究方法,基本操作技能,信息的检索、加工与表达,信息的安全与评价,等等。

(3)教育技术的应用与创新,包括教学设计、教学实践、信息技术与课程整合、自主学习与协作学习等等。

(4)应用教育技术的社会责任,包括与信息利用及传播有关的道德、法律、人文关怀等等。

以下是《中小学教师教育技术能力标准(试行)》中教学人员的教育技术能力标准。

一、意识与态度

(一)重要性的认识

1. 能够认识到教育技术的有效应用对于推进教育信息化、促进教育改革和实施国家课程标准的重要作用。

2. 能够认识到教育技术能力是教师专业素质的必要组成部分。

3. 能够认识到教育技术的有效应用对于优化教学过程、培养创新型人才的重要作用。

(二)应用意识

1. 具有在教学中应用教育技术的意识。

2. 具有在教学中开展信息技术与课程整合、进行教学改革研究的意识。

3. 具有运用教育技术不断丰富学习资源的意识。

4. 具有关注新技术发展并尝试将新技术应用于教学的意识。

(三)评价与反思

1. 具有对教学资源的利用进行评价与反思的意识。

2. 具有对教学过程进行评价与反思的意识。

3. 具有对教学效果与效率进行评价与反思的意识。

(四)终身学习

1. 具有不断学习新知识和新技术以完善自身素质结构的意识与态度。

2. 具有利用教育技术进行终身学习以实现专业发展与个人发展的意识与态度。

二、知识与技能

（一）基本知识

1. 了解教育技术基本概念。

2. 理解教育技术的主要理论基础。

3. 掌握教育技术理论的基本内容。

4. 了解基本的教育技术研究方法。

（二）基本技能

1. 掌握信息检索、加工与利用的方法。

2. 掌握常见教学媒体选择与开发的方法。

3. 掌握教学系统设计的一般方法。

4. 掌握教学资源管理、教学过程管理和项目管理的方法。

5. 掌握教学媒体、教学资源、教学过程与教学效果的评价方法。

三、应用与创新

（一）教学设计与实施

1. 能够正确地描述教学目标、分析教学内容，并能根据学生特点和教学条件设计有效的教学活动。

2. 积极开展信息技术与课程的整合，探索信息技术与课程整合的有效途径。

3. 能为学生提供各种运用技术进行实践的机会，并进行有针对性的指导。

4. 能应用技术开展对学生的评价和对教学过程的评价。

（二）教学支持与管理

1. 能够收集、甄别、整合、应用与学科相关的教学资源以优化教学环境。

2. 能在教学中对教学资源进行有效管理。

3. 能在教学中对学习活动进行有效管理。

4. 能在教学中对教学过程进行有效管理。

（三）科研与发展

1. 能结合学科教学进行教育技术应用的研究。

2. 能针对学科教学中教育技术应用的效果进行研究。

3. 能充分利用信息技术学习业务知识，发展自身的业务能力。

（四）合作与交流

1. 能利用技术与学生就学习进行交流。

2. 能利用技术与家长就学生情况进行交流。

3. 能利用技术与同事在教学和科研方面广泛开展合作与交流。

4. 能利用技术与教育管理人员就教育管理工作进行沟通。

5. 能利用技术与技术人员在教学资源的设计、选择与开发等方面进行合作与交流。

6. 能利用技术与学科专家、教育技术专家就教育技术的应用进行交流与合作。

四、社会责任

(一)公平利用

努力使不同性别、不同经济状况的学生在学习资源的利用上享有均等的机会。

(二)有效应用

努力使不同背景、不同性格和能力的学生均能利用学习资源得到良好发展。

(三)健康使用

促进学生正确地使用学习资源,以营造良好的学习环境。

(四)规范行为

能向学生示范并传授与技术利用有关的法律法规知识和伦理道德观念。

四 信息技术与课程整合

以计算机网络技术和多媒体技术为主要特征的信息技术正在不断变革教育教学的各个领域。在国内,这些研究内容和实践领域常常被称为现代教育技术。信息技术在教学领域的应用更直接、更深入地表现在课程的变革上,即课程目标、课程设计与开发、课程实施与评价的变革,这就是信息技术与课程整合。

(一)信息技术与课程整合的含义

在分析信息技术与课程整合的含义之前,有必要先对信息技术与课程整合的发展历程做简单介绍,以便于大家在继承和借鉴的基础上,更好地认识和理解信息技术与课程整合的本质。

1. 信息技术与课程整合的发展历程

自 1959 年美国 IBM 公司研发出第一个计算机辅助教学系统以来,信息技术与课程整合大体经历了以下三个发展阶段。

(1)计算机辅助教学(Computer Assisted Instruction,简称 CAI)阶段。

20 世纪 60 年代初至 80 年代中期,是信息技术应用于教育的第一个发展阶段,即 CAI 阶段。该阶段主要利用计算机的快速运算、图形动画和仿真等功能,辅助教师解决教学中的某些重点、难点问题,设计的 CAI 课件大多以演示为主。在这一阶段,一般只提计算机教育(或计算机文化),还没有提出信息技术的概念。

(2)计算机辅助学习(Computer Assisted Learning,简称 CAL)阶段。

20 世纪 80 年代中期至 90 年代中期是 CAL 阶段。此阶段逐步从辅助教为主转向辅助学为主,也就是强调如何利用计算机辅助学生学习。例如,用计算机帮助学生搜集资料、辅导答疑、自我测试以及帮助学生安排学习计划等等,即不仅仅用计算机辅助教师的教,更强调用计算机辅助学生自主地学。在这一阶段,计算机教育和信息技术教育两种概念并存。

应当指出的是,我国因为信息技术应用于教育起步较晚——20 世纪 80 年代初才开始进行计算机辅助教学的试验研究,加上我国教育界历来受"以教为主"的传统教育思想影响,往往只重视教师的教,而忽视学生自主地学,所以尽管国际上自 80 年代中期开始信息技术应用于教育的主要模式逐渐由 CAI 转向 CAL,但是在我国似乎并没有这种变化。

(3)信息技术与课程整合(Integrating Information Technology into the Curriculum,简称 IITC)阶段。

20 世纪 90 年代中期以来,信息技术与各学科课程的整合是国际教育界非常关注和重视的一个研究课题,也是信息技术应用于教育进入第三个发展阶段(即 IITC 阶段)的主要模式。在这一阶段,原来的计算机教育(或计算机文化)概念已完全被信息技术教育概念所取代。

2. 信息技术与课程整合的内涵

何克抗教授认为,所谓信息技术与课程整合,就是通过将信息技术有效地融合于各学科的教学过程来营造一种新型教学环境,实现一种既能发挥教师主导作用又能充分体现学生主体地位的以"自主、探究、合作"为特征的教与学方式。这一观点把学生的主动性、积极性和创造性较充分地发挥出来,使传统的以教师为中心的课堂教学结构发生根本性变革,从而使学生的创新精神与实践能力的培养真正落到实处。由此可见,信息技术与课程整合包含三个基本属性:营造(或建构)新型教学环境、实现新的教与学方式、变革传统教学结构。应当指出,这三个基本属性并非平行并列的关系,而是逐步递进的关系——营造新型教学环境是为了支持新的教与学方式,实现新的教与学方式是为了变革传统教学结构,变革传统教学结构则是为了最终达到培养学生的创新精神与实践能力的目标(即培养创新人才的目标)。可见,整合的实质与落脚点是变革传统的教学结构,即改变"以教师为中心"的教学结构,创建新型的既能发挥教师主导作用又能充分体现学生主体地位的"主导—主体相结合"的教学结构。只有依据三个基本属性,特别是变革传统教学结构这一属性来理解整合的内涵,才可能把握信息技术与课程整合的实质。

因为"环境"这一概念含义很广(教学过程主体以外的一切人力因素与非人力因素都属于教学环境的范畴),所以上述定义就信息技术在教育领域的应用而言,与把以计算机为核心的信息技术仅仅看成工具、手段的 CAI 或 CAL 相比,显然要广泛得多、深刻得多,其实际意义也要重大得多。

CAI 主要是对教学方法与教学手段的改变(涉及教学环境和教学方式),它基本上没有体现新的学习方式,更没有改变教学结构,因此它和信息技术与课程整合二者之间不能画等号。当然,在课程整合过程中,有时候会将 CAI 课件用于促进学生的自主学习,所以整合并不排斥 CAI。不过,整合过程中运用 CAI 课件是把它作为促进学生自主学习的认知工具与协作交流工具,这种场合中的 CAI 只是整合过程(即信息技术应用于教育的全过程)中的一个环节、一个局部。而传统的"以教师为中心"的计算机辅助教学是把 CAI 课件作为辅助教师突破教学重难点的直观教具、演示教具,并且这种场合中的 CAI 就是信息技术应用于教育的全部内容(而不是其中的一个环节或局部)。可见,这两种场合中 CAI 课件的运用,即使不从其内涵实质而仅从其应用方式上看,也是不一样的。所以只有依据上述三个基本属性来认识和理解信息技术与课程整合的内涵与实质,才有可能形成真正有效的能实现深层次整合的具体途径与方法。从目前全球的发展趋势来看,信息技术应用于教育正日渐深入地进入第三个发展阶段,即信息技术与课程整合的阶段。由以上分析可见,在进入这个阶段以后,实际上信息技术就不再仅仅是辅助教或学的工具,而是要通过新型教学环境和教与学方式的建构从根本上改变传统的“以教师为中心”的教学结构,使培养学生的创新精神与实践能力的目标(即培养创新人才的目标)真正落到实处。正因为如此,大力倡导与推进信息技术与课程整合,目前已经成为全球教育改革的总趋势。

(二)信息技术与课程整合的目标

信息技术与课程整合要达到的宏观目标是:建设数字化教育环境,推进教育信息化进程,促进学校教学方式的根本性变革,培养学生的创新精神和实践能力,实现信息技术环境下的素质教育与创新教育。具体目标包括四个方面:

1. 优化教学过程,提高教学质量和效益

信息技术与课程整合的本质是在教育思想、教育理论的指导下,把以计算机及网络技术为核心的信息技术,作为教学环境的创设工具和促进学生学习的认知工具,应用到各学科教学过程中。要将各种教学资源、各个教学要素和教学环节进行组合、重构,使其相互融合,以提高教学质量,促进传统教学方法的变革。

2. 培养学生的信息素养

培养学生获取(包括信息发现、信息采集与信息优选)、分析(包括信息分类、信息综合、信息查错与信息评价)、加工(包括信息的排序与检索、信息的组织与表达、信息的存储与变换以及信息的控制与传输等)和利用(包括如何有效地利用信息来解决学习、工作和生活中的各种问题)信息的知识与能力,为学生打好全面、扎实的信息文化基础,同时使学生具备对信息内容的批判与理解能力,并能在虚拟的环境中具有良好的信息伦理道德和法律意识。

3. 培养学生掌握信息时代的学习方式

海量的网络信息改变了人类的学习方式,使其从接受式学习转变为自主学习、探究性学习和协作学习。新的学习方式要求学生能够利用资源进行学习,学会在数字化情境中进行自主发现,学会利用网络通信工具进行协商交流、合作讨论式学习,学会利用信息加工工具和创作平台,进行实践性、创造性学习。

4. 培养学生终身学习的态度和能力

在信息时代,知识的更新加快,各学科之间相互渗透,从而出现了更多的新兴学科和交叉学科。这就要求学生具有主动汲取知识的愿望,并能付诸于日常生活实践,能够独立自主地学习,能够自我组织并控制整个学习过程,对学习进行自我评估。

(三)信息技术与课程整合的基本方式

信息技术与课程整合的关键是如何有效应用信息技术的优势来更好地实现课程学习的目标,培养学生的信息素养、创新精神与实践能力。信息技术与课程整合的基本方式有

以下十种。

1. 信息技术作为学习对象

信息技术作为学习对象包含三个方面的含义。①学习信息技术的相关科学知识：像物理、化学一样，信息技术也凝聚了人类的智慧，学生应当学习信息技术的相关科学知识，了解计算机的基本原理、构成、程序语言、历史以及未来发展趋势等。②学习信息技术的基本技能：信息技术在社会中具有广泛的用途，作为社会公民，学生应当掌握信息技术的基本技能。③了解信息技术的用途及其对社会的影响：信息技术对社会产生了重大影响，学生应当了解信息技术给社会各领域带来的变化及问题，知道信息技术能做什么，不能做什么。

2. 信息技术作为演示工具

信息技术作为演示工具是信息技术应用于学科教学的最初表现形式，是信息技术与课程整合的最低层次，目前大多数基础教育和高等教育都采用这种方式。教师可以利用现成的计算机辅助教学软件或多媒体素材库，选择合适的部分运用在自己的教学中，也可以利用一些多媒体制作工具，有效结合各种教学素材，制作演示文稿或多媒体课件，清楚地说明要讲解的内容的结构，形象地演示其中某些难以理解的内容，用图表、动画等展示动态的变化过程和理论模型，等等。另外，教师也可以利用模拟软件或者计算机外接传感器来演示某些实验现象，帮助学生理解所学的知识。这样，通过合理的设计与选择，计算机代替了幻灯、投影、粉笔、黑板等传统媒体，实现了新的教育功能。

3. 信息技术作为交流工具

信息技术作为交流工具是指将信息技术作为辅助教学交流的工具引入教学，主要实现师生之间情感与信息的交流。网络通讯技术的发展为信息的交流提供了有力的工具，如电子邮件、BBS、聊天室、视频会议等，都可以为教师和学生之间的交流提供支持。同一个学科的教师可以通过邮件列表或 BBS 等建立一个讨论组，交流自己在教学中的经验体会。学生可以在网上建立各种兴趣小组，对共同感兴趣的主题进行探索和讨论。比如，在科学教育中，世界上不同国家的学生利用互联网来共同研究全球气候变暖的问题。他们分别收集当地气候变化的有关资料，并进行实地观测，然后将数据录入基于互联网的数据库中，再在网上对气候变化及其原因进行讨论。这样，这些学生就可以对世界上不同地方的气候变化情况进行分析和研究。学生可以通过网络向教师提问题或交作业，教师可以通过网络为学生提供指导，学校和家长之间也可以利用网络实现更好的沟通和合作。另外，在进行某个领域的学习时，学生还可以通过互联网访问该领域的一流专家或者一线实践工作者。比如，学生可以就遗传问题直接通过电子邮件访问遗传学专家。

4. 信息技术作为个别辅导工具

目前有大量的练习型软件和计算机辅助测验软件，可以让学生在练习和测验中巩固所学的知识，并决定下一步学习的方向，实现了个别辅导式教学。在此过程中，计算机软件代替了教师的部分职能，如出题、评定等。因此，教学的发生对技术有较强的依赖性。此外，这种教学还能在一定程度上注意学生的个别差异，提高学生学习的投入性。根据不同的学习内容和学习目标，不同模式的个别辅导软件采用不同的教学（或学习）方法，提供的交互方式也有所不同，包括操练和练习、对话、游戏、模拟、测试、问题解答等。

5. 信息技术提供资源环境

用信息技术提供资源环境就是要突破书本是知识主要来源的限制，用各种相关资源来丰富课堂教学，极大地扩充教学知识量，使学生不再只是学习课本上的内容，而是开阔思路，了解各种观点。以前，教师在备课时所能利用的信息资源主要是教科书、教学参考书以及其他参考资料；学生在学习活动中的信息源主要是教师、课本以及其他学习辅导书。信息技术进入教学扩展了教师和学生的信息源，他们可以访问各种电子化的课程资源库，获得直接相关的素材和资料；使用各种多媒体百科全书光盘（如“科学大百科”“世界名画”等），获得图、文、声并茂的教学资料；通过网络检索图书馆中的相关资源，或者直接访问数字图书馆中的内容，比如中国期刊网；浏览万维网上的各种专业网站，获得某学科的最新信息。丰富有效的信息资源是优质教学的重要保障，因此，在设计教学活动时，教师需要精心考虑应该利用哪些信息资源，如何用信息技术为学生提供最好、最新、最有吸引力的信息。另外，教师要引导、帮助学生有效地获取和利用各种信息资源，让他们能利用这些信息资源进行探索性学习。

在资源丰富的环境下学习，可以培养学生获取信息、分析信息的能力，让学生在对大量信息进行筛选的过程中，实现对事物的多层面了解。

6. 信息技术作为情境探究和发现学习的工具

一定的社会行为总是伴随行为发生所依赖的情境。要求学生理解某种社会行为，最好的方法是创设同样的情境，让学生具有真实的情境体验，在特定的情境中理解事物本身。利用多媒体集成工具或网页开发工具对需要呈现的课程学习内容以多媒体、超文本、友好交互等方式进行集成、加工处理，转化为数字化学习资源，并根据教学的需要创设一定的情境，让学生在情境中进行探究、发现，有助于加深学生对学习内容的理解，促进学生学习能力的提高。在发现式教学中，教师不是直接把现成的知识呈现给学生，而是给学生提供一定的问题情境和有关的资源，让学生通过自己的思考、探索来形成某些概念，发现事物的运动规律。在教学中，信息技术的作用主要是呈现探索情境，提供解决问题所需要的工具和信息资源，也可以检查、评价学生的学习情况。计算机模拟软件是发现学习的好工具。发现学习开始于需要学生探索的问题情境。传统教学中的习题往往是高度简化的，是与现实问题相差很大的“伪问题”。在这些习题中，条件和问题是明确给出的，而且它们之间是对应的，即所需要的条件都给了，不需要的条件一点不提，这与现实世界中的问题情境截然不同。这种教学方式不利于培养学生解决实际问题的能力。因此，新的教学方式提倡利用模拟软件或其他多媒体软件呈现探索情境，让学生对真实的问题情境进行探索。比如，可以用动画来表现一个故事情节，其中蕴含着需要学生解答的问题以及解决问题所需要的条件，这种方式更能激发学生的兴趣，更能保持问题的真实性。模拟软件一般向学生展现某种情境或过程，其中蕴含着一定的变量关系，学生可以通过对模拟情境的探究来发现其中的规律。一些开放的工具型教学软件也可以作为发现式教学的有力工具，比如中学数学教师利用几何画板来探索三角形重心的规律、直角三角形三条边的关系等等。

通过信息技术对呈现的社会、文化、自然情境进行观察、分析、思考，激发学生的学习兴趣、提高学生的观察和思考能力；通过信息技术对设置的问题情境进行思考、探索，利用数字化资源具有多媒体、超文本和友好交互界面等特点，培养学生发现问题、解决问题的能力；通过利用节点之间所具有的语义关系，培养学生进行知识意义建构的能力；通过信息技术创设虚拟实验环境，让学生实际操作、观察现象、读取数据、分析数据，培养其科学研究的能力，使其形成正确的科学研究态度，并掌握科学探索的方法与途径。这些都是信息技术作为情境探究和发现学习的工具的主要作用。

7. 信息技术作为信息加工和知识构建的工具

将信息技术作为信息加工工具主要是培养学生的信息加工和分析能力以及思维的流畅表达能力，强调学生在对大量信息进行快速提取的过程中，要对信息进行重整、加工和再应用。将信息技术作为知识构建工具可以使大量知识内化，在内化的过程中还可以开展通信和交流，提高学生在信息技术条件下思考、表达和交流信息的能力以及应用信息的能力。在这些过程中，通常可以采用任务式教学策略，它适用于小学高年级及以上的所有年级。例如，让小学六年级学生写一篇有关他最向往的地方的作文，学生可以在网上自由选择祖国山河的壮丽一景，结合图片及相关文字介绍写出一篇精美、感人的作文。在教学过程中，教师要密切注意学生信息加工处理的整个过程，在其遇到困难的时候给予及时的辅导和帮助。

如何将信息技术作为信息加工与知识建构的工具，主要途径有以下三种。

(1)使用专门的工具型教学软件。

工具型教学软件不为教师提供具体的教学内容，而是提供一个展示、处理某类教学内容的平台，教师、学生可以利用它来解决自己所面临的具体问题。几何画板是当前数学教学中应用非常广泛的工具型软件，利用这一软件，学生可以很方便地绘制各种几何图形，测量长度、角度等参数，还可以对图形做各种操作，比如伸缩、旋转等。通过这些操作，学生可以研究和发现图形中的各种内在关系。其他很多学科都有一些可以利用的工具型软件，比如化学中的专用绘图软件 ChemDraw。另外，一些教育软件开发商还专门为不同学科的教师开发了电子备课工具。

(2)在教学中应用一般工具软件。

一般工具软件也可以用在教学中，如文字处理软件、演示文稿软件、电子表格软件、数据库软件等等。微软公司的 PowerPoint 是教学中常用的工具软件，教师可以用它制作电子教案，在一定程度上代替黑板来演示教学提纲和内容。文字处理软件(如 Word 等)可以用在语文的写作课上，学生可以利用 Word 等进行写作和编辑排版。在进行英语写作时，Word 等还具有拼写和语法检查的功能，对学生的写作提供一定的帮助。另外，也可以在社会科学或自然科学课上让学生用 Word 撰写研究报告等。数据库、电子表格等软件可以用在自然科学研究或社会调查中，进行数据的管理和处理分析。比如，在学习中国人口问题时，教师不是直接向学生讲解中国的人口现状和人口政策，而是给学生提供中国人口数量发展的原始数据、世界人口发展的资料、中国及世界的耕地面积数据等，让学生通过电子表格软件建立相应的数据表，绘制中国和世界人口发展的曲线，分析中国人口发展的趋势及面临的问题。

(3)将计算机及其外接设备作为教学工具。

传感器用于实验教学在国外的理科教学中已经比较普遍。将计算机与一些传感器连接起来,便可以很方便地进行科学实验。传感器可以精确地测量和传递实验中的各种变量,如温度、光强、速度、pH、氧气浓度、电压、电流、压力等等。在进行实验时,实验的各种数据会实时地输入计算机,由计算机统计分析后,转化为图像、表格等形式呈现在屏幕上。比如,把温度传感器放进一杯热水中,计算机屏幕上会出现一条正在逐渐上升的温度曲线,而且会在表格中显示温度的具体变化数据。这样一来,利用基于计算机的实验,不仅可以使传统教学中的定性实验得以量化,还可以使原有的定量实验变得更为准确和精密。

8. 信息技术作为合作工具

计算机网络技术为信息技术与课程整合、合作式学习提供了良好的技术基础和支持环境。计算机网络环境大大扩充了合作的范围,减少了合作的非必要支出,学生可以借助Mud、E-mail、BBS等网络通讯工具实现相互之间的交流,参加各种类型的对话、协商、讨论等活动,促进独立思考,发展求异思维,培养创新能力和团队合作精神。基于互联网的学习合作模式有四种:竞争、合作、伙伴和角色扮演。不同类型的合作学习对技术的要求程度不同。在课堂的合作研讨活动中,信息技术可以作为表达工具,如学生个人或者学习小组可以将自己对研讨问题的思考做成 PowerPoint 演示文稿,使自己的表达更清楚、更有条理。另外,信息技术还可以作为信息记录和整理的工具,如交互式电子白板。在计算机上连接投影仪和交互式电子白板,教师就可以在教学过程中随时将学生的发言要点记录在白板上,并且可以绘制成示意图来呈现讨论的思路和进展过程。借助这样的外部记录手段,学生可以更好地整理自己的想法,进行发散思维,加深讨论的深度,扩大讨论的广度。白板上的记录可以形成文件,保存在计算机的硬盘上,以便随时调用和回顾。

教师还可以组织学生在网上对某个问题进行合作研讨。学生可以在 BBS 专题讨论区内发表自己的观点,并相互评论;可以通过电子邮件列表进行交流;不同地方的学生甚至可以通过视频会议等进行实时交流讨论。在互联网上有很多为学生设计的合作研讨站点,这些站点一般是围绕某些课题而设计的,不同地方的学习者可以通过互联网对这些课题进行研讨,并形成研究报告。

9. 信息技术作为研发工具

虽然我们强调培养学生的信息加工、处理能力及合作能力,但最重要的还是要培养学生的探索能力、发现问题和解决问题的能力以及创造性思维能力,这才是教育的最终目标。在实现这种目标的教学中,信息技术扮演着研发工具的角色。

很多工具型教学软件都可以为研究性教学和学习提供支持。如在中学数学教学中,几何画板可为学生提供自我动手、探索问题的机会。当面对问题时,学生可以通过思考和合作,提出自己的假设和推理,然后用几何画板进行验证。此外,学生还可以使用几何画板做实验来发现一些数学现象,总结一些数学规律,如三角形的内角和为 180 度、圆周率的存在及计算等。随着信息技术的飞速发展,新技术在教学中的应用为学生的探索和学习提供了强有力的支持,如在经济学课程中,虚拟现实技术可以模拟真实的商业情境,让学生在各种真实、复杂的条件下做出决策和选择,提高学生解决实际问题的能力。探索式教学和问题解决式教学等都是将信息技术作为研发工具的典型教学模式。

10. 信息技术作为评价工具

新课程改革改变了评价的功能、内容和方式。评价的功能不再是单一地评定学业成绩的好差,更重要的是对教师的教学、学生的学习进行诊断,为改进教与学提供参考;评价的内容也不再局限于学生的知识掌握情况,而开始关注学生的能力及其发展的过程,重视过程的评价;考试不再是唯一的评价方式,档案袋评价、课堂评价、学生自我评价、调查问卷等都成为评价的方式。这些改变对教师提出了新的要求,要求教师不仅要经常性地设计课堂评价表、调查问卷、学生自主评价表等,还要付出更多的精力来统计、管理这些评价用的材料和相关信息。过程性评价是否能真正落到实处、真正实现评价诊断教学的功能对教师来说是一个极大的挑战。如果有一个高效的电子评估系统,可以对学生的成长档案袋、日常评价信息、调查问卷等进行电子化管理,那么就有可能使教师从繁重的统计、档案管理中解脱出来,从而使他们有更多的精力关注教学,关注评价结果所反映的教学信息,利用评价诊断教与学中出现的问题,从而促进教与学。

测验是教学过程的重要环节,计算机辅助测验是指用计算机协助实施测验,它是独立于计算机辅助教学的客观性测验。计算机辅助测验系统具有生成测验的功能,教师只要设计并录入试题的具体内容,测验模板就能按照所选择的形式和格式自动生成教师所需要的测验。利用多媒体作业与考试系统提供的各种类型的试题库,学生可以按照不同组题策略选出不同等级的测试题目,做联机测试,并利用统计分析软件和学习反应信息分析系统分析测试成绩,发掘教学过程中的信息,并借助统计图表等对学习水平进行自我评价。教师可以根据测验结果诊断学生的学习问题,从而及时调整教学策略。利用信息技术建立电子档案袋系统,可以减轻教师建立和管理档案袋的工作量,可以推进面向学习过程的评估;建立在线问卷调查系统,可以将素质教育的评估指标体系内置到系统内做在线调查和统计,并自动生成统计报告,提升素质教育评估的可操作性。

问题思考与讨论

1. 谈谈你对教育技术定义的理解。
2. 现代教育技术的发展经历了哪几个阶段?各阶段有何特点?
3. 结合自己未来的学科教学,谈谈以后如何学习现代教育技术。

阅读指南

何克抗,李文光. 教育技术学[M]. 2 版. 北京:北京师范大学出版社,2009。

该书通过对教育技术学逻辑起点的科学论证,以及对 AECT2005 定义与 AECT1994 定义所做的对比分析,较真实地反映了现阶段国内外教育技术研究与应用的状况,给出了比较科学的教育技术学定义，即：教育技术学是通过设计、开发、利用、管理、评价有合适技术支持的教育过程与教育资源，来促进学习并提高绩效的理论与实践。该书的整个理论体系正是依据这一定义所规定的“有合适技术支持的教育过程与教育资源”这两大研究对象及其“设计、开发、利用、管理、评价”等五个研究范畴而展开的。全书特别注意贯彻混合式学习的理念、学教并重的教学设计和绩效技术在教育与培训中的应用，力图反映新技术及其在教育和培训中的应用模式和方法，并介绍了美国当代关于信息技术与课程整合研究的理论成果，以及我国有效实现信息技术与课程深层次整合的最新理论研究成果。

网络导航

中国教育技术研究网：http://www. cetr. com. cn/e21web/。

中国教育技术研究网由中央电化教育馆主管，由中央电化教育馆研究部、全国教育技术研究规划工作领导小组办公室主办。主要栏目有机构介绍、学术动态、课题研究、实验在线、信息服务、互动天地等。

主要参考文献

[1] 斯伯克特，等. 教育传播与技术研究手册[M]. 3 版. 任友群，焦建利，刘美凤，等译. 上海：华东师范大学出版社，2012.
[2] 焦建利. 教育技术学基本理论研究[M]. 广州：广东教育出版社，2008.
[3] 祝智庭. 现代教育技术——走进信息化教育[M]. 北京：高等教育出版社，2001.
[4] 尹俊华，庄榕霞，戴正南. 教育技术学导论[M]. 2 版. 北京：高等教育出版社，2002.

第二章　现代教育技术的理论基础

学习目标

了解人的视听感知规律；画出“经验之塔”，简述并评述该理论的基本观点；画出并解释拉斯韦尔“5W”传播模式、香农-韦弗传播模式及贝罗传播模式；理解教育传播的要素和过程，熟悉教育传播的规律；简述行为主义学习理论、认知主义学习理论、社会学习理论、建构主义学习理论、人本主义学习理论的基本观点及其对教育技术的影响；简述布鲁纳认知发现教学理论、奥苏贝尔有意义教学理论、维果斯基教学理论、布鲁姆掌握学习模式理论、巴班斯基教学过程最优化理论的主要观点；阐释系统科学的基本观点和基本原理；简述用系统方法解决问题的一般过程。

一　视听教育理论

19 世纪末期，科学技术的发展引发全世界各领域的巨大变革，教育领域也不例外。当时，照相技术、幻灯技术、无声电影技术等新媒体技术在教育和教学中的应用，获得了极大的效果。正是由于媒体技术的广泛运用，美国兴起了视听教学运动，这是教育发展史上一个重要时期。这一时期所形成的视听教育理论对当时的视听教学运动和当今的教育技术应用都具有重要意义，也是教育技术的重要理论基础之一。

视听教育理论指出了各种视听教学媒体在教学中的地位与作用，主要研究如何根据人类的视、听觉功能和特点来提高视听媒体在教育传播中的效果，是教育技术必须遵循的重要规律和所依据的基础理论之一。

（一）视感知规律

1. 人眼的视觉特性

（1）人眼对颜色和亮度的感知。

人类对光的感知依赖于视网膜细胞。人眼的视网膜上布满了大量的感光细胞，感光细胞里含有感光物质。当光线照到视网膜上时，感光物质会发生化学变化，刺激神经细胞，由视神经传到大脑，就产生了视觉。

视网膜上的锥状细胞负责感知光度（较强光）和色彩。人类视觉系统只有 3 种锥状细胞，它们对辐射功率相同而波长不同的光的敏感程度不同。波长越短，人眼中的光学介质对光波的吸收作用越强；而波长越长，人眼感光细胞对光波的敏感性越差。人眼可感知的可见光波长范围为 380 nm～780 nm，其中对绿色光（波长为 550 nm）的敏感度最高。也就是说，人眼对各种颜色光的敏感度是不同的，比如相同能量的红光和绿光，后者在人眼中引起的视觉强度要比前者大得多。实际上人们看到的大多数光不是一种波长的光，而是由许多不同波长的光组合而成的。因此，在缤纷的世界中，即使面对似锦的繁花，我们也可能犹如色盲，对一些色彩“视而不见”。

视网膜上的杆状细胞只能感知光度，不能感知颜色，但其对光的敏感度是锥状细胞的一万倍。在微弱光环境下杆状细胞起主要作用，因此，我们不能在暗环境中分辨颜色。一些数码相机的夜光拍摄模式就模拟了这一特性。

（2）人眼的分辨力。

人眼的分辨力是指眼睛的空间分辨能力，即视力，通常用人眼刚能分辨出被观察物体上相邻两点至人眼所张视角的倒数来表征。当人观察一个静止影像时，眼球不会静止在一处（精神病人除外），通常停留几百毫秒完成取像后即移到别处取像，如此持续不断。人体工程学的研究发现，人的两只眼睛的视野范围并不是正方形的，而是一个长宽比为 16∶9 的长方形。所以，为了让画面更加符合人眼的视觉比例，现在的电视机和计算机显示屏大部分都做成了长宽比为 16∶9 的长方形。

观察静止或运动物体时人眼的分辨力是不同的，运动速度越高，分辨力越低。电视技术就是根据这一特性来决定扫描行数的。人眼对彩色细节的分辨力也远比对高亮度细节的分辨力低。因此，彩色电视系统在传送视频图像信号时，细节部分不传送彩色信息，而只传送黑白信息，即用它的亮度信息来代替，从而节省传输通道的频带。教学中应尽量在黑板上书写白字或在白板上书写黑字，以提高字体的清晰度，便于学生辨认学习。

（3）人眼对时间的感知。

实验证明，人眼的主观亮度感觉是实际亮度出现后近似按指数规律上升的；当亮度突然消失或变化时，人眼的亮度感觉并不立即消失，而是近似按指数规律下降，保留短暂时间。人眼的亮度感觉总是滞后于实际亮度的这种特性称为视觉惰性。人眼视觉惰性的残留时间一般为 0.1 秒。由于残留时间有一定限度，当作用于人眼的光脉冲重复频率不够高时，人眼能分辨出有光和无光的亮度差别，就会产生或明或暗的感觉，这种现象称为闪烁效应。但是若将光脉冲重复频率增加到某临界值时，闪烁现象即消失，而给人以稳定的亮度感觉。

有很多电子产品设计利用了这一现象，如 LED 数码管的动态扫描、LED 旋转字幕等。众所周知，电影是由一幅一幅画面组成的，每幅画面内容的相对位置都有些变动，由于人眼的视觉惰性，当这些画面以每秒 24 幅的速度快速地连续出现时，就得到了连续的活动景象的感觉。

(4)人眼对运动的感知。

观察一个运动物体,眼球会自动跟随其运动,这种现象叫作随从运动。这时眼球和物体的相对速度会降低,我们能更清晰地辨认物体。例如观看棒球比赛,尽管棒球的运动速度很快,但是由于随从运动,我们仍然能够看到球的大概样子(会有运动模糊)。如果我们让眼睛跟着风扇转动方向转动,就会发现对扇叶细节看得较清楚。眼球随从运动的最大速度为 5 度/秒,因而我们不可能看清楚一颗飞行的子弹。正因为有这些视觉特性,动画和电影等才成为现实。

2. 人的视觉心理

(1)心理趋合。

心理趋合是指人们利用想象力去填充实际在画面中并没有见到的空间。这是由于知觉具有整体性,即在直接作用于感官的刺激不完备的情况下,人根据自己的知识经验,对刺激进行加工处理,使自己的知觉仍保持完备性的特性。例如,在人的视线前方和头顶上方都应留有一定的空白,这就是心理趋合反应的要求。

(2)画面均衡。

画面均衡是人们对画面表现主题的一种形式感觉,是产生画面稳定感的因素。这种均衡有时仅仅是视觉感受上的,但大多数是经过人们的思考和想象所达到的一种心理上的平衡感。

均衡有对称均衡和非对称均衡两种形式。其中,对称均衡的画面主题居中、稳定感强,给人的视觉感受是自然、安定、均匀、协调、整齐、典雅、庄重的朴素美感,符合人们的视觉习惯。但是由于缺少变化,运用得不恰当则会给人一种呆板、单调的感觉。对称均衡又可分为水平均衡(图 2 -1)、垂直均衡(图 2 -2)和辐射性均衡(图 2 -3)。

非对称均衡(图 2 -4)则是指两个不同的物体拥有相同的视觉重量或者视觉吸引力,而恰恰由于两边是不对称的,从而作为视觉结果是平衡的、动态的。因此,非对称均衡是运用人们心理上的感觉和生活中的体验,形成画面中力度和价值上的均衡,如果在教学中运用恰当,能很好地吸引学生的注意力。

图 2 -1　水平均衡

图 2 -2　垂直均衡

图 2 - 3 辐射性均衡

图 2 - 4 非对称均衡

(3)视觉重心。

研究证明,人的视线接触画面时,注意力并非平均分配,而是集中于横竖各三分之一的交叉处,这就是著名的"黄金分割率"("井"字分割,如图 2 - 5 所示)。在"井"字分割中,眼睛对每部分的观察频率是有区别的。根据这一规律,在设计视觉材料时,应尽可能把重要内容放在画面观察频度高的部位。如果重要的内容只能安排在右下方,可以使用一定的提示手段。

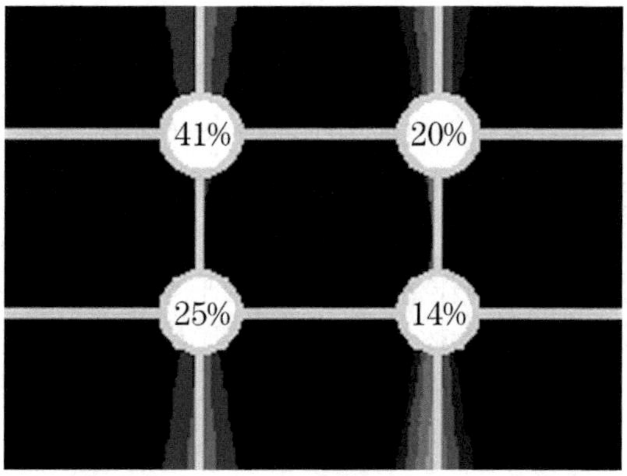

图 2 - 5 "井"字分割

另外,人们一般习惯于从左向右观察画面,把注意力停留和集中在右边的物体上,因此,构图时往往把占优势的群体安排在左边,较为容易达到均衡。

(二)听感知规律

1. 声音三要素

(1)响度。

响度是指声音的强弱程度,即平常所讲的音量或声音的大小。电视机遥控器的音量键就是改变声音响度的。响度不仅与作用在人耳的声压或声强大小有关,也与频率有关。对微小的声音,只要响度稍有增加人耳即可感觉到,但是当声音响度增大到某一值后,即使再有较大的增加,人耳的感觉也无明显变化。另外,对于不同频率的声音,人耳的听觉响度也不同。通常人耳可感知的声音频率范围在 20 Hz ~ 20 kHz,对 20 Hz ~ 4 kHz 的频率最为敏感。

(2)音调。

音调是人耳对声音调子高低的主观感觉,与响度和频率有关。人耳在声音响度较小的情况下,对音调的变化不敏感,对高、低音小范围的提升或衰减很难感觉到。随着声音响度的增大,人耳对音调变化的感觉才有较大增强。音调主要取决于声音的频率,频率低的调子给人以低沉、粗犷的感觉,而频率高的调子则给人以响亮、尖刻的感觉。

(3)音色。

音色是人耳对声源发声特色的感受,也称作"音品"。当两类声音响度和音调相同时,人耳仍能够从主观上进行区别。这是因为声音的音调相同,则基频相同,但其谐波成分及分布可能大相径庭。正是由于音色的不同,人们可以区分出不同人的声音。如同绘画的色彩有鲜艳和暗沉一样,不同的音色也能创造出变幻莫测的艺术天地,形成丰富多彩的声音海洋。

2. 人耳的听觉效应

(1)掩蔽效应。

所谓人耳的掩蔽效应,是指一个较弱的声音被一个较强的声音所影响的现象。掩蔽效应在生活中很常见,例如,当教室外有较大的噪音干扰时,教师授课就需要很大声,学生才能听清,这是因为外界的噪音将教师的话音掩蔽,噪音成为掩蔽声,教师的话音成了被掩蔽声。人们通过人耳的掩蔽效应,发明了隔音效果优异的耳机。用耳罩把耳朵包裹好,或用入耳式耳塞把耳朵密封好,这样音乐声就能掩蔽外界噪音,我们在路上或较为嘈杂的环境中也能踏实地欣赏音乐了。

(2)双耳效应。

人耳对声音传播方向及距离的定位能力非常强,无论声音来自哪个方向,都能准确无误地辨别出声源的方位。人耳的这种听觉特性称为"方位感"。人的双耳位于头部的两侧,当声源偏离两耳正前方的中轴线时,从声源发出的声音到达左、右耳的距离存在差异,导致声音到达两耳的时间、相位也存在差异。这种微小的差异被人耳的听觉感知并传导给大脑,与已有的听觉经验相比较、分析,得出声音方位的判断,这就是双耳效应。比如在交响乐现场,闭上双眼后,用两只耳朵仔细聆听,你会听出每一种乐器所处的位置。通过双耳效应,我们有了立体声录音,这就是为什么音箱都是成对售卖的,左右声道缺一不可。

(3)耳廓效应。

有时凭借一只耳朵也能对声音进行定位,这是由于耳廓效应的存在。人耳的轮廓结构比较复杂,当声源的声波传送到人耳时,不同频率的声波会因耳廓形状的特点而产生不同的反射。反射声进入耳道与直达声进入耳道之间会产生时间差(或相位差),这种效应称为耳廓效应。耳廓效应对声音定位能起到一定的辅助作用,特别是对频率较高的声音。

(4)颅骨效应。

声音传入人耳有两种途径,一种是音源—空间—人耳—大脑,另一种是音源—人体颅骨—大脑。颅骨效应是指声音通过颅骨传导入人耳的现象。用手机给自己录一段话,再放出来听听,你会发现,这与平常你说话的声音不一样。这是因为平时自己说话的声音是通过上述两种途径传播的,而听自己说话的录音时,声音是通过第一种途径传播的。

(5)鸡尾酒会效应。

所谓的鸡尾酒会效应,是指我们的耳朵可以选择性地聆听的功能,即使在乱哄哄的鸡尾酒会上,别人喊我们的名字我们也能听到。对于话筒拾音来说,凡是在该话筒指向性允许的范围内,所有发出的声音都会被识别,从而被录制下来,而对于人耳来说,在周围拥有多个声源的情况下,我们可以有选择性地聆听声音。由于鸡尾酒会效应,即使在课间嘈杂的教室内,人耳也可以自动选择性地聆听对话,进行无障碍的交流。

(6)哈斯效应。

当内容相同的两个音相继到达人耳时,仅当第二个音延迟时间为35~50毫秒,人耳才会感受到有延迟音出现,即哈斯效应。而当延迟音超过50毫秒时就会产生回声,这种听觉的延迟效应是混响和立体声的心理学基础。

(三)"经验之塔"理论

视听教育理论的核心是"经验之塔"。"经验之塔"(图2-6)是一种关于学习经验分类的理论模型,它是戴尔在1946年出版的《视听教学法》一书中提出来的。1969年,第三版的《视听教学法》对其略作修改,形成了"经验之塔"的最终结构。"经验之塔"把人类的学习经验,依照抽象程度的不同,分为三大类十个层次。

1."经验之塔"概述

戴尔将人们获得的学习经验分为三大类,即做(Doing)的经验、观察(Observing)的经验和抽象(Symbolizing)的经验,并将获得这三类经验的方法分为十个层次。

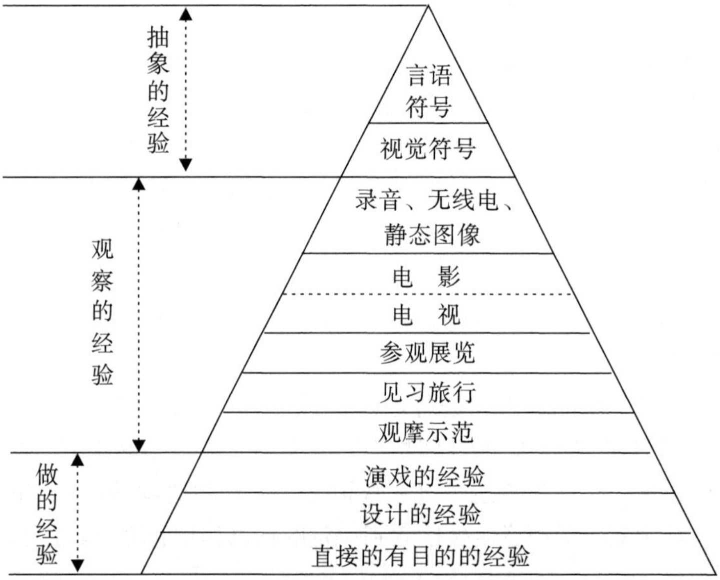

图2-6 戴尔的"经验之塔"理论

(1)做的经验,包括三个层次。

第一,直接的有目的的经验(Direct Purposeful Experiences)。它是指直接与真实事物本身接触而获取的经验,是通过对真实事物的直接感知(看、听、尝、嗅、触、做)取得的最丰富的具体经验。

第二,设计的经验(Contrived Experiences)。它是指通过对模型、标本等间接材料的学习获取的经验。模型、标本是人工设计、仿造的事物,大多与真实事物的大小和复杂程度有所不同,它是"真实的改编",这种改编可以使人们更容易理解和领会真实事物。

第三,演戏的经验(Dramatized Experiences)。对于我们无法通过直接实践取得的经验,如历史事件、意识形态、社会观念等,我们可以通过扮演某种角色,在尽可能接近真实的情况中获得经验。参与演戏与看戏是不同的,演戏可以使人们获得参与的经验,而看戏只能获得观察的经验。

以上三个层次的经验都包含学习者亲自参与的活动,在这三种方式中,学习者不仅仅是活动的旁观者,更是活动的参与者,故称为做的经验。

(2)观察的经验,包括五个层次。

第一,观摩示范(Demonstrations)。学生通过看别人怎么做,从而知道一件事是怎样做成的,以后他就可以模仿着去做。

第二,见习旅行(Field Tours)。它是指通过野外的学习旅行,看到真实事物和各种景象,从而获得经验。

第三,参观展览(Exhibits)。它是指通过参观展览,从而获得经验。

第四,电影和电视(Motion Pictures、Television)。它是指通过观看电影和电视,从而获得经验。因为屏幕上的事物是实际事物的代表,而不是它本身,所以通过看电影和电视,得到的是替代的经验。

第五,录音、无线电、静态图像(Recording、Radio、Still Pictures)。它是指通过听觉或视觉的方式来获得经验,与电影和电视相比,抽象层次要高一些。

(3)抽象的经验,包括两个层次。

第一,视觉符号(Visual Symbols)。视觉符号主要指图表等抽象符号,它们与现实事物已没有多少类似之处。如在地图上,用圆圈表示城市、乡镇,用线条表示公路、铁路,用曲线表示河流,等等。

第二,言语符号(Verbal Symbols)。言语符号包括口头语言与文字。言语符号是一种抽象化了的代表事物或观念的符号。语言是第一性的,而文字则是第二性的,文字是符号的符号。言语符号处于"塔"的顶端,抽象程度最高,但在使用时总是与"塔"中其他层次一起发挥作用。也就是说,学生在自己的全部学习过程中,都在不同程度地进行抽象思维。

2. "经验之塔"理论的要点

(1)"塔"的最底层的经验最具体,学习时最容易理解,也便于记忆;越往上越抽象,越易获得概念,便于应用。各种教学活动可以依其经验的具体或抽象程度,排成一个序列。

(2)教学活动应从具体经验入手,逐步进入抽象经验。

(3)在学校教学中使用各种媒体,可以使教学活动更具体,也能为抽象概括创造条件。

(4)位于“塔”中部的那些视听教材和视听经验,比顶层的言语和视觉符号具体、形象,又能突破时间和空间的限制,弥补下层各种直接经验方式的不足。

“经验之塔”理论所阐述的是经验抽象程度的关系,符合人们认识事物由具体到抽象、由感性到理性、由个别到一般的认识规律;位于“塔”中部的广播、录音、照片、幻灯、电影、电视等介于做的经验与抽象的经验之间的视听媒体,既能为学生学习提供必要的感性材料,易于理解和记忆,又便于学生借助解说或教师的提示、概括、总结,从具体的画面上升到抽象的概念、定理,形成规律,从而促进学生的有效学习。因此,“经验之塔”理论不仅是视听教育理论的基础,也是教育技术的重要理论之一。

(四)视听教育理论的贡献及其局限性

戴尔的“经验之塔”是一种形象化的比拟,用来说明学习经验从直接参与到用图像代替,再到用抽象符号表示的逐步发展过程。以“经验之塔”为核心的视听教育理论对教育技术的发展发挥过重要作用,其贡献主要有以下三个方面。

第一,把学习经验分为具体经验与抽象经验,提出学习应从生动的直观形象向抽象的思维发展,符合人类认识规律,并提出教学中应用视听教材的理论依据。

第二,提出视听教材分类的理论依据,即应以其所能提供的学习经验的具体或抽象程度作为分类依据。这为后来进行的教学媒体分类及教学媒体选择的研究奠定了基础。

第三,视听教材必须与课程相结合。这一基本思想在教育技术理论研究中得到了发展与深化。

当然,视听教育理论也存在着较大局限,主要有以下两个方面。

第一,视听教育理论仅重视视听教材本身的作用,忽略了视听教材的设计、开发、制作、评价以及管理等。

第二,在关于媒体在教育理过程中的作用与地位的问题上,视听教育理论把视听教材看成一种辅助教育的工具,置其于辅助物的地位。在这种“教具论”思想的指导下,视听教学对教学改革的作用是有限的。

视听教育理论在教育技术发展史上曾经发挥过重要的理论指导作用,即使到了今天,它仍然具有基本的理论作用,视听教育理论是教育技术的一个重要理论基础。

二 传播理论

“传播”一词,译自英语“Communication”,也有人把它译成“交通”“沟通”“传意”等。这个词来源于拉丁文“Communicare”,意思是“共用”“共享”。传播是一种古老的社会现象,可以说有了人类就有了传播。人类最早利用实物、姿态进行传播,发明了语言和文字后,进一步扩大了传播的深度和广度。印刷术的发明和电子媒介的出现与发展使人类传播再次发生质的变化,即大众传播的兴起与繁荣。

教育技术与传播理论有着密切的关系,因为教育教学活动也是信息传播活动,也有信息传递与交流的过程，教育者、学习者、教学内容、教学媒体等要素是靠信息的交流才构成完整的教学系统。为了更加有效地传递信息，需要研究教育信息的传播规律，因此，传播理论成为教育技术的又一重要理论基础。

（一）传播的概念与类型

1. 传播的概念

当前在传播学中，不同的理论学派关于传播有不同的界说。在这里，对传播给出如下定义：传播是人类通过符号和媒介交流信息以期发生相应变化的社会行为。为了更好地掌握这个定义，我们可以从以下四个方面加以理解。

（1）传播是人类的活动。

人是传播的主体和轴心，人既是信息的传播者，又是信息的接受者。其中传播者就是信息的发送者，它既可以是某一个特定的个人，也可以是某一个特定的社会集团（如某一个报社、电台、电视台等）。接受者就是信息的受传者，它可以是特定的个人或群体，也可以是不特定的公众。在传播活动中，传播者处于主导地位，整个传播过程就是传播者实现自己意志的过程，始终渗透着传播者的期望，是传播者主动影响受传者思想观念的过程。受传者作为传播的工作对象，自觉或不自觉地接受传播者的影响，但他们并不是完全被动地接受。恰恰相反，受传者具有积极的能动作用，因为他们拥有自己特殊的社会经历和个性心理，对传播者传递的信息拥有选择权，并在一定程度上反过来影响传播者。

（2）传播是信息的交流。

在信息传播过程中，传播者不是简单地输出信息，还应含有复杂的双向交流；受传者也不是被动地接受信息，还应包括主动地反馈信息。信息作为传播的内容，就像没有货物即无需搬运一样，没有它就没有传播。所以，传播的过程既是人与人之间信息交流的过程，也是人与人之间相互影响、相互制约、交替作用的过程。

（3）传播离不开符号和媒介。

媒介负载符号，符号负载信息。换句话说，符号就是信息的具体表现，而媒介又是符号的物化载体。没有听觉符号、视觉符号和视听符号，信息内容就无所依附；同样，没有报纸、杂志等印刷媒介和广播、电视等电子媒介以及其他物质载体，符号就无法进入人的听觉、视觉等感觉器官。因此，符号与媒介是一切传播活动赖以实现的中介。

（4）传播的目的是希望发生相应的变化。

不论是传播信息还是接受信息，每一个参与活动的人，都是有意图、有目的和有自觉性动机的，而不管他是否意识到。只要人在传播中发生了相应的变化，那么至少可以说明三点：传播者送出了信息，接受者收到了信息，并且产生了传播效果。这种“相应的变化”，不仅指态度与行为的改变，还包括情报资料的获得、知识的增加、见闻的扩大、感情的沟通、精神的愉悦、情况的了解、事实的澄清等等。总之，人不会无缘无故地传播信息，也不会莫名其妙地接受信息。如果不存在进入传播过程的动机和进行双向影响的机会，传受双方要想进行真正有效的信息传播是非常困难的。

信息窗 2－1

教育传播

教育传播是由教育者按照一定的目的和要求，选定合适的信息内容，通过有效的媒体通道，把知识、技能、思想、观念等传送给特定的教育对象的一种活动。它是教育者和受教育者之间的信息交流活动。

［**资料来源**］南国农，李运林．教育传播学［M］．2版．北京：高等教育出版社，2005：6－7．

2．**传播的类型**

根据传播的方式，传播大体可分为如下四种基本类型。

（1）自我传播。

自我传播又叫内向传播，它是个体对信息的加工过程，如独立思考、自言自语等。自我传播是最基本的传播活动，是其他传播活动的前提和基础。它也是人的一种思维活动，在很大程度上具有心理学的性质。在教育传播中，自我传播主要指个人自主利用媒体自学的自学传播。

自学传播是一种没有专职教师当面传授的教育传播方式，自学者自定学习目标，从四周可能的环境中寻找合适的教师替身。例如，选择自学的教材，即根据学习要求选购相应的书籍、录音带、录像带和CAI课件等学习材料，自定步调学习。

（2）人际传播。

人际传播是指人与人之间的信息传递或感情沟通。它是一种最古老的传播方式，可以说有了人类就有了人际传播；它也是一种应用最广泛的传播方式，可以说有人群的地方就有人际传播。

根据传播媒介的不同，人际传播又可以分为两种：一种是直接传播，另一种是间接传播。直接传播就是面对面的传播，传播的主体与客体处在同一时间、同一空间，彼此能够看到。在教育传播中，直接传播主要指小组讨论、授课等。间接传播是指传受双方通过传播媒介传递信息，如书信往来、电话、电报等，传受双方不在同一时间或者不在同一空间。间接传播大大拓展了人际传播的范围，远隔千里的两个人之间，通过电话或信件，就可以交流信息，相互了解。

（3）组织传播。

人类社会是由各种各样的组织构成的，组织可小到一个企业甚至一个班组，也可大到一个政党乃至一个国家。组织传播是组织内部的信息传递与交流，包括组织与成员、成员与成员、组织与组织之间的信息沟通，如传达文件、党内民主生活会等。组织传播对一个组织的生存和发展有着极为重要的意义。在教育传播中，组织传播主要指课堂多媒体教学传播（图2－7）。课堂多媒体教学传播是当前学校普遍采用的教育传播方式，学生的学习主要依据课本和教师的语言讲解，也就是主要通过语言和文字符号进行。这种传播方式有利于发挥教师的主导作用，教师能科学地组织教学过程，充分考虑情感因素在学生学习过程中的重要作用,使学生快速、有效地掌握知识和技能;也有利于培养学生的合作精神和竞争意识。但由于过分强调整齐划一,容易忽视学生的自主性和独特性,不利于发挥学生的全部潜力,也不利于培养学生的兴趣、特长和发挥他们的个性才能。

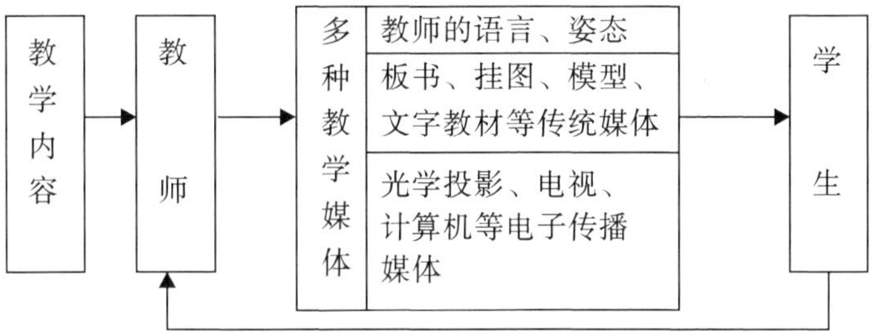

图 2-7　课堂多媒体教学传播

(4)大众传播。

大众传播是指特定的社会集团通过文字(报纸、杂志、书籍)、电波(广播、电视)、电影等大众传播媒介,以图像、符号等形式,向不特定的多数人表达和传递信息的过程。在教育传播中,大众传播主要指远程教学传播。这种传播是非面对面的传播活动,如函授、电视教学、网络教学等等。这种传播方式随着广播、电视、录像、计算机和网络等现代通信传播和控制手段的推广而逐步得到普及。

(二)传播的过程与模式

1. 传播的过程

教育传播过程是一个由教育者借助教育媒体向受教育者传递与交换教育信息的过程。如图 2-8 所示,这一过程可分为六个阶段:确定教育传播信息,选择教育传播媒体,通道传送,接收与解释,评价与反馈,调整再传送。

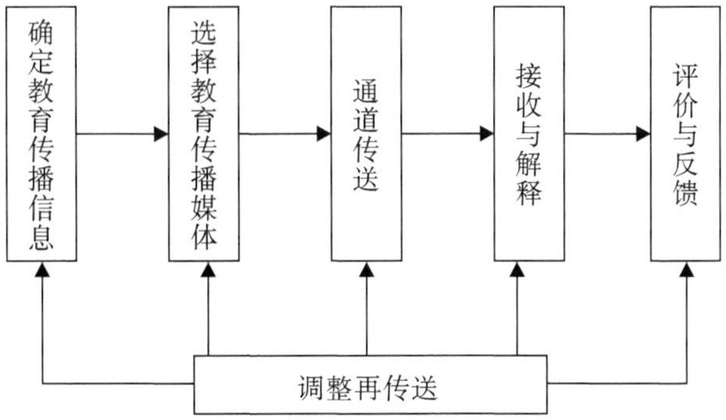

图 2-8　教育传播过程

(1)确定教育传播信息。

教育传播过程的第一步是确定传送的教育信息,传送什么信息要依据教育目的和课程的教学目标来确定。一般来说,课程的文字教材是按照教学大纲编写的,通常都体现了要传送的教育信息。因此,在这一传播阶段,教育者要认真钻研文字教材,对每章的教学内容进行分析，将内容分解为若干个知识点，并确定对于每个知识点学习者要达到的学习水平。

(2)选择教育传播媒体。

选择教育传播媒体去呈现要传送的信息，实质上就是编码的过程。信息该用何种媒体呈现或传送是一个复杂的问题，需一套理论与方法来指导。一般来说，选择教育传播媒体有以下几个原则：一是选用的媒体能准确地呈现信息内容；二是选用的媒体符合学习者的经验与知识水平，容易被其接受和理解；三是选用的媒体容易获取，需付出的代价较少，却能取得较好的传播效果。依据这些原则，教育者应在分析教育信息和教育对象的基础上，首先在现有的媒体中选择合适的，其次是购置，最后才是自行设计和编制新的教育传播媒体。

(3)通道传送。

通道传送是指教育传播通道通过教育媒体传送出信号，也称施教阶段。在这里首先要解决两个问题。一是信号要传递多远，多大范围。如课堂教学传播，教学对象是几十至几百人，范围是在几十至几百米；至于远距离教育传播，则要将信号传到几百甚至几千千米之外，受教育的对象可以成千上万。因此，要根据信号的传送要求，选好传送通道，保证信号的传送质量。二是信息内容传送的先后顺序问题。在任何课堂教学传播中，每一节课，从开始到结束，教师何时利用口语传播，何时利用幻灯媒体，何时利用电视媒体，要遵循课程的教学结构；在远距离教学传播过程中，无论用广播、电视媒体，还是寄发印刷媒体，都存在学习的先后顺序。因此，在通道传送前，教育者必须做好每一次传送的结构设计，在通道传送时，有步骤地按照教学结构方案去传送信号。通道传送应尽量减少各种干扰，确保传送信号的质量。

(4)接收与解释。

在这一阶段，受教育者接收信号并将它解释为信息意义，也就是信息译码。受教育者首先通过视、听、触等感觉器官接收信号，信号对感官的刺激通过周围神经系统传至中枢神经系统，经过分析将它转换为相应的符号，然后受教育者依据自身的知识与经验，将符号解释为信息意义，并将它储存在大脑中。

(5)评价与反馈。

受教育者接收信号、解释信息之后，增加了知识，提高了能力，但能否达到预定的教学目标，需要进行评价。评价的方式方法很多，如可以观察学生的行为变化，即通过课堂提问、课堂作业以及阶段性考试等来评价。评价的结果是教育传播过程中一种非常重要的反馈信息。

(6)调整再传送。

教育者通过将掌握的反馈信息与预定的教学目标进行比较，发现教育传播过程中的不足，然后调整教育信息、教育媒体和教育传送通道，再次进行传播。如在课堂提问时发现问题，可以即时调整传播；在课后作业、考试中发现问题，可以进行集体或个别辅导；在远距离教学的作业中发现问题，可以补发辅导资料，或者将学生集中在一处做面对面的辅导，等等。

2. 传播的模式

传播是一个动态的过程。深入研究传播的有效方法之一，是通过科学的抽象把传播的全过程分解为若干组成要素，然后分别研究各个组成要素在传播过程中所处的地位和作用，以及这些要素之间的相互联系和作用，并用最简要的方式描述出来，这就是传播的模式方法。模式方法是传播学最富有特点的方法之一。应用模式方法分析传播过程，产生了许多传播模式，它们集中反映了传播学理论研究的成果，是传播理论的核心部分。

下面我们介绍几个对教育技术学具有重要意义的传播模式。

(1)“5W”模式。

1948 年，美国政治学家哈罗德·拉斯韦尔在《社会传播的构造与功能》一书中提出了传播过程的“5W”模式(图 2 -9)。该模式简要阐述了传播行为包含的五个要素：谁(Who)、说什么(Say What)、通过什么渠道(In What Channel)、向谁说(To Whom)、有什么效果(With What Effect)。这是最早见诸文字的传播模式。

图 2 -9　拉斯韦尔“5W”传播模式

拉斯韦尔的“5W”模式对传播过程进行了简明的概括，提出了传播过程的五个要素，即传播者、信息、媒介、受传者和传播效果，并据此提出了传播学研究的五大内容。①控制分析。研究“谁”，即对传播者和信息来源的组织背景进行研究，进而探讨传播行为的原动力。②内容分析。研究“说什么”，即对传播内容(信息)进行研究。③媒介分析。研究传播通道，即对不同传播媒体进行研究，包括对媒体性能的研究、对媒体与传播对象的关系的研究等。④对象分析。研究受传者，了解其一般的和个别的兴趣、需要等。⑤效果分析。研究传播活动对人的态度、价值观和行为等所产生的影响。

拉斯韦尔的“5W”模式为传播研究提供了简明的五要素分类法，初步揭示了传播过程的复杂性，受到了广泛的重视和应用。虽然它有明显的缺陷：其一，“5W”模式是一个单向的线性模式，忽略了“反馈”这个要素；其二，这个模式没有重视“为什么”或动机的研究问题。但即便如此，“5W”模式仍不失为经典的传播模式。“5W”模式中的五个要素对应于教育传播中的教育者、教学内容、教学媒体、教育对象和教学效果，为理解教育传播中的基本要素提供了一个理论框架。因此，该模式对理解教育传播过程有一定的指导作用。

(2)香农-韦弗模式。

信息论创始人香农和韦弗于 1949 年在研究电报通信问题时，在《通信的数学理论》一书中提出了一个传播的数学模式。这个模式的最早版本是单向直线式的，但是很快他们又在这一模式中加入了反馈系统，并引申其含义，将通信原理运用于人与人之间的信息交流，从而对后来的传播模式产生了重大而深远的影响。如图2 -10所示，这一模式把传播过程分解为七个要素，具体过程解释为：从信源中选择准备发射出去的信息，这一信息经过发射器的编码转换为信号，信号通过一定的传递通道传送出去，在接收端由接收器接收信号，并将其转变为信息，最后由信宿(接受者)接受利用。接受者在收到信息后，必然会产生某种反应,并通过各种形式反馈给传播者。另外,在传播过程中还存在干扰信号(来自信道的噪音)。

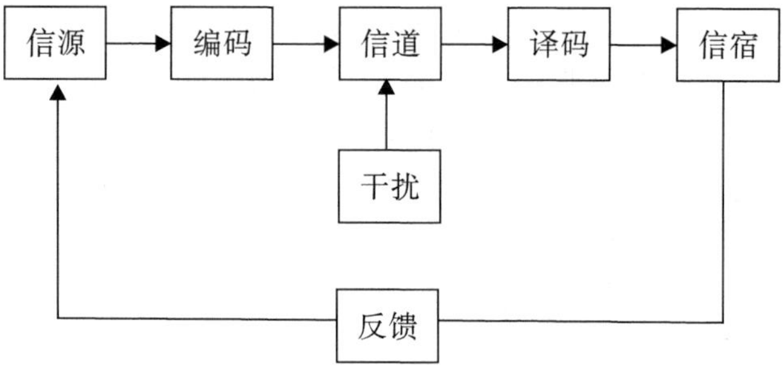

图 2-10　香农-韦弗传播模式

(3)贝罗模式。

美国学者贝罗于 1960 年提出了"S—M—C—R"模式。该模式以哲学、心理学、语言学、人类学、大众传播学、行为科学等学科的新理论为依据,阐述人类传播活动过程中的各种不同要素。如图 2-11 所示,这一模式把传播过程分解为四个基本要素:信源、信息、通道和受传者。该模式以其简单、易懂、易记、用途广泛等特点而深受欢迎。

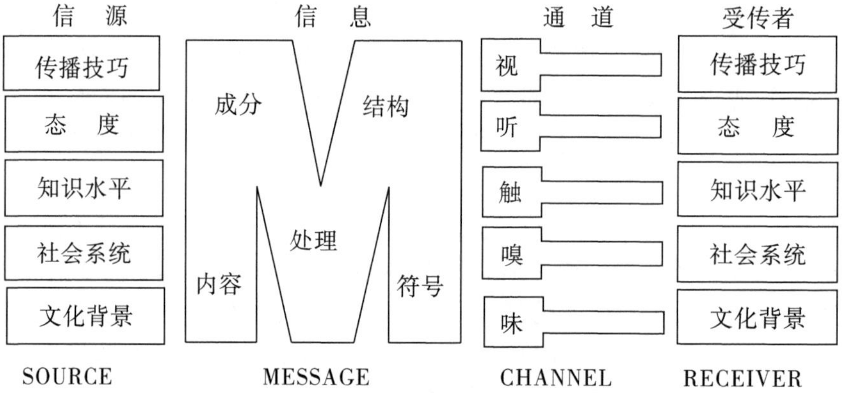

图 2-11　贝罗传播模式

实际上贝罗的最大贡献不是提出这个模式,而是主张把传播作为一个过程来进行研究。

①信源和编码者。研究信源和编码者,需要考虑传播者的传播技巧、态度、知识水平、所处的社会系统及文化背景等。

传播技巧:信源与编码者传播信息,必须讲究传播的方式,才能保持信息本身的真实性和趣味性。传播技巧包括语言(如语言的清晰度和说话的技巧)、文字(如写作的技巧)、思想(如思维周密)、手势(如动作自然)及表情(如逼真)等。

态度:传播者是否喜爱传播的主题?是否有明确的传播目的?对接受者是否有足够的了解?

知识水平:传播者对传播的内容是否彻底了解?是否有丰富的知识?

社会系统:传播者在社会中的地位、影响与威信如何?

文化背景：传播者的学历、经历等怎样？

信息窗 2－2

传播技巧

传播技巧是指有效熟练地灵活运用传播原理、知识和技术所表现出来的具体而又特殊的传播技能和方法。在教学中常用的传播技巧有：

1. 明示法和暗示法。这是指在信息加工过程中，对所要传播的中心思想或基本内容作出明确或含蓄的归纳总结。

2. 首位法和新奇法。在出现两个以上的传播者或阐述两种不同的观点时，先出场的传播者和先阐述的观点在其特定的情境中获得了较大的传播效果，谓之首位法；相反，后出场的传播者和后阐述的观点也在特定的情境中获得了较大的影响效应，则谓之新奇法。

3. 详论法和略论法。这是指在信息的加工组构中，符码的各个部分要疏密相间、详略适度。

4. 立论法和驳论法。从正面直接提出自己的观点，并且只向接受者介绍那些有利于论述这一观点的论据和事实，叫作立论法；传播者同时向接受者介绍或提出那些既有利又不利的事实和论点，通过揭露和批驳那些错误的论点论据来树立正确的观点，叫作驳论法。

［资料来源］邵培仁. 传播学［M］. 修订版. 北京：高等教育出版社，2007：255，259－261.

②接受者与译码者。信源、编码者与接受者、译码者，虽然处于传播过程的两端，但是在传播过程中，信源（传播者）可以变为接受者，接受者也可以变为传播者（信源）。所以影响接受者、译码者的因素与信源、编码者相同，也是传播技术、态度、知识水平、社会系统与文化背景诸项。

③信息。影响信息的因素有三项。符号：传播过程中采用的符号，包括语言、文字、图像与音乐等。内容：传播者为达到传播目的而选取的材料，它包括信息的成分及信息的结构。处理：传播者对信息选择及符号安排所做的各种决定。

④通道。通道就是传播信息的各种手段和工具，包括视觉媒体、听觉媒体、触觉媒体、嗅觉媒体、味觉媒体，如书籍、报纸、杂志、广播、电影、电视、电话、唱片、图画、图表等等，以及人的各种感觉器官。在传播过程中，信息的内容、符号及处理，均能影响通道的选择。比如，何种信息该用语言传送？何种信息该用视觉方式传送？何种信息该用触觉、嗅觉或味觉方式传送？总之，通道的选择会影响信息的传送与接收效果。

该模式说明，在教育传播过程中，影响和决定教学信息传递的效率和效果的因素是多方面的、复杂的，各因素之间既相互联系又相互制约，因此，要提高教育传播的效果，必须综合研究和考察各方面的因素。

（三）传播的信息与符号

1. 传播的信息

信息是当今使用频率极高的词汇之一，来源于拉丁文，原意是解释、陈述。对教育信息的理解主要存在两个方面的认识：从狭义的角度考虑，教育信息主要指教育内容，如知识、技能、思想、观念等；从广义的角度分析，教育信息还包括与传递教育内容有关的其他所有信息，如教育管理信息（上课铃声、学校规章制度等）、评价性信息（学习成绩、教学评估等）、干扰信息（电视图像抖动、教师语速过快等）等。从教育传播学的研究范畴来看，对教育信息的研究主要侧重于前者。

（1）教育信息的来源。

在教育传播中，教育信息的来源主要有教师、客观事物和教学媒体。教师负载着前人已获得的知识，他通过教学活动把这些教育信息有目的、有计划地传输给学生。学生还可以通过实践、实验、参观、观摩等学习方式，从大自然和社会生活中获取知识。教学媒体是指载有事物信息的物质载体，而不是事物本身，如教科书、模型、挂图以及附有声音、动画等的录音带、VCD、计算机软件等，它是教育信息的重要来源之一。

（2）机器媒体的利用。

人类利用自身器官感知客观事物获取信息的能力是有限的，开发与利用人工媒体特别是机器媒体，帮助人们去感知、接收信息，甚至帮助人脑进行信息的加工处理，是现代科学研究和社会生产的需要，也是实现教育现代化的关键。

首先，利用机器媒体记录与重现声像信息。随着科技的发展，人们已研制出了一系列具有声像记录和重放功能的机器媒体。如具有声音记录与重放功能的机器有录音机、激光唱机、MP3 录放机等，具有声像记录与重放功能的机器有电视、多媒体计算机等。这一系列设备以及按教学特点开发的多媒体综合教室、语言实验室、微型教学系统、卫星广播电视系统等，对提高教学质量和教学效率起到了重大作用。

其次，利用机器媒体远距离传送声像信息。人的感官只能感知、接受有限距离内事物的刺激与信息，教师的口头讲授只能让教室内几十位学生听清楚，但机器媒体能让信息传得既广又远。电话可以把语音传到千里乃至万里之外，卫星电视能把声像信息传到世界上卫星可以覆盖的所有地区，互联网的开通使信息迅速传遍全球成为可能。机器媒体的这些特性，为扩大教育规模、开展远程教育提供了有利条件。近年来，以网络技术为核心的远程教育的发展规模和水平，已成为衡量一个国家教育现代化水平的重要指标之一。

最后，利用机器媒体进行事物特性的数量化显示和定量化研究。像测试仪器、仪表这类机器媒体，可以将事物的重要属性经过处理后用数量、曲线表示出来，使我们能更加科学和准确地认识事物的运动状态和规律。随着教育现代化进程的不断推进，学校对各种高精密度、高准确度教学仪器、设备的要求在不断提高。学校利用这些仪器、设备的水平不仅是教育现代化的标志，也代表了学校在科学研究方面的水平。

(3)信息技术教育资源的开发和利用。

信息技术教育资源是教育信息资源的一部分,主要指信息技术环境下的教育信息资源,包括经过数字化处理,可以在多媒体计算机中或网络环境下运行的多媒体材料、教学支持系统软件和资源管理软件。该类信息资源具有多样性、便捷性、共享性、时效性、交互性、广泛性、创造性等特点,是现代教育教学过程中极具利用价值的资源。

2. 传播的符号

关于什么是符号,目前的看法很不一致。语言学家、心理学家、社会学家、教育家、艺术家,甚至数学家、政治家等不同领域的学者,都会从自己的研究角度给符号下定义。如美国人类学家莱斯利·A·怀特认为,符号是事物,因为符号可能具有各种物质形式,物体、颜色、声音、气味、物体运动等都可充当符号的形式。美国哲学家、符号学先驱皮尔士解释说,一个符号(Sign),或者说象征(Representation),是某人在某一方面或关系上用来代表某物的某种东西。

从传播学角度出发,施拉姆将符号界定为人类传播活动的要素,符号代表事物,它能脱离参加传播活动的双方而独立存在。符号是负载或传递信息的基元,表现为有意义的代码及代码系统,如声音、图形、姿态、表情等。

(1)语言符号。

语言是人类社会特有的一种信息符号系统,以语音和字形为物质外壳,以词汇为建筑材料,以语法为结构规律的符号系统,是人们用来进行传播和思维活动的有效工具。

在教育传播中运用语言应注意以下几个原则。

第一,要有明确的教育教学目的。教学语言必须要为准确传达教育教学信息,实现教学目的服务,不能偏离特定的教学目标,也不能片面追求教学语言的形式。例如,当教学语言主要用来传达科学知识时,就要尽量选用科学的词语,选用能够精确、简洁、明白地表达学科知识的修辞方式,而不要有太多的感情色彩或反语、双关、夸张等修辞手法,尽量让学生一听或一看便知,而不需要进行猜测或产生不必要的误解。

第二,要有针对性。教育传播的对象具有不同的个性特征,如年龄、文化层次、社会背景等,因此,在使用语言时应考虑选择与传播对象的个性特征相吻合的语言抽象层次范围。比如,教科书的语言不仅要科学、准确,在篇幅、难易程度等方面还要符合教学对象的认知水平。

第三,要有适当的强化。对一些重要的信息,需要引起学生的重视或需要其牢牢记住的,则需要采用适当多次重复的方法去反复强调它,也可以利用身体语言或其他传播媒体的辅助来强化它,比如,在文字的表达中配以形象的插图等。强化的方法和手段可以多样,但必须适度,否则适得其反。

第四,要进行不断的调整。使用语言的目的在于意义的沟通。教师与学生只有在不断调整与适应对方的过程中才可能做到意义的沟通。教师需要根据学生的反馈不断地调整所运用的语言,使其能适合学生的经验范围,这是使教育传播活动能持续下去并最终达到教育目的的重要原则之一。

第五,要有整体性。一段支离破碎、断断续续的语言是无法准确表达传播者的意图的,因此,教师必须考虑语言运用的逻辑性问题,要从整体意义上考虑而不仅仅是考虑每句话的意思。学生在理解上也要有整体意识,不能断章取义,只见树木不见森林。语言本身存在的局限性,更要求师生双方能多从语言的整体性方面考虑对方的传播意图。

(2)非语言符号。

非语言符号是指语言符号以外的,在信息交流活动中能够发挥作用的其他符号形式,包括手势、姿态动作、表情以及身体接触等。美国口语传播学者雷蒙德·罗斯认为,在人际传播活动中,人们所得到的信息总量中,只有35%是语言符号传播的,而其余65%是非语言符号传达的。可见,非语言符号在成功的信息传播中占有很大的分量。

非语言符号在教育传播中占有重要的地位和作用。如教育传播环境中的校园建筑、校园绿化、教室布置、学术气氛、校风班风、家庭关系、社会生活、法律道德等,传统教材中所使用的标本、模型、插图、挂图与演示实验等,电子教材中所使用的运动的画面、静态的图像、图标、配乐、色彩等。

除此之外,教育传播中教师所使用的非语言符号是教师与学生进行信息交流的特殊手段,不仅影响着教育传播的效果,而且影响着学生的智力和心灵。

教师的非语言符号主要有以下五种。

第一,教师的外貌与衣着。人的外貌和衣着不同,所传播的信息就不同,所产生的影响也有差异。教师应对外貌和衣着有正确的判断和认识,因为只有恰到好处的外貌和衣着,才有助于信息有效而准确的传播,过分迷人的或过分丑陋的外貌和不恰当的衣着会影响信息的传播。

第二,教师的表情和眼神。一个表情严肃、不苟言笑的教师会使学生望而生畏,敬而远之。如果教师面容和蔼、态度轻松,学生就会感到教师可敬可亲,师生之间亲密无间、无拘无束,课堂气氛就会轻松活泼。眼神是一种无声的语言,能帮助师生交流、传递信息。如教师在课堂上全场巡视能使学生迅速安静,短时注视能引起学生高度注意。又如当学生做了错事的时候,你用指责的眼神去看他,则会起到阻止、批评的作用;当学生有了些许进步的时候,你用赞许的眼神去看他,则会起到表扬、鼓励的作用。

第三,教师的姿态动作。研究发现,人体能够发出多达70万个不同的信号。姿态动作总是有意无意地“泄露”我们内心的秘密和蕴藏的信息。如教师在讲解“大”字的含义时,伸直双臂、叉开两腿呈大字状;讲到自由落体的高度时,手快速地从上向下挥等。但是有些姿态动作,如不自觉地搔头皮、玩弄粉笔、抖脚、双臂抱在胸前、把手插在裤兜等,则对教学没有任何帮助,反而会带来消极的影响。

第四,教师的触摸行为。触摸行为能传递各种不同的信息。史密斯研究发现,触摸能够传递五种不同的情绪:漠不关心、母亲般的照顾、害怕、生气和闹着玩。在教育传播中,学生失落时教师给予的拥抱,或是学生答对问题时教师给予的抚摸,都有助于建立良好的师生感情。

第五,教师的空间与距离非语言符号。教师对空间与距离非语言符号的把握对师生关系有明显的影响。例如,整堂课都站在讲台上的老师和经常走到学生中间的老师给学生留下的印象是不同的。再如,教室中传统的直排座位使后排学生看到的是前排学生的后背,造成了一种无法交流的空间距离。

(四)传播媒体

1. 媒体的定义

媒体是载有信息的物体,没有承载信息的物体,如一张白纸、一张没有写字的胶片,或一盒空白录音带、录像带,就不能说是媒体,而只能说是书写、印刷或录制用的材料。媒体的构成要素有以下三个。

(1)物质。物质实体是传播媒体得以存在的首要因素,是精神内容的依附。

(2)符号。符号是构成媒体的第二要素,一般物质只有负载、刻画特定的文字、图像、声音等人类能够识别的符号,才区别于普通物质。符号是传播媒体与普通物质实体相区别的标志。

(3)信息(意义)。传播信息是媒体的基本功能和唯一使命,任何有序的、完整的符号都蕴涵着信息。此外,信息也是传播者与受传者发生关系的理由和前提。

教学媒体是以传递教学信息为最终目的的媒体。教学媒体对教学效果的影响至关重要。它不仅给教学提供具体的经验,使抽象的语言、文字、符号等的意义明确,使抽象事物的概念更清楚,也能扩大学生经验的范围,使学生思维活跃,同时还能激发学生的学习热情,培养学生对所学内容的积极态度,以此优化教育教学的过程。

2. 媒体的类型

(1)书写媒体。

书写媒体是指由自然物简单加工而成的负载文字与图像的物质实体。最原始的书写媒体与图画同生,与文字共进,与人类智能共演。人工制作的书写媒体经历了由重到轻、由粗到细、由硬到软的演变,往往是由自然物简单加工而成。纸的出现将书写媒体推向顶峰,为印刷媒体的来临铺平道路。

(2)印刷媒体。

印刷媒体指的是将文字、图画等做成版,涂上油墨,印在薄页上形成的报纸、杂志、书籍等物质实体。作为人类传播的主要工具,它借助机器设备可以迅速大量地印制生产,读者可以自由地决定阅读的时间、地点、速度和方式,也可以长期保存,随时取阅,反复研读。

(3)广播媒体。

广播媒体是对印刷媒体的超越,是跨国传播的先行军,其传播几乎不受时空限制,传播速度瞬息万里,受众遍布各个角落。1920 年 6 月 15 日,马可尼公司在英国举办了一场梅尔芭太太主演的"无线电—电话"音乐会,远至巴黎、意大利、挪威,甚至在希腊都能清晰地收听到。这就是广播媒体的开始。

(4)影视媒体。

电影与电视都是传播带有声音的移动图像的大众媒体。它们声像兼备、视听兼顾,具有双通道视听优势和现场参与感。画面,既是影视媒体的表征,也是人类相互沟通、交流的"世界语",人们一看就懂,一瞥即知,无需翻译,不用解释。影视节目有很强的穿透力和影响力,尤其能产生一种独特的潜移默化的传播效果。

在教育传播中,通常我们按媒体作用的感官和信息的流向对教学媒体进行分类,可分为视觉媒体、听觉媒体、视听媒体、交互媒体、综合媒体等类型。这种分类方法从教学内容出发,准确地揭示了教学媒体的信息表现能力与特点。根据这一分类的结果,教师可以有目的地选择教学媒体来展示教学内容。

案例 2-1

阅读下面关于《感悟亲情》作文教学案例的三个不同场景:

场景1:教师布置作文题目《感悟亲情》,用口头语言向学生讲解亲情的伟大可贵,然后让学生用自己的笔来表现亲情。教师主要通过举例说明写作时细节很重要,可以通过细节表现出真挚的情感。

场景2:教师先给学生看图片《父亲》(引导学生注意观察图中父亲那沧桑的目光、刀刻般的皱纹),再给学生讲感人的故事《母亲》(母亲为了孩子舍弃自己的生命)、《姐姐》(姐姐为了弟弟上学,主动放弃上大学的机会去打工),创造感人的气氛,然后告诉学生本节课的任务是写自己的亲情故事。教师通过分析图片的细微之处和故事的情节,说明表现情感时细节的作用。

场景3:教师首先借助音乐《烛光里的妈妈》展示表现亲情的课件(表现母子情深),渲染气氛,使学生先感受亲情;然后要求学生说说生活中使自己有感触的亲情;最后组织学生观看电视小品《背影》(引导学生注意对父亲的特写镜头:蹒跚地过铁轨,努力地爬月台),感受名家如何写亲情。教师结合影片的特写镜头对《背影》中的经典片断进行分析(如文章中动词的运用),强调细节的重要性。

试分析以上各教学场景中所使用的语言和非语言符号、传播媒体、传播技巧及信息资源有哪些异同。

三 学习理论

学习理论是揭示人类学习活动的本质和规律,解释和说明学习过程的心理机制,指导人类学习,特别是指导学生学习和教师课堂教学的心理学原理或学说。

学习理论要说明学习是怎样发生的,以及为什么有的学习有效,有的学习无效,即解释"为什么"要这样学习。在学习理论的发展过程中,由于研究者研究角度、哲学观、学术视野和研究方法的不同,形成了不同的学习理论流派,到目前为止还没有凝聚成一种统一的、综合的、大家普遍认同的学习理论。但是,如果我们对学习理论的各种流派进行系统透析,就会发现,这些理论流派实际上都是在探讨学习的一些基本问题。事实上,它们为我们提供了探讨这些基本问题的不同视角,使我们有可能比较全面地理解学习的性质、条件和规律。

目前受到广泛关注的学习理论主要有行为主义学习理论、认知主义学习理论、社会学习理论、建构主义学习理论和人本主义学习理论。

(一)行为主义学习理论

1. 行为主义学习理论的基本观点

行为主义学习理论关注的是环境在个体学习中的重要性,可以用“刺激—反应—强化”来概括,认为学习的起因在于对外部刺激的反应。行为主义学习理论把学习者当作一个“黑箱”,认为学习是一种可以观察到的行为变化;把观察分析的重点放在行为变化上,关心的是如何获得令人满意的输出,而输出是输入刺激的一种反应。行为主义理论的主要代表有巴甫洛夫的经典条件反射学说、华生的行为主义、桑代克的联结主义、斯金纳的操作性条件反射学说等。

根据这种观点,人类的学习过程可归结为接受外界刺激的过程,教师的任务只是向学生传授知识,安排刺激,观察学生的反应,对令人满意的反应予以加强,对令人不满意的反应予以补救或否定,以此来纠正其反应;学生的任务则是作出反应,接受和消化知识。

在实际的教育过程中,我们很容易找到行为主义学习理论的应用,比如,教师为了让其他学生认真听讲,而表扬一些认真听讲的学生,从而激励认真听讲的学生继续保持,使那些不认真听讲的学生为了得到教师的认可而表现得好起来。

2. 斯金纳的操作学习理论

(1)斯金纳的实验。

在教育技术领域,美国心理学家斯金纳是备受推崇的学习理论先驱之一。斯金纳认为,“学习”是反应概率的变化;“理论”是对所观察到的事实的解释;“学习理论”所要做的是指出引起反应概率变化的条件。所以,研究学习行为的目的,是要形成一种分析各种环境刺激的功能的方法,以决定和预测有机体的学习行为。为此,斯金纳设计了“斯金纳箱”。实验时,在箱内放一只白鼠或鸽子,它在箱内可自由活动,当它压杠杆或啄键时,就会有一团食物掉进箱子下方的盘中,它就能吃到食物,但并不是每次按杠杆或啄键后都有食物,食物的释放方式由实验者决定。

斯金纳通过实验发现,动物的学习行为是随着一个起强化作用的刺激而发生的,他把动物的学习行为推而广之到人类的学习行为上。在斯金纳看来,行为是人类生活的一个基本方面。通过对行为的研究,可以获得对各种环境刺激的功能进行分析的方法,从而可以影响和预测有机体(包括人和动物)的行为。斯金纳创立了操作性条件反射学说和强化理论,并把它们应用于人类学习的研究,提出了程序教学的概念,总结了一系列教学原则。

(2)程序教学。

程序教学是一种个别化的自动教学方式,由于经常用机器来进行,也称为机器教学。程序教学对教材进行设计和编制,并按步骤循序进行,其基本过程如图 2－12 所示。这一程序教学原理曾在计算机辅助教学及 CAI 课件制作中得到广泛运用,曾是教学软件开发的主导思想。由于斯金纳对程序教学理论作出了杰出贡献,他被称为“程序教学之父”。

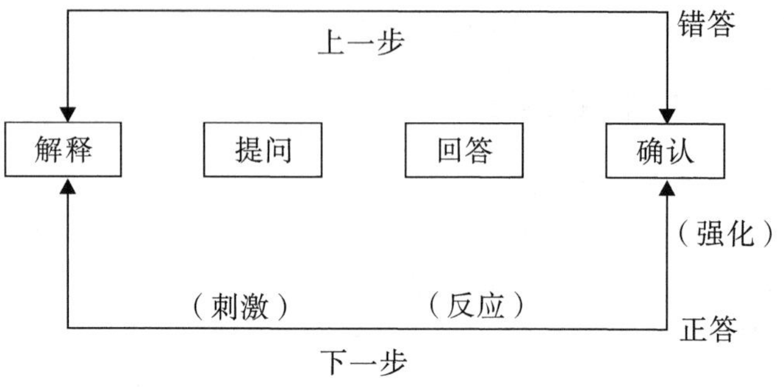

图 2－12　程序教学的基本过程

斯金纳提出了程序教学的原则：

积极反应原则。通过教学机器或教材向学生呈现知识，使学生对一个个问题作出积极的反应。

小步子原则。将教学内容按内在联系分成若干个小步子编成程序。材料逐步地呈现，步子由易到难排列，每步之间的难度通常是很小的。

及时强化原则。要求在每个学生作出反应后，必须使学生立即知道其反应是否正确。告知学生结果，也就是对学生的反应给予及时强化，这是程序教学中最常用的强化方式。

自定步调原则。以学习者为中心，不强求统一进度，鼓励每一个学生按自己最适宜的速度进行学习。

低错误率原则。要求在教学过程中尽量使学生避免出现错误的反应，因为错误的反应会得到令人反感的刺激，过多的错误会影响学生的情绪和学习的速度。

斯金纳的程序教学理论指导推动了 20 世纪 50—60 年代风行美国乃至其他许多国家的程序教学运动，不仅促进了学习理论的科学化，加速了心理学和教育学的有机结合，推动了教学手段的科学化和现代化，而且重新激起了人们对个别化教学研究的兴趣，使个别化教学在中断多年后又重新活跃起来。

（二）认知主义学习理论

认知心理学家探讨学习的角度与行为主义者相反。他们认为，是个体作用于环境，而不是环境引起人的行为。环境只是提供潜在的刺激，至于这些刺激是否受到注意或被加工，取决于学习者内部的心理结构。潜在的环境刺激在任何时候都是无法计数的，为什么有的起作用，有的被忽视，原因在于个体是根据自己内部的心理结构对其加以选择的，目的是为了赋予经验以意义。个体在以这种方式与环境相互作用的过程中，也不断地修正自己内部的心理结构，从而影响未来与环境的相互作用。可见，认知主义学习理论要研究的是个体处理环境刺激时的内部过程，而不是外显的刺激与反应。

1. 认知主义学习理论的基本观点

人的认识不是由外界刺激直接给予的，而是外界刺激和认知主体内部的心理过程相互作用的结果。根据这种观点，学习过程被解释为每个人根据自己的态度、需要和兴趣，利用过去的知识与经验对当前工作的外界刺激（如教学内容）作出的主动的、有选择的信息加工过程。教师的任务不是简单地向学生灌输知识，而是首先激发学生的学习兴趣和学习动机，然后将当前的教学内容与学生原有的认知结构有机地联系起来；学生不再是外界刺激的被动接受器，而是主动地对外界刺激提供的信息进行选择性加工的主体。

认知主义学习理论强调认知结构和内部心理表象，即学习的内部因素，这与行为主义学习理论只关注学习者的外显行为，无视其内部心理过程有很大的不同。认知主义学习理论突破了行为主义仅从外部环境考察人的学习的思维模式，从人的内部过程即中间变量入手，从理性的角度对感觉、知觉、表象和思维等认知环节进行研究，把思维归结为问题解决，从而找到了一条研究人的高级学习活动的途径，抓住了人的思维活动的本质特征。

认知主义学习理论的主要代表有格式塔学习理论、托尔曼的符号学习理论、布鲁纳的认知结构学习理论、奥苏贝尔的认知结构同化学习理论、加涅的认知学习理论、信息加工理论等等。

2. 认知主义学习理论对教育技术的启示

认知主义学习理论广泛应用于教学软件的开发。比如，人们在设计和开发 CAI 软件时，可以在 CAI 课件的开始部分，利用能体现教学内容且具有感染力的图形序列（或图像）、动画、视频、音频等形式，唤起学生的注意；可以在学习开始时，告诉学生学习目标，从而激起学生对学习的期望；可以通过测试，刺激学生回忆以前的学习，以便把已有的知识与将要学习的新知识结合起来，然后向学生呈现教学信息并不断地提供学习指导，以促进其学习；等等。许多 CAI 软件还利用多媒体技术和多种手段，提供有利于学习迁移的实例和情境，让学生去求解、探索，这不仅有利于学习的迁移，对于发展学生的认知策略也是不可缺少的。

（三）社会学习理论

阿尔伯特·班杜拉是美国当代著名的心理学家，现代社会学习理论和社会认知理论的奠基人。他受过严格的行为主义训练，但不满于极端行为主义的观点，他吸取了认知学习理论的观点，形成了一种认知—行为主义模式。在他看来，学习是一种既符合信息加工理论，也符合强化理论的过程，而且他重视对社会学习的研究，形成了很有特色的社会学习理论。

1. 社会学习理论的三元取向

许多心理学家提出了各种理论来解释人类的行为，这些理论或者是研究环境刺激与有机体反应的关系（如行为主义理论），或者是研究有机体行为的内部动因是什么（如人本主义理论）。班杜拉认为，这些理论都是以单向决定论为特征的。环境决定论与个人决定论就是两个极端的例子。环境决定论者认为，行为是由环境刺激引起的；个人决定论者认为，本能、驱力和特质等内部事件，驱使有机体按照某些固定的方式行事，换言之，环境取决于个体如何对其发生作用。

但是，有许多行为并非由环境刺激或内在素质单向引发。我们可以看到许多延迟匹配的现象，也就是说，观察者在看到一个榜样的示范动作后，可能会过几天甚至更长的时间才表现出来，而且往往并不是因为有某种直接的强化才表现出这种行为的。这些都无法用个体与环境的简单对应关系来解释。

班杜拉的社会学习理论，把行为 B（个体行动、选择和言语描述）、个体 P（信念、期望、态度、知识）和环境 E（资源、行为、结果、他人）看作一个相互影响的联结在一起的系统，在这个系统中，行为、个体和环境三个因素相互关联，都是“你中有我，我中有你”的。班杜拉把他的这种观点称为交互决定论。

2. 学习来自观察与模仿

根据社会学习理论的观点，人类的大多数行为是通过榜样作用习得的：个体通过观察他人行为，会形成怎样从事某些新行为的观念，并且用这种编码信息指导以后的行动。因此，观察者获得的实质上是榜样活动的符号表征，并以此作为以后适当行为表现的指南。班杜拉认为，观察学习是受注意、保持、动作再现以及动机等心理过程支配的。

注意过程。除非人们注意并精确地感知榜样行为的明显特征，否则是无法学到这种行为的。注意过程决定了个体在受到众多榜样作用的影响时，有选择地观察哪些方面。注意过程受多种因素影响，如观察者的特征、榜样活动本身的特点以及人际互动的安排等。

保持过程。保持过程是要记住所观察到的榜样行为。观察者是以符号的形式把这种行为贮存在长时记忆中的。班杜拉认为，保持过程主要依赖于两种表征系统：映像表征系统和语言表征系统。映像表征是指以映像方式来保持行为。对于儿童来说，视觉映像在观察学习中是非常重要的。语言表征是指用言语编码来保持行为。支配行为的大多数认知过程是语言。

动作再现过程。动作再现过程是把符号表征转变成适当的行动。为了便于分析，班杜拉把这一过程分解成四个阶段：对反应的认知组织、反应的发起、对反应的监控以及根据反馈信息矫正反应。在大多数日常学习中，人们通常是通过榜样作用大致掌握新的行为，然后根据反馈信息进行自我矫正，最后逐渐熟练掌握这种技能。但由于受到体能、技巧或其他方面的影响，有些动作不能很好地或完整地再现。

动机过程。通常人们并不会实施他们学到的每个行为。首先，如果榜样行为产生了有价值的结果，人们便倾向于实施这种行为。这是一种外部强化。其次，观察到的榜样行为的结果，与自己直接体验到的结果，是以同样方式影响榜样行为的表现的，即学习者的行为表现是受替代强化影响的。通常，看到他人获得积极效果的那些行为，比看到他人受到消极后果的那些行为，更容易表现出来。最后，行为的再现受到人们自我评价的影响。人们倾向于做出感到自我满足的反应，拒绝做出自己不赞成的行为，这是一种自我强化。

3. 对社会学习理论的评价

班杜拉的社会学习理论有别于直接的、机械的行为模仿学习。其自我效能感、自我强化的思想强调了主体认知因素的重要性，充分反映了人的主观能动性，这对学生学会自我控制、自主学习非常重要。

培养学生的自律行为是教育的主要目的之一，传统教育教学生自律都是从他律到自律，再到自治。班杜拉并不赞成经由外控以养成学生自律的观念，他认为自律行为也可以通过观察模仿养成，尤其是通过自我观察、自我评价与自我强化形成。显然，自我强化是形成学生自律行为的重要方面。

（四）建构主义学习理论

建构主义（Constructivism）又译为结构主义，是认知心理学的进一步发展。建构主义理论最早是由瑞士心理学家皮亚杰提出的，其后许多心理学家对它做了进一步的研究和完善。因为当今的多媒体计算机和基于因特网的网络通信技术所具有的多种特性特别适合于建立建构主义学习环境，所以建构主义学习理论受到了人们的重视，其影响越来越大。

1. 皮亚杰关于建构主义的基本观点

皮亚杰理论体系中的一个核心概念是图式。图式是指个体对世界的知觉、理解和思考的方式。图式的形成和变化是认知发展的实质。皮亚杰认为，认知发展是受三个基本过程影响的：同化、顺化和平衡。

同化（Assimilation）是指个体对刺激输入的过滤或改变的过程。也就是说，个体在感受到刺激时，把它们纳入头脑中原有的图式之内，使其成为自身的一部分，就像消化系统将营养物吸收一样。

顺化（Accommodation）是指有机体调节自己内部结构以适应特定刺激情境的过程。顺化是伴随同化而行的。当个体遇到不能用原有图式来同化的新刺激时，便要对原有图式加以修改或重建，以适应环境，这就是顺化的过程。可见，同化主要是指个体对环境的作用，顺化主要是指环境对个体的作用。

平衡（Equilibration）是指个体通过自我调节机制使认知发展从一种平衡状态向另一种较高的平衡状态过渡的过程。

皮亚杰认为，个体的认知图式是通过同化和顺化而不断发展以适应新的环境的。一般来说，每当遇到新的刺激，个体总是试图用原有图式去同化，如获得成功，便得到暂时的平衡。如果用原有图式无法同化新的刺激，个体便会做出顺化，即调节原有图式或重建新图式，直至达到认识上的新的平衡。同化与顺化之间的平衡过程，也就是认识上的适应，是人类智慧的实质所在。需要说明的是，平衡状态不是绝对静止的，一种较低水平的平衡状态，通过个体与环境相互作用，就会过渡到一种较高水平的平衡状态。平衡的这种连续不断的发展，就是整个认知发展的过程。

2. 建构主义学习理论的四要素

学习是在一定的情境即社会文化背景下，借助其他人的帮助，即通过人际间的协作活动而实现的意义建构过程。情境创设、协作会话、信息资源提供，是建构主义要求学习环境所要具备的基本属性或要素。因此，建构主义学习理论认为情境、协作、会话和意义建构是学习环境中的四大要素或四大属性。多媒体和网络技术的普及为建构主义学习提供了理想的学习环境。

情境。学习环境中的情境必须有利于学生对所学内容的意义建构。这就对教学设计提出了新的要求，也就是说，在建构主义学习环境下，教学设计不仅要考虑教学目标分析，还要考虑有利于学生建构意义的情境创设问题，并把情境创设看作教学设计的重要内容之一。

协作。协作发生在学习过程的始终。协作对学习资料的搜集与分析、假设的提出与验证、学习成果的评价直至意义的最终建构均有重要作用。

会话。会话是协作过程中不可缺少的环节。学习小组成员之间必须通过会话商讨如何完成规定的学习任务；此外，协作学习过程也是会话过程，在此过程中，每个学习者的思维成果（智慧）为整个学习群体所共享，因此，会话是达到意义建构的重要手段之一。

意义建构。这是整个学习过程的最终目标。所要建构的意义是指事物的性质、规律以及事物之间的内在联系。在学习过程中帮助学生建构意义就是要帮助学生对当前学习内容所反映的事物的性质、规律以及该事物与其他事物之间的内在联系有较深刻的理解。这种理解在大脑中的长期存储形式就是前面提到的图式，也就是关于当前所学内容的认知结构。

信息窗 2－3

抛锚式教学

抛锚式教学有时也称“实例式教学”或“基于问题的教学”，是一种常见的基于建构主义学习理论的教学。建构主义认为，学习者要想完成对所学知识的意义建构，最好的办法是到现实世界的真实环境中去感受、去体验。确定这类真实事件或问题被形象地比喻为“抛锚”，因为一旦这类事件或问题被确定了，整个教学内容和教学进程也就被确定了（就像轮船被锚固定一样）。

［资料来源］百度百科. 抛锚式教学［EB/OL］. http://baike.baidu.com/link? url=TqInBostQXrJu58ZM4DIGkyRuqRpyPPW5sqhUFQItOYykoqHveryMOyX5GnFpSTzDz2-pzNxfiIqjVemvWra.

案例 2-2

观察并分析以下教学过程。

六年级有 30 名学生，教师名字叫安德莉亚，当前要进行的教学内容是关于奥林匹克运动会（简称“奥运会”）的。首先，安德莉亚鼓励她的学生围绕这一教学内容拟定若干题目，例如奥运会的历史和澳大利亚在历次奥运会中的成绩等，确定与主题密切相关的真实性事件或问题作为学习的中心内容，确定媒体在解决这些问题的过程中所起的作用，并要求学生用多媒体形式直观、形象地把自己选定的问题表现出来。在图书馆和网上查阅资料后，米彻尔和沙拉两位小朋友合作制作了一个关于奥运会历史的多媒体演示文稿。在这个文稿播放前，教师提醒大家注意观察和分析文稿的内容及其特点，播放后立即进行讨论。

一位学生说，从奥运会举办的时间轴线来看，奥运会是每 4 年举办一次。另一位学生则提出不同的看法，他认为并不总是这样，例如 1904 年、1906 年和 1908 年这几次是每两年举办一次。还有一些学生则注意到在时间轴线的 1916 年、1940 年和 1944 年这几个年份没有举办奥运会。这时教师提出问题：“为什么这些年份没有举办奥运会？”有的学生说可能是这些年份发生了一些重大事情；有的学生则说是因为发生了战争；还有学生更确切地指出 1916 年停办是由于第一次世界大战，1940 年和 1944 年停办是由于第二次世界大战。经过讨论，大家认为有必要对米彻尔和沙拉制作的多媒体演示文稿作两点补充：一要说明第一次世界大战和第二次世界大战对奥运会的影响；二要对奥运历史初期的几次过渡性（两年一次）奥运会作出特别的解释。

这时候有位小朋友提出要把希特勒的照片通过扫描放到时间轴上的 1940 年这个点上，以说明是他发动了第二次世界大战。教师询问其他同学：“有没有不同意见？”沙拉举起手，高声回答说：“我不同意用希特勒的照片，我们应当使用一张能真实反映第二次世界大战给人民带来巨大灾难（例如大规模轰炸）的照片，以激发我们对和平生活的珍惜。”教师对沙拉的发言表示赞许。

案例分析：从以上案例中可以看到，教师的教学设计主要是让学生用多媒体计算机建立一个有关奥运会某个专题的情境，并以奥运会的历史或澳大利亚在历次奥运会中的成绩等这类真实性事件或问题作为“锚”（学习的中心内容），激发学生的学习兴趣和主动探索精神，再通过讨论，逐步加深学生对有关教学内容的理解。

在这个案例中，学生始终处于主动探索、主动思考、主动建构意义的认知主体位置，但是又离不开教师事先所做的、精心的教学设计和在协作学习过程中画龙点睛的引导；教师在整个教学过程中说的话很少，但是对学生建构意义的帮助很大，充分体现了教师指导作用与学生主体作用的结合。整个教学过程围绕建构主义学习理论的情境、协作、会话和意义建构这几个环节自然展开，且自始至终都是在多媒体计算机环境下进行的（同时用网络查询资料），所以上述案例是以多媒体计算机和网络作为认知工具实现建构主义抛锚式教学的很好的案例。

（五）人本主义学习理论

人本主义心理学是20世纪50—60年代在美国兴起的一种心理学思潮，人本主义的学习与教学观深刻地影响了世界范围内的教育改革。人本主义学习理论的主要代表人物有马斯洛和罗杰斯。

人本主义心理学家认为，要理解人的行为，应从行为者的角度来看待事物。在了解人的行为时，重要的不是外部事实，而是事实对行为者的意义。如果要改变一个人的行为，首先必须改变他的信念和知觉，当他看问题的方式改变了，他的行为也就不同了。也就是说，人本主义心理学家试图从行为者，而不是从观察者的角度来解释和理解行为。

1. 人本主义学习理论的基本观点

人本主义学习理论提倡真正的学习应以“人的整体性”为核心，强调“以学生为中心”的教育原则，学习的本质是促进学生成为全面发展的人。它关心学生的自尊和成长，认为学生是教学活动中的焦点，应自主地选择学习课程、方式和时间。教师被看作促进者，应具有高度的责任感。教师要创建合适的氛围，帮助学生成为全面发展的人。学校在社会中扮演着重要的角色。人本主义学习理论把学生的创造和自我实现放在了很高的位置上，教育的目标就是帮助学生满足“自我实现”的需要。

2. 罗杰斯的学习观

罗杰斯把学习分为两类，它们分别处于意义连续体的两端。

一类学习类似于心理学上的无意义音节的学习。无意义音节不容易学习，而且容易遗忘。在罗杰斯看来，学生在课堂上学习的许多内容也具有这种无意义的性质。这类学习只涉及心智，是一种“在颈部以上发生的学习”，它不涉及感情或个人意义，与完整的人无关。

另一类是意义学习。所谓意义学习是指一种使个体的行为、态度、个性以及未来的行动方针发生重大变化的学习。这不仅是一种增长知识的学习，而且是一种与每个人各部分经验都融合在一起的学习。

罗杰斯的意义学习，与奥苏贝尔的有意义学习的内涵是不同的，前者关注学习内容与个人之间的关系，而后者强调新旧知识之间的联系。按照罗杰斯的观点，奥苏贝尔的有意义学习只是一种在“颈部以上发生的学习”。

罗杰斯认为，意义学习主要包括四个要素：第一，学习具有个人参与的性质，即整个人（包括情感和认知两个方面）都投入学习活动；第二，学习是自我发起的，即便推动力或刺激来自外界，要求发现、获得、掌握和领会的感觉也是来自内部的；第三，学习是渗透性的，也就是说，它会使学生的行为、态度，乃至个性都会发生变化；第四，学习是由学生自我评价的，因为学生最清楚这种学习是否满足自己的需要，是否有助于认识自己想要知道的东西，是否让自己明了原来不清楚的某些方面。

除了以上几种学习理论外，还有很多学习理论对当前教育技术的理论和实践有重要的影响，如认知灵活性理论、分布式认知理论、情境学习理论等等。

信息窗 2-4

分布式认知理论

分布式认知理论提出了一种考虑认知活动全貌的新观点,注重环境、个体、表征媒体以及人工制品之间的交互,认为分布式的要素必须相互依赖才能完成任务。它跳出了传统认知强调个体认知的局限,以功能系统为新的分析单元,认为智能存在于学习环境、学习者使用的工具、学习者之间的交互以及所有学习者之中,这对课程学习共同体的设计具有重要启发意义。这要求课程设计者不仅仅要关注学习资源、媒介工具的设计,更要关注活动以及交互的设计。

[**资料来源**]百度百科.分布式认知理论[EB/OL].http://baike.baidu.com/link?url=AK-EIEEwB6qOqrlrI84cSQ6KKPTwaqxQiVHGMPTBS0SBpsbU77raA9raaD2-vAbo0ucrjjoY58pIUtU1KTiWd_.

(六)学习科学的新成果

学习科学是一门主要由生物科学、认知科学和教育科学交叉而形成的前沿学科,旨在建立心智、脑和教育之间的桥梁,将生物科学、认知科学的最新成果,包括认知神经科学、情感神经科学、基因科学等,应用于教育和学习过程,给学习、教育以及政策制定提供科学的指导,以迎接教育的重大变革。过去十多年来,研究者运用新兴的脑成像技术,取得了重要的研究成果与突破性进展,其研究成果的数量超过了以往的总和。这些研究成果将对学习与教育产生深远的影响。就目前来说,学习科学的研究主要有四种取向。

1. 认知神经科学取向

作为学习的生理基础,大脑的工作机制和思维过程与行为彼此互动,大脑、思维和行为构成的动态统一,是学习科学领域的学者非常关注的脑科学研究。秉持认知神经科学取向的专家主要关注语言、记忆、思维、情绪情感与社会行为等人脑高级功能的机制研究。其中,最引人瞩目的是从视觉感知与再认、语言与视觉学习、空间智能、语音与语言、认知—情感交互、记忆、概念与规则形成等方面研究大脑的学习机制。此领域不仅探究人类学习的各种行为以及大脑的基本工作机制,而且结合系统科学领域与教育学领域,以对学习过程的认知为基础,开发新的、量化的学习算法,旨在将脑科学研究成果合理应用在教育领域中,进而为理解人的学习和改革传统教学提供重要依据。

2. 技术取向

通过技术改善人类学习绩效,是学习科学领域研究人员的又一个关注点。信息技术的发展及普及,改变着人们的工作方式、生活方式和学习方式。人工智能和虚拟现实等信息技术的发展,从技术层面上可以为学习的研究和实践提供先进的设备和丰富的研究环境。技术对学习的促进主要体现在技术可以创建或模拟具有丰富情景的真实学习环境,提供适当的认知和交流技术,以促进个体和群体的认知发展。技术促进学习的研究不仅包括多种技术环境下各种学习形式的研究,还涉及各种新技术的学习应用研究,以及如何设计和评价新的学习技术与学习环境，以巩固和加强人类的学习与互动。其中，基于计算机的合作学习、基于案例的推理、基于模型的推理、模拟仿真学习等方面的成功案例，为技术支持的学习研究提供了新认识和新思维。

3. 社会学取向

人类的学习既是个体行为，又是社会性活动。人类学家、社会学家对学习社会性的研究也是学习科学的一个重要研究取向。持这种取向的研究者们注重人类学习的社会文化脉络以及学习过程中的社会性协作，而非仅对个体心理进行研究。有学者指出，人类的知识和互动不能与这个世界分割开来，如果这样做，就是在研究离开躯壳的智力。这种智力是人造的、不真实的和不具备实际行为的。情境和人们从事的活动才是真正重要的。我们不能只看到情境，或者环境，也不能只看到人。人与环境是互动的、相互协调的，只看到一面就会抹杀情境对认知和行为的作用。因此，情境认知理论认为，学习是通过学习者参与社群实践而发生的，强调真实行为所发生的社会网络和活动系统。学习的设计应当以学习者为主体，学习内容和活动的安排要与人类的具体实践相联系，最好在真实的情境中，通过类似人类真实实践的方式来组织教学，同时将知识的获得与学习者的发展、身份建构等统合在一起。

4. 教育学取向

学习科学的研究不仅仅想揭示各种环境（正规学习环境和非正规学习环境）中人类学习的认知过程和社会过程，更重要的是以此为基础，为学习和教学提供科学的理论依据，提升学习绩效。持教育学取向的人员主要是教育心理学、教育技术学、计算机科学等领域的专家以及学科教师。在“优化学习环境，促进知识建构”思想的指引下，各学科领域的专家及教师相互协作，将真实的课堂作为研究学习的主要场所，借助各种信息技术的支持，研究不同场景、不同学科下个体认知的特点和规律，并根据研究成果，调整优化课堂教学环境，或者创设新型学习环境和学习活动，以促进深度学习的发生。此外，如何使在真实课堂中获得的研究结果符合严格的实验室科学研究的标准，也是专家们所竭力探讨的问题，他们创新性的研究方法和解决问题的技术为学习研究开辟了新的路径。

四 教学理论

（一）布鲁纳认知发现教学理论

布鲁纳是美国当代著名的心理学家、教育家，他非常关心学校教育和学生学习，强调学习理论和教学理论在教学中的应用。长期以来，布鲁纳主要研究知觉与思维方面的认知学习，并在此基础上形成了自己的教学理论，他最为知名的一本书是1960年出版的《教学过程》。布鲁纳的教育主张成了美国20世纪60年代中学课程改革的指导思想，对世界各国的教育也产生了很大的影响。

1. 认知发展的过程

布鲁纳的认知发现教学理论将人类智慧的生长（认知发展）过程划分为三个阶段。

动作性表征。这个阶段大致相当于皮亚杰的感觉运动阶段。在这个阶段，儿童通过作用于事物而学习表征它们，之后能通过合适的动作反应再现过去的事物。在这个阶段，动作将从内部得到再现。

映象性表征。这个阶段相当于皮亚杰的前运算阶段的早期。在这个阶段，儿童开始形成图像或表象，以此来表现他们的世界中所发生的一切事物。

符号性表征。这个阶段大体相当于皮亚杰的前运算阶段的后期及一直到后来的年代。在这个阶段，儿童能够通过符号再现他们的世界，这里最重要的符号是语言。

当一个人达到布鲁纳所说的第三个阶段时，并不意味着认知发展就停止了，而是意味着这个人具备了进一步理解世界所需要的基本工具，这个基本工具就是语言。

布鲁纳的认知发现教学理论所提到的表征或表征系统，是指人们知觉和认识世界的一套规则，与皮亚杰著作中常见的"认知结构""模式""内部模式""图式""编码系统""再现表象"等概念类似，都是外部信息进入主体以后新信息借以加工的依据。布鲁纳的认知发现教学理论表明了其对认知结构的重视。学习的目的是促进认知发展，而认知发展的关键是认知结构的发展。

布鲁纳根据其理论提出了有关学习和教学的原则：①强调知识结构的重要性；②强调学习的准备性；③强调思维的价值；④强调学习动机。

2. 发现法的步骤、作用与局限

布鲁纳积极倡导发现法。他认为，学习了解一般的原理固然重要，但尤为重要的是发展一种态度，即探索新情境的态度。所以，他强调教育工作者的任务是把知识转换成一种正在发展着的形式，以表征系统发展顺序作为教学设计的模式，让学生进行发现学习。布鲁纳认为，"发现"不限于寻求人类尚未知晓的事物，确切地说，它包括用自己的头脑获得知识的一切方法。

发现法的步骤。发现法是以培养学生的探究性思维能力为目标，在教师不加讲述的情况下，利用基本教材，使学生通过一定的发现步骤进行学习的一种教学方法。发现法将探索、发现问题的过程，予以教育上的学家研究成果的基础上,针对西方传统的学习理论在不同程度上忽略了人的学习特点的共同缺陷,提出了以确认人的学习特点为前提的有意义学习理论(教育技术学界多认为其是一种教学理论),并将其与教学论有机结合,这是奥苏贝尔在教育心理学上的重要成就和巨大贡献。这一理论引起了各国教育科学界的普遍关注。有意义学习理论涉及学习、教学、课程等研究视域,为课程与教学改革的理论和实践提供了充分的心理学依据,对教学具有重要的指导意义。

1. 有意义学习的概念与标准

(1)有意义学习的概念。

有意义学习是奥苏贝尔提出的与机械学习相对的概念。他认为,有意义学习就是符号所代表的新知识与学习者认知结构中已有的适当观念建立非人为(非任意的)和实质性的(非字面的)联系的过程。简而言之,就是符号或符号组合获得心理意义的过程。这一论断既给有意义学习下了明确的定义,也指出了划分机械学习与有意义学习的两条标准。

(2)有意义学习的标准。

第一条标准是“建立实质性联系”,其含义为新的符号或符号代表的观念与学习者认知结构中的观念完全等值。用等值的语言表达不同的话,其关系不变。如学生掌握 $2\times5=10$,能确定 2 个 5 之和是 10,这表明学生认知结构中的原观念(2 个 5 之和是 10)与 $2\times5=10$ 的新观念建立了实质性的联系。如果没有做到这一点,学生也能通过机械地背诵乘法口诀而知道 $2\times5=10$,但并没有在新旧观念之间建立起实质性的联系,并无心理意义,只是一种“言语连锁”式的学习。第二条标准是新旧知识的非人为(非任意)的联系,即这种关系是一种合理的、别人可以理解的、自然的而非人们主观强加的关系。如九九乘法表所代表的知识并不能被 3 岁幼儿所理解,但是他可以机械背诵,这时建立的联系是人为联系;学习英语单词“Thank you”,并不知道其构成及意义,仅以汉语类似发音“三克油”来记,这种通过读音来联想英文单词,就是人为联系,而真正理解“Thank you”的结构及含义,就是非人为联系。

2. 有意义学习的类型

有意义学习可分为三种类型:表征学习、概念学习和命题学习。

(1)表征学习。

表征学习是学习单个符号或一组符号的意义。表征学习的主要内容是词汇学习,即学习单词代表什么。学习的心理机制是符号和它们所代表的事物或观念在学习者认知结构中建立了相应的关系。例如“狗”这个符号,对初生儿童是完全无意义的,在儿童多次同狗打交道的过程中,儿童的长辈或其他年长儿童多次指着狗(实物)说“狗”,儿童逐渐学会用“狗”(语音)代表他们实际见到的狗。于是,我们说“狗”这个声音符号对某个儿童来说获得了意义,也就是说,“狗”这个声音符号引起的认知内容和实际的狗所引起的认知内容是大致相同的,同为狗的表象。

(2)概念学习。

有意义学习的一种较高级的形式叫概念学习。概念学习,实质上是掌握同类事物的共同的关键特征。例如学习“三角形”这一概念,就是掌握三角形有三个角和三条相连接的边这样两个共同的关键特征，而与它的大小、形状、颜色等特征无关，如果“三角形”这个符号对某个学习者来说，已经具有这种一般意义，那么它就成了一个概念，成了代表概念的名词。同类事物的关键特征可以由学习者从大量的同类事物的不同例证中发现，这种获得概念的方式叫作概念形成。也可以用定义的方式直接向学习者呈现，学习者利用认知结构中原有的有关概念理解新概念，这种获得概念的方式叫作概念同化。

(3)命题学习。

有意义学习的第三种类型是命题学习。命题是以句子的形式表达的，可以分为两类：一类是非概括性命题，只表示两个以上的特殊事物之间的关系。如“北京是中国的首都”，这个句子里的“北京”代表特殊城市，“中国的首都”也是一个特殊对象的名称，这个命题只陈述了一个具体事实。另一类命题表示若干事物或性质之间的关系，这类命题叫作概括性陈述，是学习若干概念之间的关系。如“圆的直径是它的半径的两倍”，这里的“圆”“直径”“半径”可以代表任何圆及其直径和半径，这里的倍数关系是普遍的关系。命题学习中包含了表征学习，如果学生对一个命题中的有关概念没有掌握，他就不可能理解这一命题。命题学习必须以概念学习为前提。当儿童有意义地学习命题时，所学习的句子与儿童认知结构中已有的观念会建立起联系。

(三)维果斯基教学理论

维果斯基是苏联儿童心理学与教育心理学的开创者，他非常关注儿童智力的发展与培养问题，提出了许多极富见解的理论。

1. 教学在儿童发展中的重要性

维果斯基认为，教学在儿童发展中具有主导性、决定性、超前性的作用。维果斯基分析批判了关于儿童发展与教学的几种理论：第一种是皮亚杰的“儿童的发展过程不依赖于教学过程”的理论，第二种是詹姆斯的“教学即发展”的理论，第三种是考夫卡的二元论的发展观点。他认为这些观点都没有正确估计教学在儿童心理发展，特别是智力发展中的作用。维果斯基首先肯定了教学(典型的外部社会环境形式)对儿童发展的促进作用，肯定了“教学是儿童后天的、历史的特征之发展过程中内在必需的和普遍的因素”。

2. 教学与儿童智力发展的关系

维果斯基提出了三个重要的问题：一是“最近发展区”思想；二是“教学应当走在发展的前面”；三是关于学习的最佳期限。

(1)“最近发展区”思想。

“最近发展区”是维果斯基针对教学与智力发展的复杂关系而提出的，维果斯基给“最近发展区”下的定义是：“在有指导的情况下借成人的帮助所达到的解决问题的水平与在独立活动中所达到的解决问题的水平之间的差异。”这一概念认为学生的发展有两种水平：一种是学生的现有水平，另一种是学生可能的发展水平。两者之间的差距就是“最近发展区”。教学应着眼于学生的“最近发展区”，为学生提供带有难度的内容，调动学生的积极性，发挥其潜能。

就条件而言，教师必须首先确立儿童发展的两种水平：一是儿童已经达到的发展水平；二是儿童可能达到的发展水平，即儿童在他人帮助下能够达到的发展水平。所以维果斯基曾特别指出，我们至少应该确定儿童发展的两种水平，如果不了解这两种水平，我们将不能在每一个具体情况下找到儿童发展进程与他受教育可能性之间的正确关系。

(2)“教学应当走在发展的前面”。

维果斯基认为教学要想对儿童的发展发挥主导和促进作用，就必须走在儿童发展的前面，这是他关于教学与发展关系问题的最主要的结论。“教学应当走在发展的前面”包含两层含义：一是教学主导着或者说决定着儿童的智力发展；二是教学创造着“最近发展区”，儿童的第一个发展水平与第二个发展水平之间的动力状态是由教学决定的。教学应适应儿童的现有水平，但更重要的是发挥教学对发展的主导作用。

(3)关于学习的最佳期限。

维果斯基揭示了教学的本质特征不在于“训练”“强化”业已形成的内部心理机能，而在于激发、形成目前还不存在的心理机能。关于如何发挥教学的最大作用，维果斯基强调了“学习的最佳期限”。因此，教学必须以儿童的成熟和发育为前提，但更重要的是必须建立在正在开始形成的心理机能的基础上，走在心理机能形成的前面。教学除了最低界限外，还存在着最高界限，这两个界限是由“最近发展区”决定的。这就说明教师在教学中可以运用“教学最佳期”对儿童的发展进行指导，教师也可以通过一些中介的帮助使儿童达到最高的发展水平。

(四)布鲁姆掌握学习模式理论

掌握学习模式是美国当代著名心理学家布鲁姆创立的。掌握学习就是在“所有学生都能学好”的思想的指导下，以集体教学为基础，辅之以经常、及时的反馈，为学生提供所需的个别化帮助以及额外学习时间，从而使大多数学生达到课程目标所要求的掌握标准。

1. 掌握学习模式的步骤

布鲁姆掌握学习模式理论的形成借鉴了卡罗尔提出的“学校学习模式”的研究成果。掌握学习模式一般由以下几个步骤组成。

①划分教学单元，制定教学目标。教师首先根据学期教学目标和教材编排体系，将教材划分为以一两个星期为单元的系列化教学单元，并制定各单元的具体教学目标。这一过程中，教师既要注意各单元前后知识之间的密切联系，同时还要确定好各单元的掌握标准。

②实施诊断性测验。实施诊断性测验是为了查明学生是否具有学习新单元所必需的相应知识和技能。如果学生尚不具有学习新单元所必需的知识和技能，就要进行补习。

③明确学习目标，实施集体教学。新单元教学开始，教师就告诉学生教学单元的内容、学习方法和评价标准，给学生以不断的鼓励，使之保持良好的学习准备状态。之后依据教学目标的要求，对学生实施集体教学。

④进行形成性测验，提供反馈信息。对学生实施单元测验，以判断学生是否“掌握”，即是否达到了本单元教学目标的要求。

⑤矫正学习和深化学习。由形成性测验反馈的信息，可以了解教学的偏差及未掌握

的目标和对象,然后根据学生的实际情况,对未达标的学生及时给予辅导,对达标的学生给予“自由学习时间”,鼓励他们深化学习或帮助未达标的同学。

⑥实施平行的形成性测验。通过反馈矫正,再对学生进行一次单元测验,以评定学生的单元成绩。

⑦实施总结性测验。平行的形成性测验之后,便可转入下一个单元的教学。一个学期结束时,对学生实施总结性测验,判断每个学生的学习水平。

掌握学习教学模式的步骤如图 2－13 所示。

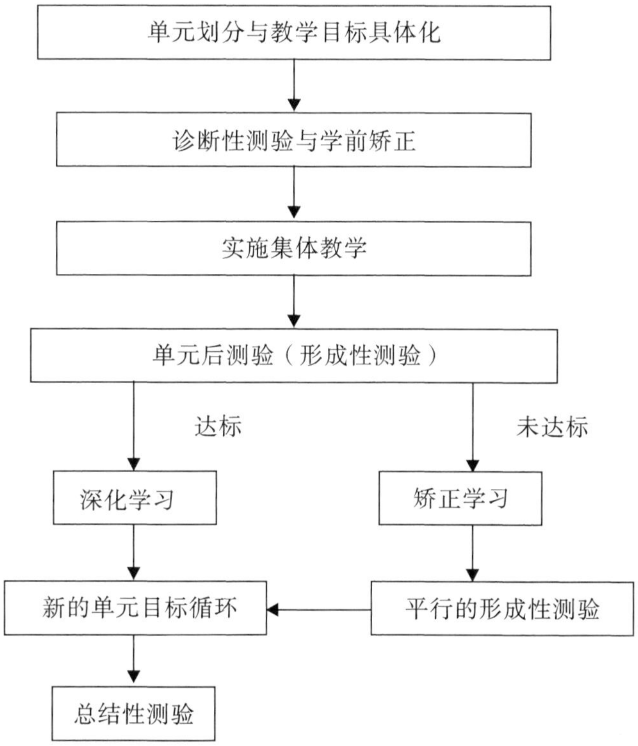

图 2－13　掌握学习教学模式的步骤示意图

2. 掌握学习模式的实施

在实施掌握学习模式的过程中特别要注意以下两个方面:

第一,实施反馈教学。掌握学习是一套较有效的个别化教学实践,它是建立在一般课堂教学情境的群体教学基础之上的,在群体教学中加入了自我矫正——反馈和个别化的矫正性帮助。它通过实施各种不同性质的测验(诊断性测验、形成性测验和总结性测验),进行频繁的反馈,并按照每一个学生的需要提供针对性的帮助,这样可以及时弥补和纠正群体教学带来的不足。

诊断性测验是指教师在开始教学新单元之前所实行的测验,目的在于了解学生是否具有学习新单元所必需的“前提知识与能力”,相当于我们通常实行的“摸底”测验,通过“摸底”测验可以探明学生的“底”,以便将学生置于教学序列的适当位置。形成性测验是依据单元教学目标的要求编制的测验,目的是使教师了解哪些学生已经达标或未达标,哪些目标已达到或未达到,从而为调整教学、对学生因材施教提供依据。总结性测验是在一个学期或一门课程结束后实行的,其目的是了解学生一个学期或一门课程的教学目标的达成度,为学生评定成绩、进行下一阶段的学习诊断提供信息。

第二,师生双方对掌握学习模式都要抱有信心。教师对学生要有真诚的期待,相信大多数学生都能够学好;教师在教学前应使学生了解掌握学习模式的基本思想和一般程序,使学生树立能够学好的信心,形成积极的学习动机。通过不断的反馈矫正,学生不断地体会自己的进步,这种成功的学习经验又会不断增强学生学习的愿望。

(五)巴班斯基教学过程最优化理论

苏联教育科学院院士、副院长巴班斯基博士是一位颇负盛名的教育学家。他一直致力于教学过程最优化理论的研究,由此形成的教育思想具有十分丰富的内容和积极的现实意义。

从"培养全面发展的人"这一教育目标出发,巴班斯基在运用辩证系统方法对教学过程进行系统分析的基础上,提出了"教学过程最优化"的概念。所谓"最优化",就是要求教师在全面考虑教学规律、教学原则、现代教学的形式和方法、已有条件以及具体班级和学生特点的基础上,选择和实施一整套教育教学方法,以最小的代价取得最大的成果。

为了实现教学过程最优化,应该运用教学过程最优化程序。教学过程最优化程序遵循任务—内容—形式—方法的顺序来进行。

1. 任　务

教师在确定任务时,必须遵循个性全面和谐发展的根本原则,综合地规划学生的教养、教育和发展任务,保证教养、教育和发展职能的统一。教养任务包括传授基本概念、规律、理论和科学事实,培养各学科的专业技能和一般的学习技能、技巧;教育任务包括世界观培养、思想政治教育、道德教育、美育、体育、劳动教育和职业指导等;发展任务包括发展智力、培养意志、激发兴趣以及影响学生的情感等。巴班斯基要求,在确定每一阶段的教学和教育任务时,必须注意区分出对当前所教的课题具有重要意义的主要任务的范围,并在研究学生现实学习潜力的基础上,提出具体的教学任务,依靠学生的积极性,把学生在教养、教育和发展方面的水平提到一个新的高度。

2. 内　容

任务具体化之后,教师就必须以严谨的科学态度挑选最优的教学内容。巴班斯基提出,教科书必须完整地反映社会对人的全面和谐发展的需要和现代科学、生产、社会生活、文化的各个基本方面,必须具有科学价值和实践价值,必须符合各年级学生的实际可能性,必须符合规定的课时,必须考虑国际水平,必须符合教师的可能性。依据这样的教材,教师就可以将其中基本的和主要的成分提取出来并使教学内容具体化,把学生的注意力集中在主要内容上,克服教学中的分散性。

3. 形　式

教师应该采用合理的教学形式,实行区别教学。巴班斯基指出,由于人们在素质、记忆类型、感知世界的方式、思维的主要特征等方面各不相同,在生活经验、外部条件、教学条件以及前段学习成绩的影响下，学生的知识水平和学习能力有所差别。因此，教师必须把全班的、小组的和个别的教学形式结合起来，分别对差生和优生进行指导，使全体禀赋健全的儿童都能根据统一的大纲接受中等教育，今后还能根据自己的愿望继续学习。但是，区别教学必须避免学生形成依赖心理，导致学习毅力的降低。

4. 方　法

更为重要的步骤是，教师应当根据具体学习情境的需要，选择最合理的教学方法。巴班斯基将教学方法分为三大类：关于教学认识活动的组织和进行的方法（口述法、直观法、实践法等），关于激发学习兴趣和学习义务感、引起学习动机的方法（认识性游戏、讨论、有趣的习题、创造情境、鼓励等），关于检查和自我检查的方法（口头检查、书面检查、实践检查等）。巴班斯基认为，对待教学方法要坚持辩证的系统观点，不仅要对它们加以概括、进行统一的归类，还要深入细致地分析各种方法内在的辩证矛盾性，找出一定条件下最优的教学方法来，并注意多种方法的合理结合。因为在教学中师生在各个方面相互作用，所以各种方法应当是相互联系、相互渗透的。

实现教学过程最优化还要采取专门措施，保证在尽可能少的时间内实现教学效果的最大化。至于教师在选择最优方案时花费了一定的时间和精力，巴班斯基认为那是值得的。

最后，教师必须分析教学效果同学生的实际可能性和师生花费的时间是否相匹配，努力提高最优化水平。

上述最优化程序并不是一种僵化的模式，也不是一种万能的“特效处方”。巴班斯基认为，它只是为教师选择最优的教学方案、有效组织教学过程提供了应该遵循的科学程序。

（六）教学理论的新成果

随着时代的变迁和社会的发展，各种新思潮不断涌现，尤其是后现代主义对现代主义的颠覆，使当今教学研究正发生着深刻的变化，展望未来教学理论的发展前景，主要有以下几个方面的趋势。

1. 后现代主义的影响

后现代主义哲学主张世界的“多元性、开放性和不确定性”，其思想为教学研究提供了新的研究视角，带来教学研究范式的转变。教学研究不再是为了寻找某些本质、规律并为这些本质、规律作出证明，而是要真正面对教学现象，解决教学中出现的问题。同时，后现代主义对二元对立思维模式进行了彻底的解构，要求打破线性的简单化思维模式，树立动态的、非线性的、多元化的、开放的复杂性思维模式。

实际上，教学现象从来就是复杂多变的，任何教学现象都具有时效性与地域性，“此时、此地”与“彼时、彼地”的教学现象之间并不存在可通约性。面对具有诸多不确定性的教学现象本身，我们应尝试着去理解，而不是去说明。总之，后现代主义对教学理论的影响是深刻的，不仅带来教学理念的变化，也带来了研究视阈和研究范式的变化。

2. 教学研究取向的人文科学化

教学活动作为一种培养人的社会活动，其人文性特点十分明显。人的需要、兴趣、爱好、能动性、情绪情感、性格、意志等主观因素不仅影响和制约教学活动,而且这些因素本身就是教学活动的构成要素,因此,教学活动具有较强的主观性。教学活动不仅包含客观事实,而且包含事实的价值和意义,教学活动具有鲜明的价值倾向。因此,教学活动中的价值蕴涵是必然的,价值涉入是教学研究无法回避的。那种秉持“价值中立”立场,放弃对价值的追问,杜绝价值涉入的实证主义研究方法,力图以教学现象及问题进行客观的、实证化的研究,很难真正认识和理解教学活动。

鉴于科学主义研究取向的简单化和片面性,从人文主义视角探讨教学理论问题则成为当代教学理论研究的新取向。教学研究既具有科学性又具有人文性,如何保持教学研究中科学性与人文性之间的必要张力,消除二元对立,走向多元整合,是当今教学研究面临的一个重要问题。教学研究方法论必须放弃科学主义和人文主义的二元对立,在坚持科学主义研究理念的同时,适度加强人文精神导向,使科学人文主义成为教学理论研究的基本理念和新取向。

3. 由二元对立到多元并存

二元对立的思维模式将原本充满线性与非线性、确定性与随机性、偶然性与必然性、简单性与复杂性的混沌世界进行拆零式分析,将相互联系、相互渗透、相互包含的复杂世界分解为动与静、快与慢、虚与实、阳与阴、高与低、大与小、多与少、生与死等互不相容的两极,然后加以非此即彼的一元处理,割裂了事物之间的复杂联系。后现代主义对二元对立的思维模式进行了彻底的解构,崇尚多元化思维。在认识事物的过程中,后现代主义要求我们打破线性的简单化思维模式,树立动态的、非线性的、多元化的、开放的复杂性思维。它允许多种方法,容纳一切思想,以摆脱僵化的形式理性。教学研究中对任何教学现象的解释不能是一元的、单向度的,而应是多元的、多维度的和多视角的。这样,教学研究不再是对广泛一致的话语的追求,而是运用一种多元并存的思维方式寻求对教学现象多元的、创造性的解释。

信息窗 2－5

“多元智力理论”之父——霍华德·加德纳

霍华德·加德纳是世界著名教育心理学家,他广为人知的成就是“多元智力理论”,被誉为“多元智力理论”之父。传统的智力理论认为人类的认知是一元的,个体的智能是单一的、可量化的,而霍华德·加德纳在 1983 年出版的《智力的结构》一书中提出“智力是在某种社会或文化环境的价值标准下,个体用以解决自己遇到的真正的难题或生产及创造出有效产品所需要的能力”。每个人都至少具备语言智力、数理逻辑智力、音乐智力、空间智力、身体智力、人际交往智力和自我认知智力,后来,加德纳又添加了自然主义智力和存在主义智力。这一理论被称为“多元智力理论”。

[**资料来源**]百度百科. 多元智力理论[EB/OL]. http://baike.baidu.com/link?url=M95Bpah1sfe729fr_UmseOdFZOsGMIZkC3YS0pI91qCkaOPWk-3i2iO_Bogz-xWXKJzsykqw_Lb-zqdBHX0US_.

五　系统工程方法

系统科学是系统论、信息论和控制论的统称，又称为“三论”。系统科学产生于20世纪40年代，它既是现代自然科学、社会科学、思维科学发展综合的结果，又是现代科学研究的一般方法论。系统科学理论为教育技术提供了指导思想和科学方法，成为教育技术重要的理论基础之一。

（一）系统科学的基本观点

1. 系统论

系统论是美籍奥地利生物学家贝塔朗菲创立的。所谓系统，是指由相互作用、相互依赖的若干组成部分结合而成的，具有特定功能的有机整体。这些组成部分通常称为子系统。系统论就是研究系统的模式、原则和规律，并对其功能进行数学描述的科学。系统论认为，世界上一切事物、现象和过程都是有机整体，而且自成系统、互为系统；每个系统都在与环境发生物质、能量、信息的交换中变化发展，并能保持动态稳定的开放系统；系统内部都可以含有子系统，系统内部及系统之间保持一种有序状态。

系统论和系统分析方法具有整体性、全面性、结构层次性、相关性、动态平衡性、综合与分析的统一性等特点，是解决政治、经济、教育、科学等问题的方法论基础。

2. 信息论

信息论的创始人是美国数学家香农。1948年，香农发表了一篇论文《通信的数学原理》，奠定了现代信息论的基础。

信息论的产生不是偶然的，人类应用信息有悠久的历史。信息论的直接起因是第二次世界大战期间和战后通信技术的需要。雷达的发明和真空电子管的广泛应用，推动了信息传输、变换技术的迅速发展，促成了信息论的诞生。香农以及其他学者对信息论进行了大量的研究工作，如美国的维纳就对信息论有独特的贡献，并独立地提出了信息量公式。

信息普遍存在于自然、社会和人类思维之中。所谓信息，是人们在适应外部世界，并且使这种适应为外部世界所感知的过程中，同外部世界进行交换的内容。信息是事物存在的方式或运动状态，是表征事物并由事物发出的消息、情报、指令等内容。信息论是关于各种系统中信息的计量、传递、变换、贮存和使用规律的科学。信息论认为，系统正是通过获取、传递、加工与处理信息而实现其有目的的运动的。

信息论引入教育技术领域的主要是其基本观点与方法，它启发我们以信息方法来分析教育教学系统。

3. 控制论

控制论的某些思想可以追溯到近代乃至古代，但它产生的直接原因是20世纪20年代以来科学技术革命的推动。控制论的创始人是维纳。在第二次世界大战期间，维纳参加了火炮自动控制的研制工作，在研究中，他发现了重要的反馈概念。于是，维纳与另外两人一起，在1943年发表了《行为、目的和目的论》，这是控制论萌芽的重要标志。其后，1946年，电子计算机的诞生和运行，是控制论思想的一次实践。此外，涉及反馈的神经实验，以及运用控制论思想设计制造的以耳代目的盲人阅读装置，也大大推动了控制论的建立。1948年，维纳在法国出版了《控制论》一书，宣告这门学科正式诞生。

控制论是关于控制系统的一般规律和控制过程的科学，是自动控制、电子技术、通信、生物学、统计力学等多种学科和技术相互渗透的一门综合性科学。控制论的研究对象是控制系统，这类系统的特点是根据周围环境的某些变化来决定和调整自己的运动，而系统与环境之间及系统内部的通讯信息的传递是实现系统目的的基础。控制论不仅从事物的质的方面，而且着重从量的方面去发现各种控制系统的共同规律，并把反馈方法作为提高系统的稳定性、达到优化控制目的的有效方法。

控制论观点对于实现教学过程的最优化，构建优化的教育教学系统，有重要的理论价值。

（二）系统科学的基本原理

系统科学理论可以归结为三个基本原理，即整体原理、有序原理和反馈原理。

1. 整体原理

任何系统都是由若干相互联系、相互作用的要素（部分）构成的整体。但在功能上，整体功能并不等于部分功能的总和。整体功能与部分功能的关系有三种情况："小于""等于"和"大于"。前两种情况在非优化系统中或机械组成范围内是存在的，但不会在优化系统中出现。

一般来说，事物功能可以分为三个层次：第一个层次是基本层次，是事物的"元功能"，即事物中各孤立部分元素的功能；第二个层次是各部分相加的功能，称为"加功能"；第三个层次是由事物的各部分按一定顺序组合形成的结构所产生的功能，可以称为"构功能"。构功能只存在于整体状态中，不存在于整体内的要素中。构功能以元功能为基础，但又不等于元功能相加的和。当要素或元素的结合是有序的、有目的的，从而形成优化系统时，系统就获得了一种"系统效应"和系统功能的"附加量"，于是，在宏观上就呈现出整体功能优于部分之和的现象。这种大于元功能相加的和的系统构功能就是一种新的系统质。

在教育系统中，优化课堂教学应重视从整体上对课堂教学进行系统分析，综合考虑课堂教学过程中的各个要素，包括教学目的的确定、教学方法的优化、媒体选择的优化，并注意各要素之间的配合、协调，发挥系统的整体功能，这样才能达到优化的目标。

2. 有序原理

系统是由要素构成的，要素排列方式不同、运动秩序不同，会形成不同的系统。化学中的同素异形体，如金刚石和石墨，就是一个典型的例子。再如，自由电子的无规则运动没有任何现实意义，有规则的定向运动则会形成电流。

无序不能成为系统，有序是系统的本质属性之一。所谓"序"，是指系统保持自己整体特性和功能的内部结构方式和运动秩序。序体现了整体与部分的对立统一。有序原理是指任何一个系统的要素及子系统必须调整自身的秩序，或重建新的秩序，获得自身的发展和完善，这也称为有序化。

在教育中应强调处理好教学系统内部各要素之间及其与外部环境之间的关系，使它们之间的信息交换处于开放、有序的状态。在教育技术的实施过程中采用生动直观的教育信息与方法，遵循从感性到理性、从直观到抽象、从简单到复杂、从个别到系统的认识规律，更能启发学生的积极思维。因此，有序是最有效的学习方法。

3. 反馈原理

反馈原理是指任何系统只有通过信息反馈才能实现控制。在教学实践中主要强调信息传递必须具有双向性。

反馈是一种普遍现象，有关反馈的思想和实践可以追溯到久远的年代。古希腊的造船术，古代中国的“铜壶滴漏”，古代的指南车、自鸣钟和怀表，以及19世纪蒸汽机上的离心调速器，现代轮船上的操舵机等，都是反馈装置。在生物界，动物的血压、体温、血糖含量的自我调节，高级神经活动的条件反射，冬天来临时青蛙冬眠、大雁南飞等，都是反馈现象。反馈现象可以说是与生物在地球上的产生共始终的，但把它概括为一个科学概念，作为一种科学原理加以应用，是从20世纪中叶开始的。

从系统科学的观点来看，反馈就是信息的反向输送，即信息输入控制系统以后，系统会有信息输出，输出结果反送回输入端，对系统的再次输出产生影响，起到调节控制的作用。任何系统只有通过反馈，才能维持稳定状态。没有反馈，就没有各种自动调节和自动控制系统，也就没有动植物的生长发育和各种动物的有目的的活动，更不会有人的理性思维活动。没有反馈，人类也不可能实现对自然、社会和思维的控制。反馈体现了系统能动、积极的本性。

教学实践强调信息传递必须具有双向性。反馈的作用在于使教师及时获得有关学生学习态度和学习成效的反馈信息，调整教学程序、教学信息传递速度和教学方法，从而保证教学按照预定的教学目标和教学计划，高效率、高质量地有序进行。

（三）系统方法的概念与应用步骤

1. 系统方法的概念

系统方法是教育技术学研究的核心方法，是教育技术理论体系中的一个不可分割的部分。美国教育传播与技术协会在1977年的年度教育传播与技术学术会议上提交的学科分析报告中表示：新的观念——系统方法在教育技术学层次中的应用，给具体的研究和教育、教学问题的解决带来了新的思路。人们可以像在工程中使用系统方法一样，广泛采用定义系统和子系统的方法来定义问题和解决问题。如此，那么一个极为复杂的问题就完全可以分解成几个或许多相关的、能找到令人满意答案的局部问题。

所谓系统方法，就是按照事物本身的系统性把研究对象放在系统的形式中加以考察的一种方法。即从系统的观点出发，始终着重从系统与要素之间、系统与外部环境之间、要素与要素之间的相互联系、相互作用、相互制约的关系中综合地、精确地考察对象，以实现问题的最佳处理。它的显著特点是整体性、综合性和最佳化。

2. 系统方法的应用步骤

在教育技术学中使用系统方法，包括五个基本步骤，加上“修订”环节则构成六个部分，如图 2－14 所示。

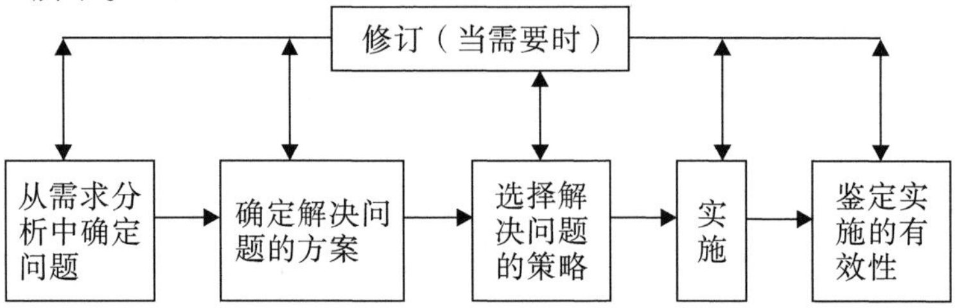

图 2－14　用系统方法解决问题的步骤

第一步，从需求分析中确定问题。需求分析通常都是指对现状和希望的结果之间的差异分析。这种需求分析应提供两个方面的情况：一是对教育、教学活动内部状况的描述，二是对教育、教学系统与其外部矛盾的对立的描述。应用系统方法都是从需求分析开始的。需求分析是一个极为重要的过程，在没有根据需求确定问题以前，任何方法都是无目的的，即便是有效的，充其量也仅仅是一种偶然的巧合。所以一般应用系统方法的第一个步骤通常是根据需求分析确定存在的问题。

第二步，确定解决问题的方案。根据需求分析的结果，确定需要解决的问题，同时提出需要达到的目标。这一步要提出解决问题的方案，而且一般是多种方案。

第三步，从多种可能的方案中选择解决问题的最佳策略。这一步骤在系统方法中是关于“怎样去做”的一个步骤。在这一步骤里，要选择完成目标的方法和工具。通常选择方法和工具的标准是“费用”与“效果”的比值，即期望以最小的花费取得最大的效益。

第四步，实施问题求解的策略。在这个步骤中，对所选择的解决问题的方法与策略要具体地加以实施。上面系统分析中提到的方法和手段将被采纳、应用或者修正。同时，为了确保解决问题计划的顺利进行，必须构造一个管理的子系统。这个子系统可以管理各种复杂的事物和处理各种在计划执行中产生的信息。

第五步，鉴定实施的有效性。在实施过程中，收集的信息包括两部分，一部分是过程信息，另一部分是系统的产出信息。把这些信息同在需求分析和系统分析中所得到的各种详尽的需求信息相比较，现实的系统同所要求的理想化的系统之间的差异便一目了然。这就为下一步的修订提供了诊断性的信息。

第六步，如果有必要，对系统加以修订。根据实施所得到的具体执行信息，研究者可以很快地了解问题解决系统的执行情况。如果有必要的话，许多步骤可以加以修订，构造的解决体系可能需要再设计。系统方法的这种自我修订的特征，保障了问题解决的有效性。

系统科学理论对人类认识世界、改造世界有着深远的影响。用“三论”的理论和方法指导教育科学，特别是从中提炼和抽象出系统科学的基本原理（整体原理、有序原理和反馈原理），对研究教育技术和指导其实践具有重要的意义。

问题思考与讨论

1. 举例说明如何在教学中利用人的视、听觉特性。

2. 简述“经验之塔”理论的内容和基本观点。

3. 简述拉斯韦尔“5W”传播模式、香农－韦弗传播模式及贝罗传播模式。

4. 简述教育传播的基本过程。

5. 简述行为主义学习理论、认知主义学习理论、社会学习理论、建构主义学习理论、人本主义学习理论的基本观点及其对教育技术的影响。

6. 简述布鲁纳认知发现教学理论、奥苏贝尔有意义教学理论、维果斯基教学理论、布鲁姆掌握学习模式理论、巴班斯基教学过程最优化理论的主要观点。

7. 阐释系统科学的基本观点和基本原理。

8. 简述用系统方法解决问题的一般过程。

9. 举例说明如何将传播技巧应用于课堂教学。

10. 请选择一个你所熟悉的教学个案，试从视听教育理论、传播理论、学习理论、教学理论和系统科学理论的角度来分析该教学过程，说明其如何体现各种理论的支持。

阅读指南

1. 南国农，李运林. 教育传播学[M]. 2版. 北京：高等教育出版社，2005。

该书在总结国内外教育传播研究的新成果的基础上，对教育传播的基本概念、基本理论、技术和方法做了全新的、系统的阐释。该书着力于教育传播原理的探究，力求为教育技术理论体系的建设和实践提供理论基础。

2. 邵培仁. 传播学[M]. 2版. 北京：高等教育出版社，2007。

传播学是人类传播智慧的结晶，把握人类传播规律有利于解释和预测教育传播现象，并提高教育教学效果。该书从传播学的产生、研究现状和发展趋势等方面纵向展示了传播学的学科概貌，从传播者、受众、信息、符号、媒介、传播谋略、传播技巧、传播环境、传播效果等方面横向阐述了传播学的基本概念、基本理论和基本观点，展示了世界传播学的学术前沿成果，也有中国传播学界和作者的最新思考。

网络导航

视觉素养学习网：http://vr.theatre.ntu.edu.tw/fineart/。

视觉素养学习网是一家为读者提供视觉素养及国内外艺术作品的相关知识的网站。网站包含了大量的图片资料，主要介绍视觉传达设计、多媒体艺术等相关知识，如视觉设计的构成元素和设计原则等。

主要参考文献

[1]张剑平.现代教育技术——理论与应用[M].2版.北京:高等教育出版社,2006.

[2]南国农,李运林.教育传播学[M].2版.北京:高等教育出版社,2005.

[3]邵培仁.传播学[M].修订版.北京:高等教育出版社,2007.

[4]何克抗.多媒体教育应用的重大意义及发展趋势[J].现代远距离教育,1997(1):6-11.

[5]焦建利,贾义敏.学习科学研究领域及其新进展——"学习科学新进展"系列论文引论[J].开放教育研究,2011(1):33-41.

第三章　教学设计

学习目标

掌握教学设计的基本概念及基本模式；掌握教学设计的一般过程及要点；掌握信息化教学设计的基本模式；基本掌握网络课程设计的过程与要素；基本掌握研究性学习的设计过程与要素；初步掌握教学效果评价中的数据分析方法。

一　教学设计概述

（一）教学设计的概念与特征

教学系统设计(Instructional System Design,简称 ISD),也称作教学设计(Instructional Design,简称 ID),是以传播理论、学习理论和教学理论为基础,运用系统科学的观点和方法分析教学中的问题和需求,从而找出最佳解决方案的一种理论和方法。

教学设计具有以下三个特征。

第一,教学设计的研究对象是不同层次的教与学的系统。这一系统中包括促进学生学习的内容、条件、资源、方法、活动等。创设教与学系统的根本目的是帮助学习者达到预期的目标。

第二,教学设计的研究方法是系统方法。教学设计应用系统方法研究、探索教与学系统中各个要素及其与整体之间的本质联系,并在设计中综合考虑和协调它们的关系,使各要素有机结合起来以完成教学系统的功能。

第三,教学设计的目的是将传播理论、学习理论和教学理论等基础理论,系统地应用于解决教学实际问题,形成能实现预期功能的教与学系统。它可以是直接应用于教学过程,完成一定教学目标的教学资源(如印刷教材、音像教材、学习指导手册、测试题和教师用书等),也可以是一门课的大纲与实施方案,或者是对一个单元、一节课教学计划的详细说明。

1. 教学设计的系统观

系统论认为系统是由相互作用和相互依赖的若干组成部分结合而成的具有特定功能的有机整体。世界上一切事物、现象和过程都是有机整体,它们自成系统,又互为系统。

任何一个系统都可以和周围的环境组成一个更大的系统，而它的各个组成部分都可以看作子系统，系统与子系统之间具有相对性。任何一个系统都是在和环境发生物质、能量与信息的交换中变化发展的，所以保持动态稳定性和开放性是系统的本质特征。世界上任何一个事物要么是一个系统，要么是一个系统的要素。教育技术的研究者们在长期探索中确定了以系统论的思想作为教学设计的指导思想，把教学作为系统来研究，并用系统方法来设计教学。

教学系统是教育系统的子系统，它可以是学校的全部教学工作，也可以是一门课程、一个单元或一节课的教学，或是为达到某种教学目的而实施的、有控制的教学信息传递过程。教学系统包含教师、学生、教学内容和教学媒体（物质要素）等四个基本的构成性要素。这些要素是系统运行的前提，并组成系统的空间结构。这些要素之间相互作用、相互依赖、相互制约，又构成系统输入和输出之间复杂的运行过程，也就是我们常说的教学过程。教学系统的功能就是通过教学过程运行的结果来体现的。

在教学系统之外还存在着广泛的社会系统，它是教学系统赖以存在的条件，构成了教学系统的环境，在教学设计中是不容忽视的。实际上这也是系统方法对教学设计的基本要求，但由于教学设计理论和方法本身的不完善，我们更多地关注对教学系统内部的建构，而不同程度地忽视了教学系统的开放性，忽视了教学系统与外界进行物质、能量和信息交换的过程。很显然，社会是一个大系统，教学系统只是它的一个子系统。而社会大系统中许多其他的子系统都与教育有关，它们具有提供学习资源的潜在可能性，即在这些子系统之中有各种资源可以被运用于教学系统之中。因此，教学设计的一个重要任务就是要将教学系统（特别是学生的学习系统）与具有提供学习资源的潜在可能性的社会系统联系起来。当我们把教学系统纳入社会大系统而真正形成开放系统之后，教学设计的视野就开阔多了。比起相对封闭的教学设计来说，社会大系统给教学提供了更丰富的学习资源，而这与教育技术的核心观念是一致的，即利用一切可以利用的资源（包括人类和非人类的资源）为促进学习服务。

2. 教学设计的设计观

教学设计是一门设计学科，它植根于教学的设计实践。设计的本质在于决策、问题求解和创造。教学设计的实质就是教学问题求解，并侧重于问题求解中方案的寻找和决策过程。它不是发现客观存在的、还不为人知的教学规律，而是要运用已知的教学规律去创造性地解决教学问题。面向实际，是教学设计的一个突出标志。

教学设计和所有的设计学科一样，虽然应用了大量的科学原理、科学知识，但其基本出发点是要告诉人们应当怎样做才能达到目的，应当如何行事才能更有效。教学设计理论是以达到教学目标作为出发点，在一定的教学条件下选择最好的教学策略。

一切设计学科的强大生命力在于它抓住了设计活动最根本的因素——人类的设计技能。教学设计也是从这种智慧和技能上去描述的一般设计过程，并提出了普遍适用的教学设计过程模式。这样，就为恰当应用已总结出来的现有设计方法和开发更加有效的设计方法提供了可靠依据。

教学设计是一个问题解决的过程，根据教学中问题范围、大小的不同，教学设计相应地具有不同的层次,即教学设计的基本原理与方法可用于设计不同层次的教学系统。到目前为止,教学设计一般可归纳为三个层次。

以“产品”为中心的层次。教学设计的最初发展是从以“产品”为中心的层次开始的。它把教学中需要使用的媒体、材料、教学包等当作产品来进行设计。教学产品的类型、内容和教学功能常常由教学设计人员、教师和学科专家共同确定,有时也邀请媒体专家和媒体技术人员对产品进行设计、开发、测试和评价。

以“课堂”为中心的层次。这个层次的设计范围是课堂教学,它根据教学大纲的要求,针对一个班级的学生,在固定教学设施和教学资源的条件下进行教学设计。其设计工作的重点是充分利用现有的设施和教学材料来完成目标,而不是开发新的教学材料(产品)。如果教师掌握教学设计的有关知识与技能,整个课堂层次的教学设计完全可由教师自己来完成。当然,在必要时,也可由教学设计人员辅助进行。

以“系统”为中心的层次。按照系统论的观点,上面两个层次中的课堂教学和教学产品都可以看作教学系统,但这里所说的系统特指比较大、比较综合和复杂的教学系统,如一所学校或一门新专业的课程设置、某行业职业教育中的职工培训方案等。这一层次的设计通常包括系统目标的确定、实现目标方案的建立、试行和评价、修改等,涉及面广,设计难度较大,而且系统设计一旦完成就要投入范围很大的场合去使用和推广。因此,这一层次的设计需要由教学设计人员、学科专家、教师、行政管理人员,甚至包括有关学生的设计小组来共同完成。

以上三个层次是在教学设计发展过程中逐渐形成的。当然,也可以把教学设计分为宏观和微观两个层次,规模大的项目如课程开发、培训方案制定等都属于宏观层次的教学设计,而对一门具体课程、一个单元、一堂课以及一个媒体材料的设计则属于微观层次的教学设计。产品、课堂、系统三个层次都有相应的教学设计模式,在具体的设计实践中,可以按照自己所面临的教学问题的层次,选用相应的设计模式。

(二)教学设计的产生与发展

1. 教学设计的由来

作为一个专业研究领域,教学设计与其他专业一样有其漫长的前科学发展历程。与教学设计理论相关的思想源头可以追溯到古希腊的哲人亚里士多德、苏格拉底和柏拉图。他们有关学习与记忆的认知基础的论述后来由 13 世纪著名经院哲学家圣·托马斯·阿奎那加以拓展,他通过自由意志来论述对教义的理解。400 年后,约翰·洛克提出几乎所有的理性推理和知识都必须经由经验而获得,并由此提升了亚里士多德有关人的初始的智力空白状态的主张。接着,在 20 世纪的转折点上,杜威提出了教育哲学的若干宗旨,其目的在于发扬这样一种理念,即强调学习与行动的“联姻”才是学习发生的最佳时机,而不是事实的机械背诵。接近 20 世纪 20 年代,行为主义观点在教育心理学领域中的影响日益突出。桑代克的联结论阐述了行为主义心理学最原始的刺激—反应(S—R)模型。随后,在其他形式的行为主义理论中,强化都是决定学习的首要因素。然而,20 年代以后,霍尔提出了行为主义的新版本,即刺激—有机体—反应(S—O—R),强调学习者的原始动力、激励动机、抑制因素以及原有的训练等作为介入性变量对行为的重要影响。正是前人的这样一些思考构成了教学设计研究的思想源头。

2. 教学设计的起源及早期发展(20世纪50年代)

教学设计有两个根源:系统工程学和行为主义心理学。20世纪50年代,学术界普遍倾向于将科学方法运用于社会科学,第一次世界大战期间及其之后,美国心理学家们在军队中从事培训教材的研究与开发,并开始尝试将心理学和教学技术进行整合。该研究主要关注的是开发用于绩效分析的系统方法和进行以达到特殊学习结果为目的的教学设计,试图将教学系统方法与有关学习过程的"自动化"理论连接起来,以便揭示信息流、信息控制、全面任务分析、谨慎计划和决策制定等各要素之间的复杂关系。显然,为了解决日益增长的有效发展的训练和教学的需要,20世纪50年代的教育倾向工程学观点。

20世纪50年代以来,系统方法的运用开始受到心理学家的关注,而程序化教学运动则成为一个重要阶段。1954年,斯金纳的《学习的科学和教学的艺术》一文被认为是教育领域中一次小小的革命。程序化教学运动的理论基础正是斯金纳提出的建立在操作主义基础上的学习强化理论。作为新行为主义的倡导者,斯金纳认为,人类的学习是不断刺激、反应和强化的结果,是通过操作性条件反射对外界刺激做出反应并得到强化的过程。新行为主义教育家们据此设计了程序教学法和教学机器。程序化教学运动的主要特点是:清晰地规定行为的目标,以小步骤呈现教材,允许学习者自定学习步调,鼓励学习者对密集问题做出积极反应并对学习者反应的正确性提供及时反馈。在新行为主义教育家们的宣传和推动下,程序教学和教学机器在五六十年代的美国及其他国家盛行一时。斯金纳等用以开发程序教学过程的一种经验性的方法包括尝试与修订程序,即收集与教材的有效性相关的数据,识别教学的弱点,并据此对教材进行修订。这一方法显然孕育着后来被称为形成性评价的要素。这种方法现已成为运用行为主义心理学理论解决教学问题的一个典范。尽管斯金纳是程序化教学运动的主要代表,但值得注意的是,北美教学设计理论早期发展的几位代表人物(如加涅、格拉泽、帕斯克等),也都参与了程序教学的创作,他们后来都不同程度地从行为主义范式转向了某种认知主义范式。同样,程序教学的浪潮也席卷了欧洲,其新方法被广泛讨论,但是,由于欧洲更偏重人文倾向,在那里教育科学与程序教学一方面得到来自教学技术领域的热情支持,另一方面遭到了强烈的批评,特别是遭到了来自精神科学方面的批评。

3. 教学设计的形成(20世纪60年代)

当行为主义心理学在教学设计领域占主导地位时,如何识别与设计目标成为开发程序教材的教学设计人员所急需解决的问题。20世纪60年代早期,马杰在认识到来自教学人员的这一需求后,着手撰写了《程序教学目标的编写》一书。该书出版后深受欢迎,至1997年已经出了三版,共售出150多万本。该书描述了如何写目标,其中包括对所期望的学习者行为、行为完成的条件以及评判行为的标准的描述。该书的出版为行为主义目标应用的普及作出了贡献。与此同时,布鲁姆及其同事出版了《教育目标的分类学》一书,从另一角度推动了有关行为主义目标的研究。他们指出,在认知领域中有各种各样的学习成果，因此，目标相应地可以依据所描述的学习者行为的类型进行分类，而且各种形式的成果之间存在着层级关系。显然，行为目标的分类对教学设计有着重要的启示。

1957 年，苏联成功发射人造地球卫星。美国政府在震惊之余，随即倾注百余万美元用于改善美国的数学与科学教育。大批教材被开发出来，并在未曾试用的情况下投入使用。几年后，人们发现其中很多教材并不像预期的那样有效。据此，斯科利文指出，教材在正式使用前应先经过试用，以便在教材的形成阶段让教育者对其有效性进行评估，必要的话还可以在正式付印前加以修订。斯科利文将试用与修订过程称为形成性评价，即在使用前测试教学资源；与这种评价相对的是总结性评价，即在使用后测试教学资源。虽然形成性评价和总结性评价这两个术语是由斯科利文杜撰的，但事实上早在他之前就有学者对此进行了研究，他们对这两种不同性质的评价进行了区分，并对处于形成阶段的教材的评估程序进行了描述。这些程序与今天一般意义上规定的形成性评价与总结性评价技术很相似。

在教学设计学科的形成中，美国教育心理学家加涅功不可没。他在研究中并不固守某一种学习理论，而是根据实际需求从各种流派中汲取营养。1965 年，加涅的著作《学习的条件》出版，这在教学设计的历史上是一个重要事件。他在书中描述了五种类型的学习成果（言语信息、智慧技能、认知策略、态度和动作技能），并指出每一种学习成果的类型所必需的不同的促进相关学习的条件。据此，他又描述了与获得五种学习成果相对应的九大教学事件或教学活动（引起注意、告知学生目标、刺激原有知识的回忆、呈现学习材料、提供学习指导、引发行为表现、提供作业正确性的反馈、评价作业、促进保持与迁移），并进一步解释了两者之间的关联。在此基础上，加涅还对智慧技能领域中的技能进行层级分析。这种层级分析过程也被称为学习任务分析，或教学任务分析。这一分析过程至今仍然是许多教学设计模式的重要特征。加涅在学习分类与层级分析领域中的工作对教学设计的影响延续至今。

20 世纪 60 年代，教学媒介进入了计算机时代，瑟彭斯在斯坦福大学开展了对计算机辅助教学的初期调研。瑟彭斯通过对课程进行系统分析，开发了能向学习者提供反馈、分支、反应跟踪的计算机辅助教学。这一成果在 70 年代被整合进 PLATO（Programmed Logic for Automatic Teaching Operations）系统——一种基于计算机的教育系统。

20 世纪 60 年代，系统方法的引入，不仅清晰地表述了教学系统的组成成分，而且识别出该系统的特性，从而使教学设计作为一个确定的研究领域得以形成。格拉泽在他的《心理学与教学技术》一文中，最早使用并命名了“教学系统”这一术语，并对其进行阐释。他清晰地阐述了这一位于学习的心理学研究与教育实践之间的分支，并强调专业人员积极投身于教学技术科学发展的急迫需求。显然，格拉泽对这样一种新的研究领域的本质定位是十分清楚的，不过对教学成分的表述则仍然大量采用行为主义的词汇。值得一提的还有巴纳锡 1968 年出版的《教学系统》一书。该书中提到的巴纳锡模式已十分接近今天的教学系统设计模式，它包括目标的表述、标准测试的开发、学习任务的分析、系统的设计、执行与输出的测试、以改进为目的的变化。他认为系统具有意图、过程和内容，而且他已经意识到教学系统的意图在于学习而不是教学，所以应重点关注的是学习环境而不是硬性规定的日程安排。巴纳锡进一步指出系统不仅包括反馈，而且包括前馈，因此，系统是动态的，而不是线性的。

显然，20 世纪 60 年代是教学设计领域迅速发展的 10 年，其中最引人注目的原因是来自美国联邦政府对教学开发的支持。这一时期，在军用方面，军队迅速将教学系统开发纳入标准培训程序；在民用方面，联邦政府通过基金创建了初等与中等教育行动研发实验室，并委托其对联邦政府资助的教育项目进行评估，这些实验室从工作的需求出发积极提倡教学开发。尽管这些实验室没能持续至 70 年代，但是 60 年代联邦政府资助的实验室以及大课程开发项目却提升了教学开发的知名度，并使教育者接受了这样一种思想，即教学可以由专业人员组成的团队从单个学校的外部进行开发。

4. 运用系统方法构建教学设计模式与认知心理学的影响（20 世纪 70 年代）

正是在 20 世纪 60 年代探索与尝试的基础上，教学设计的研究领域开始了运用系统方法构建教学设计模式的尝试。1975 年，佛罗里达州立大学开发出“培训的系统方法”（Systems Approach to Training，简称 SAT）和“教学系统开发”（Instructional Systems Development，简称 ISD）两种模式。SAT 和 ISD 的共同特点是包括分析、设计、开发、执行、评估 5 个基本要素，以期涵盖完整的培训与教育环境。虽然 ISD 是一种系统化的按步骤进行的模式，但它仍然能够灵活地同时运用于个别化教学与传统教学，而且十分明确地面向行为目标和标准参照测验的运用。尽管 ISD 模式具有风格多样的不同版本，但是，特别值得一提的是迪克-凯里模型（Dick and Carey model）。正是这一模型使 ISD 得以在教学设计领域盛行。

20 世纪 70 年代，很多不同的部门对教学设计过程都十分感兴趣，其中军事部门企图利用教学设计模式进行培训教材的开发，学术领域中的许多教学改进中心试图运用媒体与教学设计程序提高教学人员的教学质量，并开发了许多有关教学设计专业的研究生教学大纲。此外，在商业和工业领域，许多组织也意识到利用教学设计提高培训质量的价值。这一切都导致教学设计范式中各种模式的数量激增，而且要求教学设计模式能在其早期开发与应用的基础上更为现代化。为此，在前人工作的基础上，很多人创建了新的教学设计模式，如迪克和凯里、加涅和布里格斯、格兰奇和伊利等。至 70 年代末，安德鲁斯和古德斯已经识别出 40 多种教学设计模式。

20 世纪 60 年代，随着信息科学与计算机科学的兴起，心理学领域出现了“认知心理学革命”。布鲁纳和奥苏贝尔等从认知角度出发所进行的有关学习与教学的研究成果开始受到教学设计研究者的重视，并成为影响教学设计研究与开发的重要理论依据之一。1974 年，加涅和布里格斯正是从在教学设计中有相当影响的迪克-凯里模型的基本框架内吸收了认知学习理论，并从教学是一项以帮助人们学习为目的的事业出发，提出了有关教学设计的基本假设：教学设计的目的在于帮助个体学习；教学设计应该包括许多阶段，既有即时的，也有长期的；以系统方式进行的教学设计能极大地影响个人的发展；教学设计必须基于有关人类学习的研究。他们在自己颇具特色的学习理论与教学理论的基础上，提出了同时考虑学习条件与学习结果的教学设计的基本原理与技术：根据学习结果的不同类型,创设不同的学习内部条件,并据此安排相应的学习外部条件。受认知心理学的影响,更多的教学设计者开始重视学习者个别差异的评估和分析,以及有关认知策略、动机激励和信息呈现策略的研究。有关任务的分析也从关注行为目标转向了对不同的知识和技能领域中不同时期学习者所具备的行为能力的理解。

5. ISD 模式的形成(20 世纪 80 年代)

20 世纪 80 年代,随着计算机技术的迅速发展和普遍应用,以及在学习理论领域中行为主义向认知主义的转向,计算机开始被作为教学设计自动化的工具,许多教学设计人员开始将他们的注意力从计算机辅助教学转向基于计算机的教学,并就开发新的教学设计模式以提高计算机技术的交互式能力展开讨论。基于计算机的教学开始逐渐占据教学设计的领域。

1982 年,罗森伯格在《培训与开发》杂志中发表了《教学系统设计的基础知识》一文。他在文中提出了以下观点:①实施前置分析以决定最佳解决方案是十分重要的,而当时这样的分析还不是 ISD 的一部分;②ISD 模式要求借助于主要关注组织需求、学习者需求和工作需求的需要分析,对潜在的培训问题进行分析,以便准确地把握其实质;③在开发阶段可运用原型测试以确保开发出的产品能发挥预期的作用,或在需要改进时查明原因;④ISD 模式不仅仅是一种序列,更是事件的一种关系,正是由于这样一种关系,该模式在用于培训开发时才是有效的,因为它能保证每一个决策都是依据组织、学习者与工作的真实的可确认的需求而制定的。

1987 年,罗森伯格进一步提出,ISD 模式为系统化地识别和运行教学过程的各个组成成分提供了一个程序,这里所谓的教学过程是以增强学习和改进学习绩效为宗旨的。ISD 模式可以通过其所有组成成分的协调工作来达到培训目的,从而为设计有意义、有效的培训提供示例。这种模式包括五个主要阶段:分析、设计、开发、执行和评估。前四个阶段是连续的,上一阶段的输出成为下一阶段的输入;第五个阶段是一个互动的过程,它渗透于 ISD 模式的全过程。评估阶段提供有用的输出信息以保证整个系统的有效性。总之,教学设计模式不仅考虑传递系统、信息材料、所采用的策略与技术,而且必须考虑学习者的需要、特点、学习风格、实际水平等,以保证教学的设计能符合学习者的个别需要。

(三)教学设计的模式

模式是再现现实的一种理论化的简约形式。教学设计的模式是在教学设计的实践中逐渐形成的一套程序化的步骤,其实质是说明做什么,怎么做,而不是为什么要这样做。教学设计的模式指出了以什么样的步骤和方法进行教学设计,是关于设计过程的理论。

教学设计有许多不同模式,这里仅介绍常见的几种模式。

1. 格兰奇-伊利模式

该模式如图 3－1 所示:

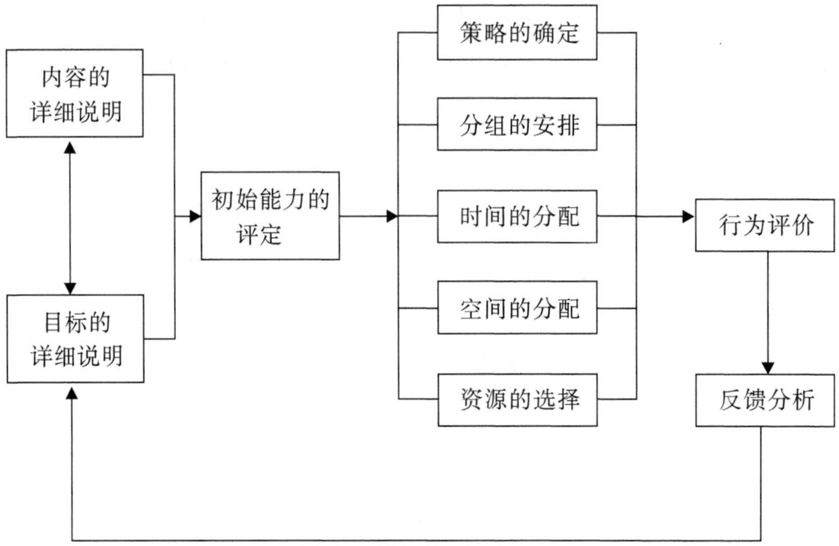

图 3－1　格兰奇-伊利模式

这个模式从一开始便强调确定教学内容和阐明教学目标之间的交互作用;然后根据目标、内容对学习者的初始能力进行评定;在此基础上再确定教学策略,安排教学组织形式,分配时间和空间以及选择合适的教学资源。该模式将这五个方面并列起来,是为了表明它们之间相互联系和相互制约的关系。从程序上看,该模式的设计过程有四个环节:目标、学习者、策略和评价。关于对学习者行为的评价,一方面要以目标为标准进行评价;另一方面评价提供了关于教学效果的反馈,从而可以重新审查模式中的所有步骤,特别是检验目标和策略两个方面。

这个模式的优点是执行教师很容易借助模式描述的过程来识别和确定自己的任务;缺点是它可能无意识地强化教师和管理人员保持现存的组织结构和职员配备,而不会去重新检查整个学校的运行基础。

2. 肯普模式

该模式如图 3－2 所示:

肯普模式具有下列基本特点:①强调十个要素之间的相互联系与相互作用,一个要素采取的决策会影响其他要素的决策;②要素之间没有线条连接,表示教学设计是很灵活的过程,教师可以根据实际情况和自己的教学风格从任一环节开始,并可按照任意的顺序进行;③学习需要和学习目的在这个结构的中心位置,说明它们是教学设计的依据与归宿,各要素都要围绕它们来进行设计;④表明教学设计是一个连续过程,评价和修改作为一个不间断的活动与其他要素相联系;⑤图中的“形成性评价”“总结性评价”和“修改”在环形圈内标出,这是为了表明评价与修改应该贯穿整个教学过程的始终。

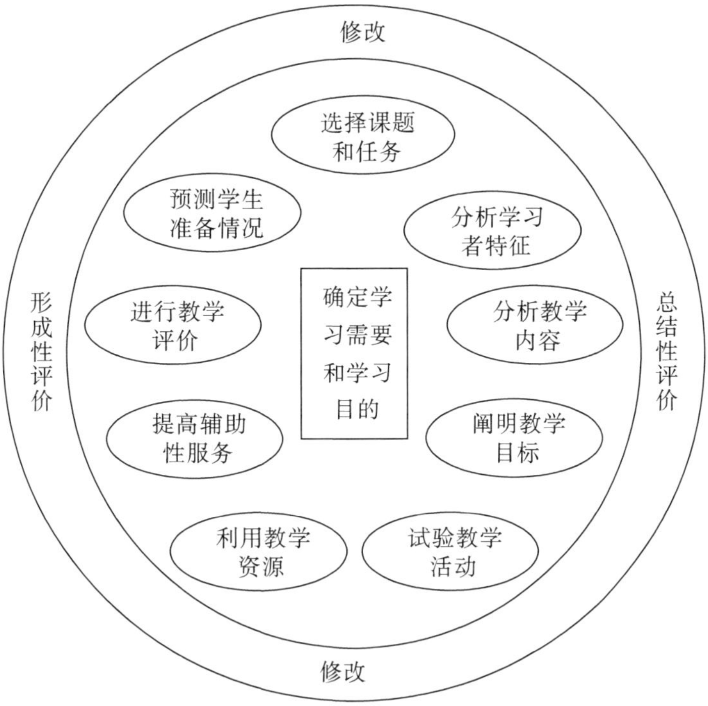

图3－2　肯普模式

3. 迪克-凯里模式

该模式如图3－3所示：

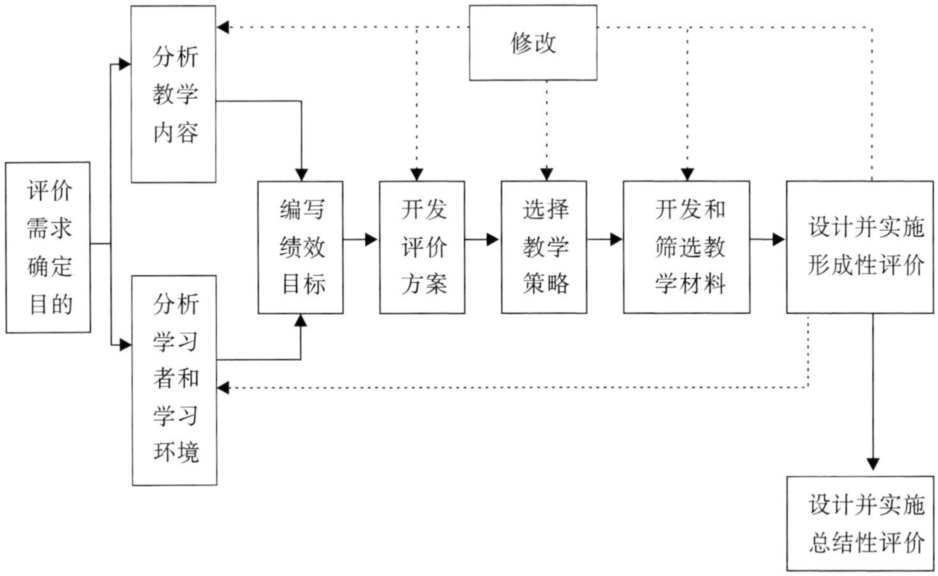

图3－3　迪克-凯里模式

这是比较经典的第一代教学设计模式，明确了教学设计的工作程序和步骤。这些步骤就是如图所示的十个方面。

(1)评价需求,确定目的:测量学习差距、确定完成教学后能够做什么。

(2)分析教学内容:学习者学习之前的知识技能分析。

(3)分析学习者和学习环境:学习者个性特征和学习环境分析。

(4)编写绩效目标:具体陈述学习后能够做什么。

(5)开发评价方案:即如何评价学生的学习。

(6)选择教学策略:选择合适的教学策略。

(7)开发和筛选教学材料:开发各种教学资源和材料为教学做准备。

(8)设计并实施形成性评价:实施教学并进行多方面的评价。

(9)设计并实施总结性评价:对学习者使用效果进行最终评价。

(10)修改:整理反馈资料和数据,修改教学设计。

显然,相比肯普模式,迪克-凯里模式的指导作用更加明晰。

4. ASSURE 模式

该模式如图 3-4 所示:

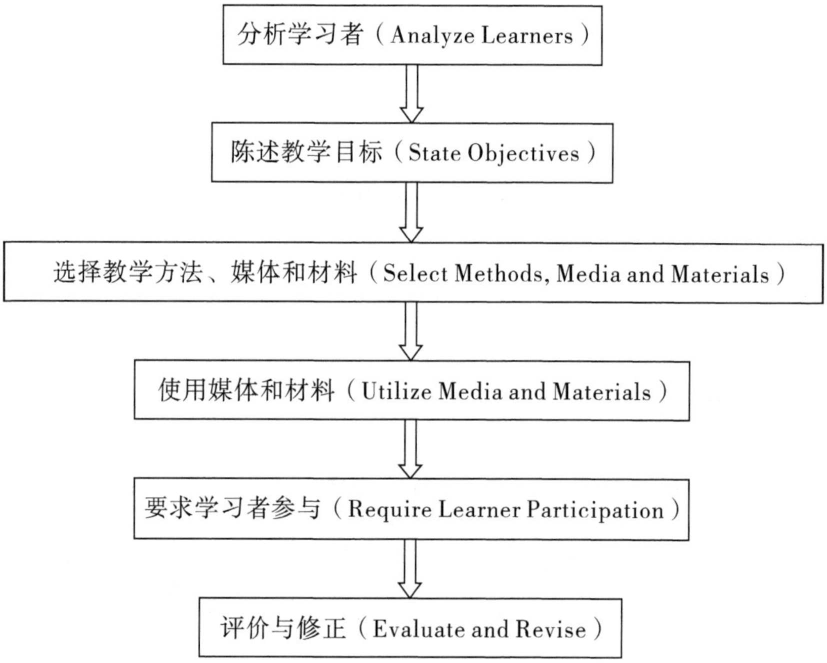

图 3-4 ASSURE 模式

斯马尔蒂诺在《教学技术与媒体》一书中描述了一个将技术与课程整合的操作过程,称之为 ASSURE 模式。ASSURE 模式是一个有用的计划模式,它能够引导教师更好地在教学活动中选择和使用媒体和技术。该模式由六个部分构成。

(1)分析学习者。教学计划的第一步是弄清楚教学对象是谁,如教学对象可能是学生,也可能是参加培训的人。只有了解了教学对象,才有可能选择合适的教学媒体,实现教学目标。通常可以从以下几个方面来分析教学对象:教学对象的一般特征、教学对象的入门能力和教学对象的学习风格。

(2)陈述教学目标。教学目标可能来自教学大纲、教学参考书、课程标准,也可能是教师自己设计的。教学目标表述要清晰,不仅要描述学生学习之后能够做什么,还要说明在什么条件下实现这个目标,以及实现目标的程度。

(3)选择教学方法、媒体和材料。学习者分析和教学目标的精确陈述代表了教学的起点和终点,接下来就是在起点和重点之间架起桥梁,即选择合适的教学方法、媒体和材料。教学材料的获得有三种途径:选择现有的教学材料、修改现有的教学材料,重新设计教学材料。

(4)使用媒体和材料。首先,要浏览教学材料,演示完整的教学过程;其次,保证所选择的媒体和材料在未来的教学场所能够无障碍地使用。

(5)要求学习者参与。教学过程中应该安排不同的教学活动,让学习者有机会联系其所学习的知识或技能。

(6)评价与修正。教学完成后,教师需要对教学的效果以及学习者的学习结果作出评估。需要思考:学习者是否达到了教学目标?教学过程中所选择的教学方法、媒体是否有助于教学目标的达成?教学材料是否适合所有的学习者?

综合以上的教学设计模式,虽然它们有不同的设计过程和要素,但都包含共同的部分,即分析教学对象、制定教学目标、选择教学策略、实施教学过程、开展教学评价。

5. 教学设计的一般模式

教学设计过程既是系统化的过程,又是充满创造性的过程。对于教育工作者而言,首先应把握教学设计过程的基本环节,掌握教学设计的基本过程,才有可能在此基础上不拘泥于基本规范进行创新。教学设计的一般流程由下列环节构成:①学习需要分析;②教学内容分析;③学习者分析;④教学目标的编写;⑤教学策略的制定;⑥教学媒体的选择和利用;⑦教学设计成果的评价。各环节相互联系、相互制约,组成一个有机的教学系统,如图3-5所示。

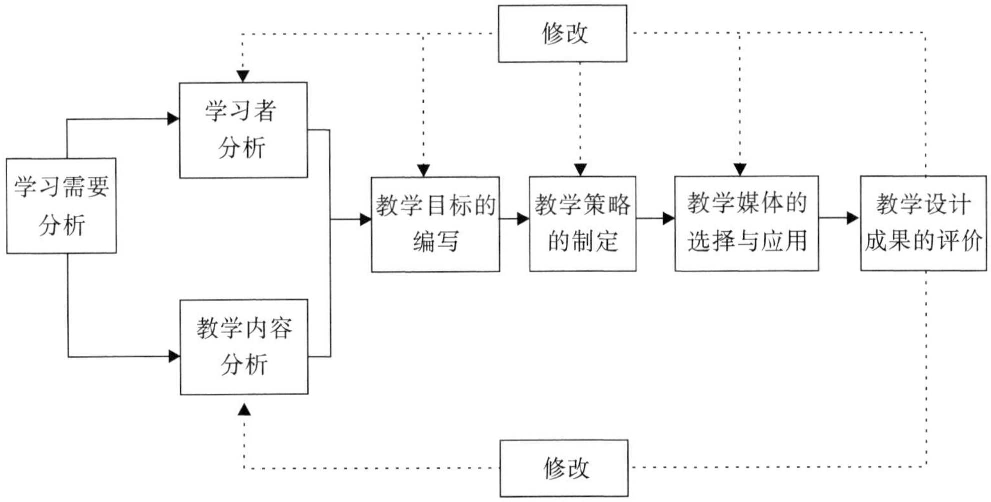

图3-5 教学设计的一般模式

二 教学设计过程

(一)学习需要分析

教学设计是一个问题解决的过程,只有发现了问题,认清了问题的本质才能着手对它进行解决。学习需要分析的目的就是发现教学中存在的和需要解决的问题。

1. 学习需要的概念

在教学设计中,学习需要是一个特定概念,指学习者学习情况目前的状态与所期望达到的状态之间的差距,或者说,是学习者目前水平与期望达到的水平之间的差距。差距指出了学习者在能力素质方面的不足,指出了教学中实际存在和要解决的问题,这正是经过教育或培训可以解决的学习需要。可以说没有差距就没有需要,也就无从谈起要解决什么了。

信息窗 3-1

例说学习需要的概念

某教育机构希望自己的学生中95%以80分以上的成绩通过功能性识字标准测验,而目前的记录表明只有81%的学生通过了考试,这样就找到了14%的学生还没有达标的差距,指出了对学生集体而言的学习需要,这也正是教学中要解决的问题。

[**资料来源**]蒋家傅,冯伯虎.现代教育技术[M].北京:科学出版社,2013:117.

学习需要分析是指通过系统化的调查研究,发现教学中存在的问题,并通过分析问题产生的原因确定问题的性质,论证解决该问题的必要性和可行性。其核心是发现问题,而不是寻求解决问题的方法,具体包括三个方面的工作:一是通过调查研究,分析教学中是否存在要解决的问题;二是分析所存在的问题的性质,以判断教学设计是否是解决这个问题的合适途径;三是分析现有的资源及约束条件,以论证解决该问题的可能性。

2. 学习需要分析的重要性

通过学习需要分析,我们可以获得有关“差距”的资料和数据,由此可形成教学设计的总目标(即解决了“为什么”和“是什么”)。有了总目标,就可以寻找相应的解决问题的方法,即达到目的的手段(解决“如何”),从而最终解决问题。如果没有搞清楚真正的问题所在,后继工作就难免陷入盲目。可见,这个总目标是教学设计的一系列后续步骤(如教学内容分析、教学目标的编写、教学策略的制定、教学媒体的选择与应用等)的重要依据。所以,学习需要分析的成功与否,总目标是否明确,直接影响到教学设计各部分工作的方向和质量。

学习需要分析论证了教学设计是否是解决问题的必要途径,以及在现有资源和约束条件下是否可以解决问题。这就避免了动用大量人力、物力进行教学设计而效果不佳的情况，也避免了动用大量人力、物力进行教学设计但在现有条件限制下不能实施，甚至是学生已经具备相关知识和技能而不需要教学的情况。所以说，通过学习需要分析，可以让教师与学生的精力、时间以及其他资源被有效利用，以解决教学中真正的问题，从而提高整个教学效益。

3. 学习需要分析的基本步骤和方法

(1)学习需要分析的基本步骤。

这里介绍的是进行学习需要分析的四个基本步骤，实践中可根据实际情况灵活调整。

第一步是规划。包括确定分析对象、选择分析方法(如内部参照法或外部参照法)、确定收集数据的技术(包括问卷调查、量表评估、面谈、小组会议及案卷查询)、选择参与学习需要分析的人员。

第二步是收集数据。收集数据不可避免地要考虑样本的大小和结构。样本必须是每一类对象中具有代表性的个体。此外，收集数据还应包括日程的安排以及分发、收集问卷等工作。

第三步是分析数据。对收集到的数据，教学设计者必须进行分析，并根据经济价值、影响、呈现的频数、时间顺序等对分析的结果予以优化选择和排列。

第四步是写出分析报告。这份报告应该包括四个部分：概括分析研究的目的，概括描述分析的过程和分析的参与者，用表格或简单的描述说明分析的结果，以数据为基础，提出必要的建议。

下面我们以教育技术专业人员能力素质需求分析案例来说明学习需要分析的过程：

第一步，根据实践领域的类型对教育技术专业人员进行分类，大致分为：①视听媒体开发人员；②电教管理人员；③教师；④教学和教育理论研究人员；⑤教育技术理论和方法研究人员等。

第二步，对每类人员进行个案调查，要求他们分别根据自己所在工作岗位的需求，列出 20 ~ 25 条他们认为必须具备的、最重要的素质，并分析专家对该领域发展的预测，考察专家对教育技术专业人员能力素质的评定。

第三步，在前两步的基础上，参照美国教育传播与技术协会和日本教育工学会的分析结果确定变量提取空间，大致包括以下内容：关于媒体设计开发的行为项，关于管理的行为项(对媒体及其制作过程的管理)，关于教学技能和技术的行为项，关于教育评价与研究的行为项，关于课程开发、教学设计的行为项，关于教育学、心理学的基本知识，关于研究及其方法论的行为项等。

第四步，在这一框架的基础上，通过调研和材料分析，提出较详细的 96 项教育技术专业人员的行为项，这些行为项可作为调查的指标体系。

第五步，设计问卷，进行抽样调查。

第六步，对数据进行多元统计分析，得出教育技术人员的能力需求结构。

(2)学习需要分析的基本方法。

学习需要分析的基本方法有内部参照需要分析法和外部参照需要分析法，两者的主要区别在于目标参照系不同。

内部参照需要分析法是由学习者所在的组织机构内部用已经确定的教学目标(期望状态),与学习者的学习现状作比较,找出两者之间存在的差距,从而鉴别出学习需要的一种分析方法。

外部参照需要分析法是根据机构外社会的要求(或职业的要求)来确定对学习者的期望值,以此为标准衡量学习者的学习现状,找出差距,从而确定学习需要的一种分析方法。

内部参照需要分析法通常比较适用于我国普通学校的教育教学。运用该方法需要注意以下几点:①学习者的期望状态是既定的,体现为教育组织机构在学科教学大纲中所规定的教学目标;②把期望的状态用可测量的行为术语描述出来,使教学目标具体化,形成完备的指标体系;③重点收集能够反映学习者目前状态的资料和数据,收集方法可采用测验、问卷调查、座谈等。

运用内部参照需要分析法分析学习需要往往局限于教育系统内部,即在某一特定教育或培训组织机构所规定的教学目标之内考虑教学设计问题,而对该目标的设定与社会实际要求是否相符却不够关心。因此,为避免教学活动与社会要求脱节,内部参照需要分析法和外部参照需要分析法需要结合起来使用。

外部参照需要分析法揭示的是学习者目前的状况与社会实际要求之间存在的差距,其特点是以社会目前和未来发展的需要作为准则和价值尺度去揭示教育教学中存在的问题,从而制定出教育教学目标。我国的职业技术培训学校较多采用这种方法分析教学问题。因为这种方法的期望值是根据社会需要而制定的,所以首先要收集、确定与期望值相关的社会需求信息。

收集信息主要有以下途径:①对毕业生进行跟踪访谈、问卷调查,听取他们对社会需求的感受,以及工作后对学校教育或培训教学的意见和建议,从中不仅可以获得关于社会期望的信息,也可获得关于学习者现状的信息;②分析毕业生所在单位对毕业生的工作考核,了解他们对职工的要求和对毕业生的评价,进而了解社会需求及其要求改进学校教学的信息;③设计问卷并发放到与专业相关的工作单位,以得到社会对人才能力素质的需求信息;④深入工作第一线做现场调研,以获得对人才能力素质需求的第一手信息;⑤进行专家访谈,以了解专家对社会目前及未来发展对人才需求的看法。

有关学习者现状信息的收集方法与内部参照需要分析法相同,不再重复。

综上所述,可知两种方法的主要区别是期望值的参照系不同,以及由此带来的信息收集方法也略有差异。相对来说,内部参照需要分析法容易操作,省时省力,但无法保证机构内部目标的合理性;而外部参照需要分析法,操作上比较难,要耗费大量的精力和时间,但能保证所定目标与社会需求直接发生联系,因而有其合理性。在实际运作时,可采取内外结合的方法。也就是根据外部社会需求调整修改已有的教学目标,并以修改后的目标所提出的期望值与学习者的现状相比较找出差距。

另外,运用内部参照需要分析法与外部参照需要分析法,可以揭示学习者现状与期望之间存在的差距,发现教学中存在的问题。那么造成这些问题的真正原因是什么?问题是什么性质的?教学设计能真正解决这些问题吗?这都需要认真进行探讨,其实质是要解决教学设计的必要性问题。

在确定学习需要时，首先要根据期望值具体化而形成的指标体系，对学生目前的水平一一进行测量，得出一系列用行为术语描述差距的问题序列，然后要针对这些差距进一步思考：①所列出的差距是不是学习需要？是否真正构成问题？②其中一个问题是否为另一个问题的表面现象？或包含在另一问题中？通过逐一检查可把一系列小问题归纳为几个集中的教学问题。③这几类问题中有没有其他非教学的原因（如学生的身体状况、学习态度，学习环境，教师的态度、素质以及师生关系等）引起的差距？④列出的知识、技能和态度方面的差距是否能通过一定的教育或培训来解决？⑤能否通过比较简单明了的方法（如改进某些教学方法、调整教学进度和时间或采用其他教材）来消除差距解决问题？⑥教学系统设计是不是解决问题的合适途径？

通过对以上问题的推敲，可以发现知识、技能、态度方面的教学只是形成教学问题的众多原因之一，另外也不是所有的教学问题都值得和必须进行教学设计。因此，在开展教学设计的初期，必须认真分析问题产生的真正原因，确定问题的性质。忽略这一点就将使整个教学设计流于形式，陷入盲目决策之中，什么问题也解决不了。

4. 学习需要分析中应注意的问题

在学习需要分析过程中应注意以下问题：①学习需要是指学习者的需要（即学习者的现状与期望之间存在的差距），而不是教师的需要，更不是对教学过程、手段的具体需要；②获得的数据必须真实、可靠地反映学习者和有关人员的情况，包括现在和将来应该达到的状况，切忌仅凭主观想象或感觉来处理学习需要问题；③注意对参加学习需要分析的所有合作者（包括学习者、教育者、社会人士三个方面）的价值观念进行协调，以取得对期望值和差距尽可能接近的看法，否则我们得到的数据将会无效；④要用学习行为结果来描述差距，而不是用过程（手段），要避免在确定问题之前就急于寻找解决的方案；⑤需要分析是一个永无止境的过程，在实践中要经常对学习需要的有效性提出疑问和进行检验。

（二）教学内容分析

教学内容是指为实现教学目标，要求学习者系统学习的知识、技能和行为经验的总和。分析教学内容是为了规定教学内容的范围、深度及教学内容各部分的联系，回答“学什么”的问题。

教学内容有一定的结构层次。为了论述的方便，将教学内容划分为课程（指狭义的课程）、单元和项目（项目可以是一个知识点，也可以是一项技能等）等层次。

教学内容分析一般可采用以下步骤。

1. 选择与组织单元

为实现一门课程总的教学目标，学习者必须学习哪些内容（即必须完成哪些学习任务）？对这个问题的思考，首先要从单元层次开始。单元作为一门课程的内容划分单位，一般包括相对完整的学习任务。在这些单元学习任务中，哪些应先学，哪些应后学，关系到对各单元的顺序安排。通过选择与组织单元，可确定课程内容的基本框架。

2. 确定单元目标

单元目标是一个单元的教学过程结束时所要得到的结果，说明学习者学完本单元的内容以后应该能做什么。确定单元目标后,课程目标就具体化了。

3. 确定学习任务的类别

根据单元目标的表述,我们可以区别学习任务的类型,一般可分为认知、动作技能和态度(情感)三大类。美国教育心理学家加涅等将这项工作称为任务分类。

4. 评价内容

在对各单元的学习任务作进一步的内容分析之前,有必要论证所选出的教学内容的效度,看是否为实现课程目标所必需的。

5. 分析任务

分析任务是指要对各单元的学习任务逐项进行更深入细致的分析:为实现单元目标,学习者必须学习哪些具体的知识与技能? 这些知识与技能之间存在哪些联系? 等等。对不同类型的学习任务,需运用不同的任务分析方法。

6. 进一步评价内容

这一步是对任务分析的结果——已确定的知识与技能及其联系进行评价,删除与实现单元目标无关的部分,补充所需要的内容。

对教学内容的分析,如有必要,可进一步深入下去。在这项工作中,学科教师、学科专家、职业培训专家等负责确定教学或培训的内容,对内容的思想性和科学性进行把关。教学设计者在内容的选择上不能代替学科教师、学科专家的作用,他们的主要任务是:运用有关教学内容分析的理论与方法,用"提问题"等方式主动配合学科教师、学科专家,共同研究,使教学内容的选择与组织符合教学目标的要求。

例如,教学设计者可通过下列问题来启发学科教师或学科专家对内容进行选择与组织:

"学习者学习这条规则需先掌握哪些概念?"

"教这一概念的教学要求是什么? 是'记忆',是'运用',还是'发现'?"

"学习者要学会解这道题,必须掌握推论过程中哪些具体的步骤?"

……

教学设计者尽管不决定"教什么",但能运用教育心理学的有关理论与方法帮助学科教师更科学、更系统地解决这一问题。随着科学研究的深入,交叉学科不断涌现,新的跨学科的教学计划需要不同学科专家共同开发。这种情况下,教学设计者的作用将会更加突出。

(三)学习者分析

教学系统设计的产品是否与学习者的特点相匹配,是教学系统设计成功与否的关键之一。因为一切教学过程只有从学生的实际出发才能成功和优化。学习者分析的目的是了解学习者的学习准备和学习风格,为后续的教学设计步骤提供依据。虽然教学设计者不可能对学习者的每个心理因素、生理因素、社会经济因素等都进行分析,但是必须了解那些对决策起重要作用的心理因素。

1. 学习准备的分析

学习准备是学习者在从事新的学习时,原有的知识水平和心理发展水平对新的学习的适应性。教学的成功在很大程度上取决于学生的准备状态，而且任何教学都是以学生的准备状态作为出发点的。学习准备包括两个方面：一是学习者从事该学习的心理、生理和社会的特点，包括年龄、性别、学习动机、个人对学习的期望、工作经历、生活经验、经济、文化、社会背景等一般特征；二是学习者已经具备的与即将学习的特定学科内容相关的知识技能基础和态度。

（1）认知发展水平分析。

在分析学习者认知发展水平时，最为重要的理论指导就是心理学家皮亚杰关于认知发展阶段的学说。他将儿童个体认知发生和发展的过程划分为四个阶段：

①感知运动阶段（0 至 2 岁），这一阶段是智力与思维的萌芽阶段。

②前运算阶段（约 2 至 7 岁）。在这一阶段的发展过程中，儿童头脑中有了事物的表象，而且能用词语表达头脑中的表象。他们能进行初级的抽象，能理解和使用初级概念及其相互之间的关系。所谓初级概念，是指儿童从具体实际经验中学得的概念。因此，他们能设想过去和未来的事物。然而由于在他们的认知结构中，知觉表象占优势，所以他们主要运用形象思维和直觉思维。

③具体运算阶段（约 7 至 11 岁）。这个阶段，儿童的思维水平有了质的变化，不像前运算阶段的儿童主要凭知觉表象考虑问题，他们的认知结构中已经有了抽象概念，能进行逻辑推理。他们逐渐能进行第二级抽象，能理解和使用第二级概念及其关系。所谓第二级概念，是指儿童通过原有的概念，以下定义的方式所获得的概念。但在获得与使用第二级概念时，他们需要实际经验作支持，借助具体事物和形象来进行逻辑推理。

④形式运算阶段（约 11 至 15 岁）。随着认知发展从具体逐渐向抽象过渡，日益趋于认知成熟的儿童逐渐摆脱实际经验的支持，开始能够理解并使用相互关联的抽象概念。其思维特征表现为假设演绎思维和逻辑推理能力日益增强。

皮亚杰的认知发展阶段学说认为，学习者的认识和思维发展过程都是从具体到抽象。根据该观点，教学设计中应将具体的事物或概念作为认识抽象事物的基础，引导学习者的思维向抽象的逻辑思维发展。

（2）一般特征分析。

在教学设计中，常常需要分析学习者的一般特征，尽管这些特征与具体学科内容无直接联系，但能对学习内容的选择和组织、教学方法和教学媒体的选择与运用提供帮助。例如，教学对象的阅读能力较差，可以考虑多使用视听资料。

①小学生智能和情感发展的一般特征。小学生思维具备初步逻辑的或言语的思维特点，这种思维具有明显的从具体形象思维到抽象逻辑思维的过渡性——低年级学生思维具有明显的形象性，也具有抽象概括的成分，二者的相互关系随着年级高低和不同性质智力活动而变化。到小学高年级时，学生逐步学会区别概念中本质和非本质的属性、主要和次要的属性，学会掌握初步的科学定义，学会独立进行逻辑论证，但是这些都离不开直接和感性的经验。因此，在小学教学中要注意引导学生从以具体事物表象为主要形式的具体现象思维逐步过渡到以言语概念为主要形式的抽象逻辑思维。对小学生来说，逻辑思维在很大程度上仍然是直接与感性经验相联系，带有很大成分的具体形象性。但也要注

意到对于不同的学习对象、不同的学科,上述一般发展趋势常表现出很大的不一致性。要把握思维由具体形象到抽象逻辑过渡的"关键年龄",一般认为这一"关键年龄"出现在四年级前后(约10至11岁),若教育条件适当,也可能提前到三年级。

小学生在情感方面的自居作用、模范趋向和自我意识有较快的发展,学习动机多倾向于兴趣型,情绪发展的主要矛盾是勤奋与自卑的矛盾,意志比较薄弱,抗诱惑能力差,需要更多外控性的激发、辅助和教导。

②中学生智能和情感发展的一般特征。在中学阶段,学生思维能力迅速得到发展,他们的逻辑思维处于优势地位,表现出以下五个方面的特征:一是通过假设进行思维。能按照提出问题、明确问题、提出假设、检验假设的途径,经过一系列抽象逻辑思维过程来实现解决问题的目的。二是思维的预计性。在复杂的活动前事先考虑诸如计划、制订方案和策略等预计因素。三是思维的形式化。中学生思维成分中形式运算思维已逐步占据优势。四是思维活动中,自我意识或监控能力明显增强。中学生能反省和自我调节思维活动的进程,使思路更加清晰、判断更为准确。五是创造性思维迅速发展,追求新颖、独特的因素,追求个性色彩、系统性和结构性。初中生抽象逻辑思维虽占优势,但很大程度上还属于经验型,需要感性经验的直接支持。而高中生的抽象逻辑思维则属于理论型,他们能够用理论作为指导来综合分析各种事实材料,从而不断扩大自己的知识领域。他们还能掌握一般到特殊的演绎过程和特殊到一般的归纳过程。思维从经验型向理论型转化是从初二年级开始的,这是一个关键年龄段,到高二年级学生思维则趋向定型、成熟。和小学生一样,中学生的智力与能力发展也存在着不一致性。

在情感方面,初中阶段和高中阶段有不同的特征。初中阶段,学生自我意识逐渐明确;他们富于激情,感情丰富,爱冲动,爱幻想;开始重视社会道德规范,但对人和事的评价比较简单和片面;在对知、情、意的自我调控中,意志行为日益增多,抗诱惑能力日益增强,但高层调控仍不稳定。高中阶段,学生的独立性、自主性日益增强,成为情感发展的主要特征;意志行为越来越多,他们追求真理、正义、善良和美好的东西;高层自我调控在行为控制中占主导地位,即一切外控因素只有内化为自我控制时才能发挥其作用。另外,从初中到高中学习动机也由兴趣型逐渐转为信念型。

③大学生智能和情感发展的一般特征。大学生在智能发展上呈现出进一步成熟的一系列特征。他们的思维有了更高的抽象性和理论性,并由抽象逻辑思维逐渐向辩证逻辑思维发展;观察事物的目的性和系统性进一步增强,并能掌握事物本质属性的细节特征;思维的组织性、深刻性和批判性有了进一步的发展,独立性更强;注意力更为稳定,集中注意的范围也进一步扩大。

大学生在情感方面已有明确的价值观念,社会参与意识很强,深信自己的力量能加速社会的进步与发展;学习动机倾向于信念型;自我调控也已建立在日趋稳定的人格基础上。

分析各年龄阶段学生发展的一般特征有助于教学设计。以小学高年级学生的视听教材编制为例,根据皮亚杰的认知发展阶段学说,这些儿童正处于从具体运算阶段向形式运算阶段过渡。据此,教学应以学生原有的经验为基础,教学内容和方法应从具体形象入手,创设必要的情景,采用比较、分析、综合的方法,逐步引导学生学习抽象概念,培养学生的逻辑思维能力。又如,假定我们要根据学生的年龄特征和性格差异来培养学生的学习动机,那么,对于小学生与初中生,就要注意教学的新颖性,以激起他们的学习兴趣,并多采用鼓励的方法来培养学生的近景性学习动机,使具体的学习活动和学习效果的反馈密切相关;而对于高中以上的学生,还要增加世界观教育、传统教育和爱国主义教育,使他们逐步建立起以人民利益为出发点的远景性学习动机,为建设祖国而发奋学习。

2. 学习风格的分析

在各种学习情境中,每一个学习者都必须自己感知信息,对信息作出处理、储存和提取等反应。而学习者之间存在着生理和心理上的个体差异,不同学习者获取信息的速度不同,对刺激的感知及反应也不同。要实现真正意义上的个别化教学,必须为每一个学习者提供适合其特点的学习计划、学习资源和学习环境,这是教育研究人员长期以来梦寐以求的目标之一。媒体技术的发展和教学资源的丰富与共享,使大规模地开展个别化教学成为可能。为了使教学符合学习者的特点,就需要对学习者的学习风格进行分析。

(1)学习风格的概念。

学习者的学习风格是国内外教育心理学研究人员一直在努力探索的重要课题之一。有人认为,“学习风格是指对学习者感知不同刺激,并对不同刺激作出反应这两个方面产生影响的所有心理特性”;也有人认为,“学习风格是学习者持续一贯的带有个性特征的学习方式,是学习策略和学习倾向的综合”。

格雷戈克将学习者的学习风格分为具体—序列、具体—随机、抽象—序列和抽象—随机四种类型。①具体—序列型的学习者喜欢通过直接的动手经验学习,希望教学组织得井然有序;对这类学习者来说,采用学习手册、程序教学、演示和有指导的实验进行教学,效果最佳。②具体—随机型的学习者能通过试误法,从探索经验中迅速得出结论;他们喜欢教学游戏、模拟,愿意独立承担设计项目。③抽象—序列型的学习者善于理解以逻辑序列呈示的词语或符号信息;他们喜欢通过阅读和听课的方式进行学习。④抽象—随机型的学习者特别善于从演讲中抓住要点,理解意思,并能对演讲者的声调和演说风格作出反应;对这类学习者来说,参加小组讨论、听穿插问答的讲授或是看电影和电视,可以取得较好的学习效果。

考伯将学习者的学习风格划分为善于想象的、善于吸收的、善于逻辑推理的、善于调和的。①善于想象的学习者喜欢吸收具体的信息进行思维加工,并对他们看到的事物进行概括。②善于吸收的学习者则从抽象的概念出发进行思维加工,他们边思考边看。③善于逻辑推理的学习者从经验中抽象出信息并进行积极加工,他们从一个观念出发,然后通过试验去验证。④善于调和的学习者感知具体信息并进行积极加工,他们是感觉者、试探者和操作者。

教育心理学家奥苏贝尔认为,对教材学习有影响的认知风格中最为重要的因素是:学习者倾向于成为概括者还是成为列举者,或倾向于成为这两者之间的一类。概括者注重观念的整体方面,而列举者则注重其个别方面。因为不同的风格对信息加工和储存有不同的影响,所以对意义学习和保持具有预示的含义。

(2)教学设计中如何把握学习风格。

尽管研究人员在学习风格方面已经开展了大量的研究,但能用于指导教学设计的结论还不多。美国教学技术专家克内克等人于1986年提出的有关学习风格的内容及其分类框架比较简明,有较强的可操作性。

克内克等人指出,教学设计者为了向学习者提供适合其特点的个别化教学,最好能掌握下列有关学习者的情况:

①信息加工的风格。信息加工的风格包括以下类型:用归纳法呈现教材内容时学习效果最佳,喜欢高冗余度,喜欢训练材料中有大量正面强化手段,喜欢使用训练材料主动学习,喜欢通过触觉和动手活动进行学习,喜欢自定学习步调,等等。

②感知或接受刺激所用的感官。在这方面,不同学习者有不同的风格,如通过动态视觉刺激(如电视、电影)学习效果最佳,喜欢通过听觉刺激(如听讲、录音)学习,喜欢通过印刷材料学习,喜欢多种刺激同时作用的学习,等等。

③感情的需求。需要经常受到鼓励和安慰,能自动激发动机,能坚持不懈,具有责任感。

④社会性的需求。喜欢与同龄同学一起学习,需要得到同龄同学经常性的赞许,喜欢向同龄同学学习。

⑤环境和情绪的需求。喜欢安静,希望有背景声或音乐,喜欢弱光和低反差,喜欢一定的室温,喜欢学习时吃零食,喜欢四处走动,喜欢视觉上的隔离状态(如在语言实验室座位中学习),喜欢在某一特定时间学习,喜欢某类座椅,等等。

(四)教学目标的编写

近20年来,许多教育心理学家致力于设计一套描述和分析学习目标(对于教师来说,学生的学习目标就是他的教学目标)的方法。如何描述学习目标呢?大致有行为主义心理学与认知主义心理学方面的两种不同观点。行为主义强调用可以观察或可以测量的行为来描述学习目标,而认知主义则强调用内部心理过程来描述学习目标。尽管两种观点有上述不同,但教育心理学家一致认为,学习目标的重点应说明学习者行为或能力的变化。

1. 编写学习目标的基本要求

以研究行为目标闻名的马杰在1962年出版的经典著作《程序教学目标的编写》中提出,一个学习目标应包括三个基本要素:

(1)行为。说明学习者通过学习之后能够做什么,以便教师能观察学习者的行为变化,了解目标是否达到。如“学生能将文章中陈述事实与发表议论的句子分类”。

(2)条件。说明上述行为在什么条件下产生。如“提供报刊上的一篇文章”。

(3)标准。指出合格行为的最低标准(或行为改变的程度)。如“至少有80%的句子分类正确”。

马杰的“行为”“条件”“标准”三要素模式至今仍为教育界所接受。用传统方法表述的教学目标,如“培养学生分析文章的能力”比较笼统含糊,对其中的含义,不同的人可能有不同的理解。这种提法不能为教学及其评价提供具体指导。而使用马杰的三要素模式编写的学习目标就很明确具体,能清楚地告诉人们,学生将获得的能力具体是什么,以及如何观察和测量这种能力。

在教学设计的实践中,有的教育研究者认为有必要在马杰的三要素基础上,加上对教学对象的描述。为了便于记忆,他们把编写学习目标的基本要素简称为 ABCD 模式:A 指对象(Audience),即应阐明教学对象。B 指行为(Behaviour),即应说明通过学习以后,学习者能够做什么(行为的变化)。C 指条件(Condition),即应说明上述行为在什么条件下产生。D 指标准(Degree),即应规定达到上述行为的最低标准(即达到所要求行为的程度)。

需要指出的是,在实际运用中,往往不需要也不可能完全机械地按上述要求编写学习目标。

2. 具体编写方法

以下先根据 ABCD 模式讨论学习目标的具体编写方法,然后介绍一种为弥补行为目标不足而提出的兼顾外显行为变化和心理过程变化的编写方法。情感领域学习目标编写中的一些特殊问题将另行讨论。

(1)对象的表述。学习目标的表述中应注明教学对象,如“小学三年级上学期的学生”“参加在职培训的技术人员”等。有的学者还主张在学习目标中说明对象的基本特点。

(2)行为的表述。行为的表述是学习目标中最基本的部分,主要说明学习者在教学结束后应该获得什么样的能力。用传统方法表述学习目标时,较多使用“知道”“理解”“掌握”“欣赏”等动词来描述学习者将学会的能力,如果需要,再加上表示程度的状语,以反映教学要求的提高,如“深刻理解”“充分掌握”等。这些词语的涵义较广,可从不同角度理解,因而使目标的表述不明确,给以后的教学评价带来困难。这些词语可用来表述总括性的课程目标和单元目标,但在编写学习目标时应避免使用。

描述行为的基本方法是使用一个动宾结构的短语,其中行为动词说明学习的类型,宾语则说明学习的内容。如“操作”“说出”“列举”“比较”等都是行为动词,在它们后面加上动作的对象,就构成了学习目标中关于行为的表述:(能)操作摄像机,(能)说出人腿骨骼的名称,(能)列举选用教学方法时应考虑的基本因素,(能)比较东西方文化的主要异同处。在这样的动宾结构中,宾语部分与学科内容有关,学科教师都能很好掌握。因为学习目标中的行为应具有可观察的特点,所以描述行为较困难的是行为动词的选用。我们在本节的后半部分提供了在编写认知学习目标、动作技能学习目标和情感学习目标时可供选用的动词表作为参考,有些动词的含义需根据上下文确定。

(3)条件的表述。条件表示学习者完成规定行为时所处的情境,即说明应在哪种情况下评价学习者的学习结果。如要求学习者“能跑一万米”,条件则可能是“在什么气候下”“在什么地区”“在什么道路上”等环境因素。条件的表述常与诸如“能不能查阅参考书”“有没有工具”“有没有时间限制”等问题有关。条件包括下列因素:①环境因素(空间、光线、气温、室内外噪音等);②人的因素(个人单独完成、小组集体进行、个人在集体的环境中完成、在教师指导下进行等)；③设备因素(工具、设备、图纸、说明书、计算器等)；④信息因素(资料、教科书、笔记、图表、词典等)；⑤时间因素(速度、时间限制等)；⑥问题明确性因素(为引起行为的产生提供什么刺激及刺激的程度)。

(4)标准的表述。标准是行为完成的质量可被接受的最低程度的衡量依据。对行为标准作出具体描述，是为了使学习目标具有可测量的特点。标准一般从行为的速度、准确性和质量三个方面来确定，例如：①在 1 分钟以内准备好必需的消防器材(速度)；②测量血压，误差在 5 mm/Hg 以内(准确性)；③加工件质量要达到国家Ⅱ级标准(质量)。

下面几个学习目标实例中均包含了上述“对象”“行为”“条件”和“标准”四个要素。

①提供 10 个有关海湾战争原因的是非判断题，大学一年级学生应能判断正误，其中 9 道题正确为合格。②历史系二年级的学生阅读教师所布置的 7 篇材料后，能撰文对两种古代文化的差异进行比较，至少列举每种古代文化的 5 种特征。③新兵营的战士通过一个月的集训，应能在距离标准圆靶 50 米之处，使用标准步枪在 20 秒以内射击 5 次，至少有 4 次击中靶心。

学习目标中，有些条件和标准较难区别，如上例中“在 20 秒以内”既可理解为时间的条件，也可看作行为速度的标准。马杰认为，对这一问题不必争论。判断学习目标的主要依据是，它的表述是否说明了编写者的意图，如果学习目标能用以指导教学及其评价，那么，对条件和标准的区分并不重要。

(5)基本部分与选择部分。在一个学习目标中，行为的表述是基本部分，不能省略。相对而言，条件和标准是两个可选择的部分。在职业技术培训中，学习目标往往需要指明条件和标准，提出最低的教学要求。如不提供标准，则一般认为要求学习者达到 100% 的正确率。在设计一般的教学软件时，编写学习目标不必将条件、标准一一列出，以下是一个实例：

> 学完本单元以后，学生应能够：
>
> ①给“社会学”下定义；②描述社会学学科发展过程中的三大事件；③指出有关社会学的六种错误认识；④分析一项社会学研究的结果，并从该项研究中总结出一条合适的结论；⑤就关于社会化的生物学基础陈述自己的见解并加以论证。

上述实例没有说明条件和标准，主要原因是使用教材的教师将根据特定的教学对象或教学总目标的要求制定合适的条件和标准。

(6)内外结合的表述。行为目标虽然避免了用传统方法表述目标的含糊性，但它本身也有缺点：只强调了行为结果，而未注意内在的心理过程，因而可能引导人们只注意学习者外在行为变化而忽视其内在的心理和情感变化。因此，描述内部心理过程的术语不可缺少，需运用内外结合的方法来表述学习目标。

1978 年格朗伦在《课堂教学目标的表述》中提出，先用描述内部心理过程的术语来表述学习目标，以反映理解、运用、分析、创造、欣赏、尊重等内在的心理变化，然后列举反映这些内在变化的例子，从而使这些内在心理变化可以被观察和测量。这就是用内部过程与外显行为相结合以描述学习目标的方法。如领会本单元专门术语的涵义：①将专门术语与它们所代表的概念联系起来；②在造句中使用某些专门术语；③指出术语之间的异同。

上述例子中，①、②和③所表述的行为是代表“领会”的种种表现的例子，我们把它们作为教学目标已达到的证据而加以接受。“领会”是一个内部心理过程，无法观察和测量，但有后面这些证明“领会”能力的行为实例，目标就具体化了。格朗伦的方法强调列举出能力方面的例证，既避免了用内部心理特征表述目标的抽象性，也防止了行为目标的机械性与局限性。

3. 情感学习目标编写中的若干问题

培养学习者的某些态度、建立起一定的观念、养成一定的好习惯、形成高尚的道德品质等，都是情感学习目标，在教育中占有重要地位。如参加生物学学习的学生以提前来到生物学实验室的实际行动表现出对学习生物学兴趣的提高。教师每天提前打开生物学实验室的门，但对早来的学生不给予任何特殊奖励。在一个学年中，如平均每次有 1/3 的学生早来，80% 的学生中每人至少有一次早来，则可认为目标达到。

为情感领域的教学编写具有可观察性和可测量性特点的学习目标是非常困难的。通常，我们只能通过学习者的言行（这是可以观察的）来间接推断学习目标是否达到，即把学习者的具体言行看成思想意识的外在表现。在上述例子中，学习目标编写者把学生早到生物学实验室的具体行动作为判断学生学习兴趣提高的依据。这就是情感学习目标编写的一个特点。根据这一特点，编写情感学习目标可采用类似内外结合的表述方法。如教学目标是“培养学生热爱集体的态度”，因为“热爱集体的态度”难以直接评价、判断，所以必须列举具体行为，通过对这些行为的观察，来判断学生是否“热爱集体”。如：①积极参加集体组织的各项活动；②主动参加教室的卫生工作；③准时参加有关会议；④积极承担班委会布置的任务；⑤支持有利于集体利益的建议；⑥帮助学习有困难的同学。

在这些具体的言行上，当学习者有积极持久的表现时，就说明他们树立了集体观念。如果表现出消极或反对的情绪，则说明学生可能没有培养起热爱集体的态度。我们把学习者的积极表现称为接近意向，把消极表现称为回避意向。当然，接近意向也仅仅说明学习目标可能已经达到，并不能直接测量学习目标达到的程度。

一般说来，提出情感学习目标中的主体要求较容易，如“提高学生对国画的鉴赏力”，但从哪些具体方面来判断目标是否达到，则需要学科教师和教学设计者共同研究。有学者建议，可以从以下几个方面来测量学习者的接近意向。

①学习者表示喜欢这类活动；②在各种活动中，学习者选择参加这类活动；③学习者带着热情参加这类活动（如愿承担义务、遵守有关规定等）；④学习者很有兴趣与他人讨论这类活动；⑤学习者鼓励他人参加这类活动。

以“培养学生欣赏国画”的目标为例，有的教师提出下列具体的行为指标，用以测量学生通过教学以后，是否具有接近意向。

①喜欢借阅或购置国画书刊；②到美术馆参观时选择国画展厅，或经常参观国画展；

③了解国画名家及其代表作;④向美术教师请教作画技巧;⑤乐意给同学讲解国画特点及作品意境;⑥喜欢创作国画。

情感学习目标有了这些具体的行为指标作为判断依据,其可操作性无疑加强了。在表述具体的行为时,应尽可能采用可观察甚至可测量的行为动词。

有时,人的认识和情感变化并不是参加一两次教育活动以后即能见效的,教师也很难预期通过一定的教育活动后学生的内部心理过程将产生什么变化,这种情况在情感教育方面尤为明显。为了弥补上述编写方法的不足,艾斯纳提出了表达性目标。这种目标要求明确规定学习者应参加的活动及情境,但不提出可测量的学习结果。表达性目标还可能包括学习者的自我发现和创造发明。尽管这种目标不精确规定学习者应从教学活动中习得什么,但至少有助于我们认识总的教学目标中的情感教学的内容,使我们能着手研究实现目标的方法。表达性目标可以作为学习目标的一种补充。

(五)教学策略的制定

1. 教学内容的处理策略

通过对学习需要进行分析,可以揭示出教学(或培训)中存在的问题及其主要原因,据此确定教学设计的课题,并提出总的教学目标。为了保证教学目标的实现,教学必须有正确的、合乎目的的内容。教学内容,就是指为了实现教学目标,要求学习者系统学习的知识、技能和行为规范的总和。教学内容的分析以总的教学目标为基础,旨在规定教学内容的范围、深度和揭示教学内容各组成部分之间的联系,以保证达到教学最优化的内容效度。教学内容的范围指学习者必须达到的知识和能力的广度,深度则规定了学习者必须达到的知识深浅程度和能力的质量水平。明确教学内容各组成部分之间的联系,可以为教学顺序(所谓教学顺序,是指把这些规定了广度和深度的知识与技能,用便于学习者理解和接受的形式加以序列化)的安排奠定基础。所以,教学内容的安排既与“学什么”有关,又与“如何学”有关。

(1)教学内容的选择。首先讨论单元的选择,因为教师一般按单元组织教学。

单元是一门课程内容的划分单位。由于学科的特点不同,单元的划分也不同。如语文课程的单元通常指一组体裁相同的课文;数学课程的单元相当于教材的一章,大致是某类数学问题;而外语课程的单元则是教材中的一课。一个单元的内容有相对的完整性。单元实质上反映了课程编制者或教师对一门学科结构的总的看法,以及在此基础上对这种结构按教学要求所做的分解和逻辑安排。普通教育中,选择教学内容一般由学科教师或学科教材专家负责。

(2)教学内容的安排。教学内容的安排是对已选定的学习任务进行组织编排,使其具有一定的系统性或整体性。在一门课程中,各单元教学内容之间的联系一般有三种类型:一是相对独立,各单元在顺序上可互换位置;二是一个单元的学习构成另一个单元的基础,这类结构在序列上极为严密;三是各单元教学内容的联系呈现为综合型。在组织教学内容时,首先要搞清楚各项学习任务之间的联系。

信息窗 3－2

教学内容组织编排的三种典型观点

一是布鲁纳提出的螺旋式编排教学内容的主张。即根据学生的智力发展水平，让学生尽早有机会在不同程度上去接触和掌握某门学科的基本结构，以后随着学生在智力上的成熟，围绕基本结构不断加深内容深度，使学生对学科有更深刻和有意义的理解。

二是加涅提出的直线编排教学内容的主张。他从学习层级论的观点出发，把教学内容转化为一系列习得能力目标，然后按这些目标之间的心理学关系，即从较简单的辨别技能的学习到复杂的问题解决技能的学习，把全部教学内容按等级来排列。

三是奥苏贝尔提出的渐进分化和综合贯通的原则。渐进分化是指"该学科的最一般和最概括的观念应首先呈现，然后按细节和具体性逐渐分化"，综合贯通是强调学科的整体性。因为学科内容不仅包括一个学科的各种概念和规则，同时也包括学科本身的特定结构、方法或逻辑，如果不掌握这部分内容，就不可能真正理解这门学科。

[资料来源]马俊. 现代教育技术与应用[M]. 合肥：中国科学技术大学出版社，2014：52.

组织教学内容要重视以下几个方面：①由整体到部分，由一般到个别，不断分化；②确保从已知到未知；③按事物发展的规律排列；④注意教学内容之间的横向联系。

(3)教学内容分析的方法。分析教学内容的基本方法有归类分析法、图解分析法、层级分析法、解释结构模型法等。

①归类分析法。归类分析法主要是研究对有关信息进行分类的方法，旨在鉴别为实现教学目标所需学习的知识点。如一个国家的省市名称可按地理区域的划分来归类，人体外表各部位的名称可由上向下，按头、颈、躯干、上肢、下肢进行分类等。确定分类方法后，或用图示，或列提纲，把实现教学目标所需学习的知识点归纳成若干方面，从而确定教学内容的范围。

②图解分析法。图解分析法是一种用直观形式揭示教学内容要素及其相互联系的方法，用于对认知教学内容的分析。图解分析的结果是一套简明扼要、提纲挈领地从内容和逻辑上高度概括教学内容的图表或符号。如历史教学中，可以用几条带箭头的线段及简洁的数字、符号来剖析一次著名战役的全过程，其起因、时间、地点、参战各方人数、结果等都被反映在图解之中。这种方法的优点是，使分析者容易觉察内容的残缺或多余部分以及相互联系中的割裂现象。

③层级分析法。层级分析法是用来揭示教学目标所要求掌握的从属技能的一种方法。它是一个逆向分析的过程，即从已确定的教学目标开始考虑：要求学习者获得教学目标规定的能力，他们必须具有哪些次一级的从属能力？而要培养这些次一级的从属能力，

又需具备哪些再次一级的从属能力？以此类推……可见，在层级分析中，各层次的知识点具有不同的难度等级——越是在底层的知识点，难度等级越低（越容易），越是在上层的难度越大；而在归类分析中则无此差别。层级分析法的原则虽然较为简单，但是具体做起来却不容易。它要求参加教学设计的学科专家、学科教师和教学设计者熟悉学科内容，了解教学对象的原有能力基础，并具备较丰富的心理学知识。

④解释结构模型法。解释结构模型法是分析和揭示复杂关系结构的有效方法，它可以将系统中各要素之间复杂、零乱的关系分解成清晰的多级递进的结构形式。解释结构模型法包括三个操作步骤：①抽取知识元素，即确定教学子目标；②确定各子目标之间的直接关系，做出目标矩阵；③利用目标矩阵得出教学目标形成关系图。当分析的各级教学目标不具有简单的分类学特征，或者其中的概念从属关系不太明确，也不属于某个操作过程或某个问题求解过程时，要想通过上面所述的三种方法直接求出各级教学目标之间的形成关系是很困难的，这时就要使用解释结构模型法。

（4）教学内容选择与组织的初步评价。在各单元目标确定以后，为保证所选择的教学内容与学习需要相符合，教学设计者应重视对教学内容的选择和组织进行评价。在教学设计的初期，可从以下几个方面评价教学内容的选择与组织。

①所选择的教学内容是否为实现课程目标所必需？还需补充什么？哪些内容与目标无关，应该删除？②各单元的排列顺序与本学科逻辑结构的关系如何？在这种关系的处理上体现了什么样的学习理论或教学理论？③各单元的排列顺序是否符合学生的心理发展？④各单元的排列顺序是否符合教学或培训的实际情况？⑤学习者已掌握了哪些内容？教学（培训）从哪里开始？

参加初步内容评价的应包括有关学科专家、有实际教学经验的教师、有关行业的专家和学生代表等。他们反映的意见与建议可能是教学设计者和参加教学设计的学科内容专家所忽略的。初步评价的工作不仅有助于避免在无关内容上花费时间与精力，更重要的是可以使学习需要、教学目标、教学内容及教学评价四者保持一致，保证教学的效果和效益。在评价过程中，卡片是一种有效的展示工具。教学设计者把课程目标、单元教学内容与单元目标分别呈现在不同颜色卡片上，按一定的顺序将其展示在专门设计的计划板上，使参加评价的人对整个课程内容要点一目了然。卡片便于根据各个评价者的意见及时增删、修改内容，并调整各项内容之间的联系。

2. 教学方法的选择与应用

众所周知，教学活动是教师和学生为了达到预定的教学目标，在教学理论与学习理论指导下，借助适当的教学手段和教学方法而进行的师生交互活动。它既有教师教的行为，又有学生学的行为，而且两者相辅相成。可见，无论按照哪一种教学模式来开展教学活动，都离不开具体教学方法的支持。采用教学方法的目的在于引发学生的求知欲，维持他们的兴趣和注意力，以学生可接受的方式呈现教材，强化和调节学生的行为及解决学生的学习障碍。

（1）教学方法概述。在教学论中，教学方法问题是一个十分重要的问题，研究者们对其相当重视。但是，可以肯定地说，我们对教学方法的认识还是不够深入的。在一般的教学论著作中，教学方法主要包括讲授法、谈话法、演示法、讨论法、实验法等。随着对教学方法和技能研究的深入，人们在这方面的认识逐渐细化，一些研究者在教师教学技能的研究中把教学方法与技能归纳为以下几类。

①讲授法：讲述、讲解、讲读、讲演。②演示法：实物或模型演示、实验演示、文字演示、图片演示、幻灯投影演示、电影电视演示、多媒体演示。③提问法：低级认知提问（回忆提问、理解提问、运用提问）、高级认知提问（分析提问、综合提问、评价提问）。④反馈法：课堂观察法（环视法、虚视法）、课堂提问法、课堂考查法。⑤强化法：语言强化、活动强化、符号强化、接触与接近强化。⑥板书技能：提纲式、词语式、表格式、线索式（流程式）、图示式、总分式（括弧式）、板图式。⑦教态变化技能：身体动作、面部表情、眼神、适当的停顿、声音变化。⑧导入技能：复习导入、直观演示导入、实验演示导入、实际问题导入、悬念导入、故事导入、逻辑推理导入、审题导入、知识衔接与转折导入。⑨组织教学技能：管理性组织、指导性组织、诱导性组织。

在运用这些教学方法与技能时，应该注意到，在教学方法的研究与应用方面还存在一些问题，明确这些问题有助于在教学设计实践中发展教学方法。这些问题包括以下几个方面。

①教学方法分类过于一般化，缺乏针对性。如“讲解”和“讨论”，“归纳”和“演绎”，“发现”和“接受”，等等。②对学法不重视。既然教学是教与学的双边活动，就应该既包括教法，也包括学法，但是目前的教学方法都仅仅是从教师活动方面来说的。③对信息技术条件下的教学方法缺乏研究。

（2）教学方法的选择和有机组合。面对多种多样的教学方法，哪些是教学设计中应优先考虑的方法？这些方法又该如何有机地结合在一起？这些是制定教学策略必须要考虑的。

一般教学论著作中对选择教学方法的原则均有论述，认为应该根据教学目标、学生特点、学科特点、教师特点、教学环境、教学时间、教学技术条件等诸多因素来选择教学方法。

要实现教学方法的优化，除了需要依据一定的原则，还需要考虑适当的选择程序。苏联教育家巴班斯基等人通过调查研究，归纳出教师在选择教学方法时的一般决策步骤，可供我们参考。

第一步：决定是选择由学生独立地学习该课题的方法，还是选择在教师指导下学习教材的方法。第二步：决定是选择再现法，还是选择探索法。第三步：决定是选择归纳的教学法，还是选择演绎的教学法。第四步：决定关于口述法、直观法和实际操作法三者如何结合的问题。第五步：决定关于激发学习活动的方法选择问题。第六步：决定关于检查和自我检查的方法选择问题。第七步：认真考虑所选择的各种方法相结合时的不同方案。

前面我们将教学方法分成若干类别，目的是为了使各类教学目标都能有相应的教学方法保证其得以实现，而不至于某些目标在教学设计中被忽视或偏废，但这并不意味着各种教学方法只能各司其职，分开使用。相反，各种教学方法结合起来使用更能达到事半功倍的效果。当然,这是制定教学策略中的一个难点。

教学方法的整体效应与多种教学方法在教学过程中的相互联系、相互作用有关。这种联系和作用可以是并列的,即同时采用几种教学方法,如教师演示实物,同时用语言描述它,并画出结构图,写出每一部分的名称,学生也进行相应的活动;也可以是连贯式的,即一种活动方式结束之后再开始另一种,如采用演示→讨论→讲授的组合法,讲授→实验→讨论的组合法,谈话→讲授→练习的组合法,等等。运用教学方法的主体是任课教师,教学设计人员在这方面只是提出建议,不必硬性规定。教师可以在谙熟各种教学方法特点的基础上,根据不同的教学目标、教材、学生和环境,组合出不同的教学方案。教师的创造性在教学方法的组合与灵活运用方面能够得到最充分的发挥。

(六)教学设计成果的评价

教学设计包括对解决教学问题的预想方案进行评价和修改的内容。评价是修改的基础,是教学设计成果不断完善的调控环节。教学评价是指以教学目标为依据,制定科学的标准,运用一切有效的技术手段,对教学活动过程及其结果进行测定、衡量以及价值判断。教学设计成果的评价属于教学评价范畴,产生于20世纪30年代的现代教学评价的一套理论和技术对教学设计成果评价具有直接指导作用。教学设计成果评价的实质是从结果和影响两个方面对教学活动给予价值上的确认,并引导教学设计工作沿着实现预定目标的方向发展。

1. 教学评价的功能

教育心理学和教学论专门研究了教学评价对提高教学效果的作用,具体可以概括为以下几个方面。

(1)诊断功能。评价是对教学结果及其成因进行分析的过程,借此可以了解到教学各方面的情况,从而判断它的成效和缺陷、矛盾和问题。全面的评价工作不仅能估计教学目标的达到程度,而且能解释学生成绩不良的原因,如学校、家庭、社会和个人因素等。教学评价如同体格检查,是对教学现状进行一次严谨的科学诊断,以便为教学的决策或改进指明方向。

(2)激励功能。评价对教学过程有监督和控制作用,对教师和学生则是一种促进和强化,能够反映出教师的教学效果和学生的学习成绩。经验和研究都表明,在一定限度内,经常进行记录成绩的测验对学生的学习动机具有很大的激发作用。这是因为,较高的评价能给教师、学生以心理上的满足和精神上的鼓舞,可激发他们向更高目标努力的积极性;即使评价较低,也能催人深思,激起师生奋进的情绪,起到推动和督促作用。

(3)调控功能。评价的结果必然是一种反馈信息。这种信息可以使教师及时知道自己的教学情况,也可以使学生获得学习成功和失败的体验,从而为师生调整教与学的行为提供客观依据。教师据此修订教学计划、改进教学方法、完善教学指导,学生据此调整学习策略、改进学习方法、增强学习自觉性。教学评价有利于使教学过程成为一个随时得到反馈调节的可控系统,使教学效果越来越接近预期的目标。

(4)教学功能。评价本身也是一种教学活动。在这种活动中,学生的知识、技能将获得长进,甚至产生飞跃。如测验就是一种重要的学习经验,它要求学生事先对教材进行复习、巩固,并对已学到的知识技能进行整合,事后对试题进行分析,从而确认、澄清和纠正一些观念。另外,教师可以在估计学生水平的前提下,将有关学习内容用测试题的形式呈现,使题目包含某些有意义的启示,让学生自己探索领悟,获得新的学习经验或达到更高的教学目标。

2. 教学评价的种类

依照不同的分类标准,教学评价可作不同的划分。如按评价基准的不同,可分为相对评价、绝对评价和自身评价;按评价内容的不同,可分为过程评价和成果评价;按评价功能的不同,可分为诊断性评价、形成性评价和总结性评价;按照评价分析方法的不同,又可分为定性评价和定量评价。下面介绍其中几种主要的评价方式。

(1)相对评价。

这种评价就是在被评价对象的群体或集合中建立基准,然后把各个对象逐一与基准进行比较,来判断群体中每个成员的相对优劣。对学习成绩的评定通常是以群体的平均水平为基准,以个人成绩在这个群体中所处的位置来判断。

为相对评价而进行的测验一般称作常模参照测验。它的试题取样范围广泛,命题方式直接明确,测验成绩主要反映学生学业的相对等级。因为所谓的常模实际上近似学生群体的平均水平,所以这种测验的成绩自然呈正态分布。

利用相对评价来了解学生的总体表现和个体表现之间的差异,或比较群体学习成绩的优劣是很有效的。它的缺点是,基准会随着群体的不同而发生变化,易使评价标准偏离教学目标,不能充分反映教学上的优缺点。

(2)绝对评价。

这种评价就是将教学评价的基准建立在被评价对象的群体或集合之外,把群体中每个成员的某种指标逐一与基准进行对照,从而判断其优劣。教学评价的标准一般是教学大纲以及由此确定的评判细则。

为绝对评价而进行的测验一般称作标准参照测验。它的试题取样就是预先规定的教学目标,测验成绩主要表明教学目标的达到程度,所以这种测验的成绩分布通常呈偏态分布,如低分多高分少为正偏态,反之则为负偏态。

绝对评价的优点是评价标准比较客观,如果使用得当,可使每个被评价者都能看到自己与客观标准之间的差距,以便不断向标准靠近。另外,教学管理部门通过这种评价,可以直接鉴别各项教学目标的完成情况,明确今后的工作重点。它的缺点是,在制定和掌握评价标准时,容易受评价者原有经验和主观意愿的影响,不利于分析学生之间的学习差异。

(3)自身评价。

这种评价既不是在被评价群体之内确立基准,也不是在群体之外确立基准,而是对被评价的个体的过去和现在进行比较,或者是对他的若干侧面进行比较。如某学生上学期的数学成绩是70分,这学期是80分,说明他的数学进步了;若该生的语文成绩两个学期都在 80 分以上，说明他的语文比数学要好些。

自身评价的优点是尊重个性特点，照顾个别差异，通过对个体内部的各个方面进行纵横比较，判断其学习的现状和趋势。但由于被评价者没经过与具有相同条件的其他学生作比较，难以判定他的实际水平和差距，激励功能不明显。因此，在实践中常常需需把自身评价和相对评价结合起来使用。

(4)诊断性评价。

这种评价也称教学前评价或前置评价。一般是在某项教学活动开始之前，对学生的知识和技能、智力和体力以及情感等状况进行"摸底"，通过了解学生的实际水平和准备状况，判断他们是否具有实现新的教学目标所必需的基本条件，为教学决策提供依据，使教学活动适合学生的需要和背景。

教育中的"诊断"是一个范围较大的概念，除了辨认缺陷和问题，还包括对各种优点和特殊才能禀赋的识别。因此，诊断性评价的目的是设计出可以满足不同起点水平和不同学习风格的学生所需的教学方案，并分别将学生置于最有益的教学程序中。

(5)形成性评价。

这种评价是在某项教学活动的过程中，为使活动效果更好而不断进行的评价，它能及时了解阶段教学的结果和学生学习的进展情况、存在问题等，以便及时反馈，及时调整和改进教学工作。形成性评价进行得比较频繁，如一个章节或一个单元后的小测验。形成性评价一般又是绝对评价，即着重于判断前期工作的达标情况。

教学设计活动中进行的评价主要是形成性评价，如对新的教学方案的评价通常是在该方案的试行过程中进行的，目的是为修改该方案提供依据。对于提高教学质量来说，重视形成性评价比重视总结性评价更有实际意义。

(6)总结性评价。

这种评价又称事后评价，一般是在教学活动告一段落时为把握活动最终效果而进行的评价。如学期末或学年末各门学科的考核、考试等，目的是检验学生的学业是否达到了各科教学目标的要求。总结性评价注重的是教与学的结果，借以对被评价者所取得的较大成果作出全面鉴定、区分等级，并对整个教学方案的有效性作出评定。

(7)过程评价和成果评价。这两种评价通常是根据评价内容的焦点来区分的，过程评价主要关注用于达到目标的方法和手段如何，如完成某一教学目标，用录像教材好还是用程序化教材好。因此，过程评价往往是在教学过程或教学设计过程中进行的，它倾向于完成还需要修改的形成性评价的功能，但是也完成过程中对时间、费用、学生接受情况等方面的总结评价。成果评价，或称产品评价，主要关注计划实施后的结果或产品的使用情况，如某录像教材的教学效果或某教学设计方案的实施效果。它倾向于完成总结性评价的功能，也可提供形成性评价的信息。

3. 教学评价的原则

为了做好各种教学评价工作，必须根据教学的规律和特点，确立一些基本的要求，作为评价的指导思想和实施准则。具体来说，教学评价应贯彻以下几条原则。

（1）客观性原则。

这条原则是指在进行教学评价时，从测量的标准和方法，到评价者所持的态度，特别是最终的评价结果，都应符合客观实际，不能主观臆断或掺入个人情感。因为教学评价的目的在于给学生的学和教师的教以客观的价值判断，如果缺乏客观性就会完全失去意义，还会提供虚假信息，导致错误的教学决策。

贯彻客观性原则，首先应做到评价标准客观，不带随意性；其次应做到评价方法客观，不带偶然性；最后应做到评价态度客观，不带主观性。这就要求我们要以科学可靠的评价技术为工具，取得真实可靠的数据资料，以客观存在的事实为基础，实事求是、公正严肃地对教学活动进行评价。

（2）整体性原则。

这条原则是指在进行教学评价时，要对组成教学活动的各个方面进行多角度、全方位的评价，而不能以点代面、以偏概全。由于教学系统的复杂性和教学任务的多样化，教学质量往往从不同的侧面反映出来，表现为一个由多因素组成的综合体，因此，要真实地反映教学效果，必须从整体上对教学活动进行评价。

贯彻整体性原则，首先评价标准要全面，尽可能包括教学目标的各项内容；其次要把握主次，区分轻重，抓住主要矛盾，在决定教学质量的主导因素和环节上花大力气；最后要把定性评价和定量评价结合起来，使其相互参照，以求全面准确地判断评价客体的实际效果。

（3）指导性原则。

这条原则是指在进行教学评价时，不能仅仅就事论事，而应把评价和指导结合起来，不仅使被评价者了解自己的优缺点，而且为其以后的发展指明方向。也就是说，要对评价的结果进行认真分析，从不同角度查找因果关系，确认问题产生的原因，并通过信息反馈，使被评价者明确今后的努力方向。

贯彻指导性原则，首先必须在评价资料的基础上进行指导，不能缺乏根据地随意评论；其次要及时反馈，明确指导，切忌耽误时机和含糊其辞，使人无所适从；最后要具有启发性，留给被评价者思考和发挥的余地。

（4）科学性原则。

这条原则是指在进行教学评价时，不能光靠经验和直觉，而要有科学依据，只有科学合理的评价才能对教学发挥指导作用。科学性不仅要求评价目标的标准要科学化，而且要求评价的程序和方法要科学化。

贯彻科学性原则，首先要从教与学统一的角度出发，以教学目标体系为依据，确定合理统一的评价标准；其次要推广使用先进的测量手段和统计方法，对获得的各种数据和资料进行严谨的处理；最后要对评价工具进行认真编制、预测、修订和筛选，达到一定的指标后再付诸使用。

三　信息化教学设计

（一）信息化教学设计概述

所谓信息化教学，是与传统教学相对而言的现代教学的一种表现形态。这种教学形态，一方面以信息技术的支持为显著特征，另一方面以现代教育教学理念为指导。

所谓信息化教学设计，是指在综合把握现代教育教学理念的基础上，充分利用现代信息技术和信息资源，科学安排教与学过程的各个环节和要素，为学生提供良好的信息化学习条件，实现教学过程最优化的系统方法。其目的在于培养学生的信息素养、创新精神、实践能力和综合能力，从而增强其学习能力，提高学业成就，并使其最终成长为具有信息处理能力的、主动的终身学习者。

信息化教学设计以建构主义学习理论为指导，与传统学习方法、行为主义教学设计以及经典 CAI 设计有很大的不同。它具有自身的设计基本原则和评价标准。

1. 建构主义学习方法与传统学习方法的比较

乔纳森认为，建构主义学习方法与传统学习方法有很大的不同，如表 3－1 所示。

表 3－1　建构主义学习方法与传统学习方法的比较

比较项目	建构主义学习方法	传统学习方法
知识观	知识是在行为活动或经验中建构的、逐渐显现的、情景化的、分布式的	知识是传递的、外在于学习者的、客观的、稳定的、现成的、非情景化的
现实观	心智或思维活动的结果	外在于学习者的客观存在
意义观	反映个人的观点或对经验的理解	反映外部世界
符号观	建构现实的工具	用于描绘或表现世界
学习观	建构知识、解释世界、建构意义、劣构的、真实—经验的、阐释—反思的、重视过程的	传递知识、反映教师所知、良构的、抽象—符号化的、接受—保持—回忆的、重视结果的
教学观	反映多种观点、递进的、发散性或多样性的、由下至上的、归纳式的、模拟、指导、探究、以学习者为中心	简化知识、抽象原则、重视基础、从上至下的、推演式的、重视符号表征系统（规则或原理）的应用、讲授的、监护的、教师支配或控制的、个别化的、竞争性的

2. 建构主义教学设计与行为主义教学设计的比较

信息化教学设计是以建构主义为指导思想的，它在教学设计思想上与以行为主义教学设计有很大的不同，如表 3－2 所示。

表 3－2　建构主义教学设计与行为主义教学设计的比较

建构主义教学设计	行为主义教学设计
设计过程是递进的、非线性的，有时甚至是混沌的	设计过程是顺序的、客观的和线性的
概念在开始制订计划时还不清晰，随着开发工作的进行而渐趋详细。开发工作应该是合作性的，设计小组人员一起工作，产生一个共同的意愿	制订计划是自上而下的、有规则的，包括一个带行为目标的严格行动计划，并且按计划有组织地有序展开设计过程
懂得教学内容与情境的开发者是必需的，但不是一般的教学设计专家	教学设计专家对于设计工作来说至关重要
教学重点是在意义丰富的情境中发展理解	复杂任务被分解为子技能并被有序地教授给学生
所用教学手段是为了提出问题，并为学生提供获取解决这些问题所需知识的条件	教学重心在于传授由专家选定的事实与强化技能。计算机被用来扮演传统教师的角色：信息发送者、评价者、学习记录者
形成性评价比总结性评价重要，它能够提供有助于改进教学的反馈信息	总结性评价至关重要，它检验学习材料是否行之有效
主观性数据可能最有价值，因为许多重要目标无法仅用客观性数据来评估。许多时候，通过诸如电子作品、面谈、观察、口头征询等获得的信息会比定量数据更宝贵	客观性数据是教学过程各部分的要素，从确定起点行为到事后测试都需要它

3. 经典 CAI 设计与信息化教学设计的比较

在信息化教学设计中，涉及电子作品的制作，但它与经典 CAI 设计有很大的区别。虽然经典 CAI 中的主要教学模式从广义上讲属于信息化教学模式，但信息化教学设计更强调以学为中心，促进学生综合能力的发展。经典 CAI 设计与信息化教学设计的比较如见表3－3所示。

表 3－3　经典 CAI 设计与信息化教学设计的比较

比较项目	经典 CAI 设计	信息化教学设计
设计核心	教学内容设计，以课件开发为中心	教学过程设计，重视学习资源的利用
学习内容	单学科知识点	交叉学科专题
主要教学模式	讲授/辅导	探究/研究型学习
	模拟演示	资源型学习
	操练练习	合作型学习
教学周期	以课时为单位	以单元为单位（短则一星期，长则一学期或一学年）
教学评价	依据行为反应	依据电子作品集

4. 信息化教学设计的基本原则

信息化教学设计的基本原则可归纳为以下几点。

(1)以学为中心,注重学生学习能力的培养。教师作为学习的促进者,引导、监控和评价学生的学习进程。

(2)充分利用各种信息资源来支持“学”。

(3)以“任务驱动”和“问题解决”作为学习和研究的主线,在相关的有具体意义的情境中确定学习策略,传授技能。

(4)强调协作学习。这种协作学习不仅指学生之间、师生之间的协作,还包括教师之间的协作,如实施跨年级和跨学科的基于资源的学习等。

(5)强调针对学习过程和学习资源的评价。

5. 信息化教学设计的评价标准

评价一个信息化教学设计是否成功,可从以下几个方面着手。

(1)是否有利于提高学生的学习效果。

①学习目标是否明确,表述是否清楚。②所有的学习目标是否都符合相关的教学大纲要求。③教学设计中是否考虑到学生的个体差异,并明确说明如何调整标准以适合不同的学习者。④教学设计是否能激发学生的兴趣,符合学生的年龄特征,并有利于学生的学习及其高级思维能力和信息处理能力的培养。

(2)技术与教学的整合是否合理。

①技术的应用和学生的学习之间是否有明显的关联。②技术是否是教学计划成功的必不可少的一部分。③把计算机作为研究、发布信息和交流的工具是否有助于教学计划的实施。

(3)教学计划的实施是否简单易行。

①教学计划是否易于根据具体教学情况的差异进行修改,以便应用于不同的班级。②教师是否可以比较轻松地应用教学计划中所涉及的技术,并获得相应的软硬件支持。

(4)是否能够有效评价学生的学习。

①教学计划中是否包括一些评价工具,用于务实的评价和评估。②学生的学习目标和学习成果评估标准之间是否有明确的关系。

(二)信息化教学设计的基本模式

1. 背景与意义

信息化教学设计的基本模式是从 Intel 未来教育模式中总结出来的具有普遍指导意义的模式,也可以称为一般模式。这种模式融合了现代教学理念、系统设计方法和信息化评价手段,体现了信息化教学设计的基本原则,代表了信息化教学的发展方向,并且对不同学科的教学具有通适性和实践指导意义。

2. 设计步骤

信息化教学设计的基本模式是针对教学设计者而言的。在这个模式中,教学设计过程可以分为单元教学目标分析、教学任务与问题设计、信息资源查找与设计、教学过程设计、学生作品范例设计、评价量规设计、单元实施方案设计、评价与修改八个步骤，如表3－4所示。

表3－4　信息化教学设计基本模式的设计步骤

设计步骤	任务和目标
单元教学目标分析	确定学生通过单元学习应该达到的水平或获得的能力
教学任务与问题设计	根据单元教学目标，设计真实的任务和有针对性的问题
信息资源查找与设计	根据任务和问题以及学生的学习水平，确定提供资源的方式，可以要求学生自己按照学习目标查找资源，也可以提供现成的资源给学生。前者必须由教师设计好要求、目标；后者要求教师寻找、整合相关资源或提供资源列表
教学过程设计	梳理整个教学过程，使之有序化，一般情况下应写出文字化的信息化教案
学生作品范例设计	在教学过程中，如果要求学生以完成电子作品的方式进行学习，教师应事先提供电子作品的范例，使学生对将要完成的学习任务有一个感性认识
评价量规设计	运用结构化的评价工具——量规，评价信息化学习（特别是电子作品）。量规的设计应当具有科学性，以确保评价的可操作性和准确性
单元实施方案设计	具体实施方案的设计，内容包括实施时间表的安排、分组方法的选择、上机时间的分配、实施过程中可能用到的软硬件问题等
评价与修改	在教学设计过程中，评价与修改是随时进行的，伴随设计过程的始终

值得指出的是，这八个步骤不是僵化的，教学设计者可以按照实际的教学需求跳过某些步骤，合并一些步骤或重新排序。

3. 教学设计结果：信息化教学包件

基本模式的教学设计所产生的结果不是传统意义上的教案或课件，而是一个单元教学计划“包件”，其中包括以下内容。

（1）单元教学计划：具体地描述教学单元的主题、学习目标、学习活动（教学过程）、学习资源等，其中的学习活动和学习资源在很大程度上是由信息技术支持的，因此，这种教学计划可称为信息化教案。

（2）学生电子作品范例：给学生提供参考用的电子作品，可以从各种电子信息源中选取或由教师自行制作。

（3）学生作品评价量规：提供结构化的定量评价标准，从内容、技术、创意等方面详细规定评级指标。利用这种量规来评价学生的电子作品，可操作性强，准确性高，既可以让教师评，也可以让学生自评和互评。

（4）教学支持材料：为支持学生有效进行学习活动准备各类辅助性材料，如软件工具、资料光盘、在线参考资料、参考书目、教师用电子讲稿等。

（5）单元实施方案：包括教学活动的时间安排、学生分组的办法、上机时间的分配以及征求社会支持的措施等。

信息化教学包件一般在计算机上生成和保存，每个包件有一个专门的文件夹，非常便于检索和修改。

（三）网络课程及其设计

网络课程是指通过网络表现的某门学科的教学内容及实施的教学活动的总和，它包括两个组成部分，即按一定的教学目标、教学策略组织起来的教学内容和网络教学支撑环境。其中，网络教学支撑环境特指支持网络教学的软件工具、教学资源以及在网络教学平台上实施的教学活动。

网络课程设计是教师在网上进行教学前的准备工作，教师需要把课程编写成网页的形式并进行一系列的备课。在网络教学中，所有教学活动都是以学生为中心的，特别强调在学习过程中发挥学生的主动性、积极性，相应的课程与教学设计主要围绕教学内容、自主学习策略和学习环境三个方面进行。其中，教学设计有三个特点：①教学设计是教学的前提与条件；②整个教学设计的核心是通过各种学习策略激发学生主动建构知识的意义（诱发学习的内因）；③为学生主动建构创造必要的环境和条件（提供学习的外因）。由于网络教学与传统教学有很大区别，教师的地位发生了明显改变，教师由原来的知识传授者、灌输者转变成学生主动建构意义的帮助者、促进者，因此，课程设计也发生了很大变化。

网络课程设计的基本过程如图 3 – 6 所示。

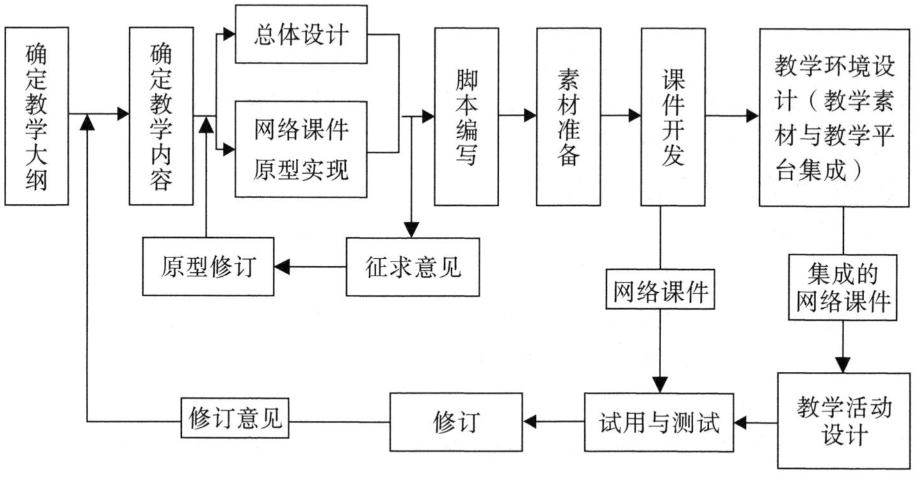

图 3 – 6 网络课程设计的流程图

在此，我们假设教师已经深入了解了教学对象的学习特点，而且所教课程已有成型的教学大纲和知识体系结构（否则论述将超出本文范围）。

设计网络课程时，要遵循如下原则：

①注重教学目标及教学内容分析；②设计教学活动时注意情境创设，强调情境在学习中的重要作用，并注意信息资源设计，强调利用各种信息资源来支持“学”（而非支持

“教”)；③强调以学生为中心，注重自主学习设计；④强调协作学习，注重协作学习的环境设计以及基于网络的教学策略设计。

网络课程的具体开发应满足如下基本要求：

①网络课程建设要充分体现远程教育的特点，能提高学生的学习兴趣与自觉性；②网络课程不仅要满足在互联网上运行的基本条件，还应具备安全、稳定、可靠、下载快等特点；③网络课程应有完整的文字与制作脚本(电子稿)；④网络课程文字说明中的有关名词、概念、符号、人名、定理、定律和重要知识点等都要与相关的背景资料相链接。⑤对课程中的重要部分，可适当采用图片、配音或动画来强化学习效果，但要避免与教学内容无关的、纯表现式的图片或动画。

下面对网络课程开发的关键环节作简要介绍。

1. 确定教学大纲

教学大纲是以纲要的形式规定学科的内容、体系和范围，并规定课程的教学目标和课程的实质性内容，是编写网络课程的直接依据，也是检查网络教学质量的直接尺度，对网络教学工作具有直接的指导意义，对学生了解整个课程知识体系也有很大帮助。教学大纲一般由以下几个部分构成：

(1)说明：简明扼要地介绍本学科的目的和任务、选材的主要依据及有关教学与学习的原则性建议。

(2)正文：按层次结构列出知识点条目，知识点的简要说明，知识点的教学要求、教学时数、教学活动及其所用时间的说明。

(3)实施要求：列出编写教材的参考书目，教学环境要求，教学仪器设备，辅助教学手段、说明等等。

教学大纲的编写应注意科学性、思想性、理论联系实际、基础性、系统性等原则。

如果开发的课程已有教学大纲，应尽可能选用现有大纲；如果没有，则要编写大纲，而且要经过学科专家审查。

2. 确定教学内容

根据教学大纲，编写教材、配套的练习册、实验手册，如果已有优秀教材，则尽可能选用。教材的内容应具有科学性、系统性和先进性，符合本门课程的内在逻辑体系和学生的认知规律，表达形式应符合国家的有关规范和标准。

教材、配套的练习册：教材是教学内容的文字描述，是教学内容选择结果的体现。选择教学内容时，要选择切合实际社会需求、反映本学科最新发展动态的教材。教材不是教学内容的简单堆砌，而是教学内容的有机组合，教材应能够把一门学科的基本概念、基本原理和基本技能要求提炼出来，形成一个具有逻辑性、系统性的知识系统，使之有利于学生对知识的理解与迁移。练习册是诊断与巩固教学内容的测验试题的集合，是教材的重要组成部分。

实验、实验环境与实验手册：对于一些含有技能培养目标的课程来说，实验是必不可少的。实验是教材中理论知识的实践认证和技能知识的具体体现。设计实验时，要注意实践性和可行性。实践性是指实验在理论指导下，通过具体的操作步骤能达到预期结果；可行性是指设计的实验要求的条件不能太高，要能够在实际教学过程中实施，在网络教学环境下，尤其要注意实验的可行性。实验手册是对实验的说明，一般包括实验目标、实验环境、预备知识、实验步骤、实验报告、思考与练习等。

3. 总体设计与网络课件原型实现

选择一个相对完整的教学单元，设计出一个教学单元的网络课件原型，通过原型设计、确定网络课件的总体风格、界面、导航风格、素材的规格以及脚本编写的内容。

总体设计是设计过程中最重要的一环，它是形成网络课件设计总体思路的过程，决定了后续开发的方方面面，网络课件设计过程所要遵循的所有原则，都要在这一阶段得到充分体现。原型实现后，应在一定范围内征求意见，尤其是征求最终用户（学生）的意见，并根据征求的意见进行修订，以达到最优化的目的，减少后续开发过程中修订的工作量。在进行总体设计时，应注意以下几个方面。

（1）内容组织。

课程内容采用模块化的组织方法，模块的划分应具有相对的独立性，多以知识点或教学单元为依据。课程内容的组织以有良好导航结构的 Web 页面为主，链接有特色的网络或单机运行的教学课件，课件以知识点教学单元为单位。课程内容应根据具体的知识要求采用文本、声音、图像、动画等多种表现形式，比如文字说明、背景资料支持、配音阐述、重点过程动画表现以及教师讲授录像播放相结合等。自测部分可根据具体的知识单元设置。

每一个教学单元的内容都有如下几个部分：学习目标、教学内容、练习题、测试题（每一章）、参考的教学资源、课时安排、学习进度和学习方法说明等。

在疑难、关键知识点上提供多种形式和多层次的学习内容。根据不同的学习层次设置不同的知识单元体系结构。

模块组织结构应具有开放性和可扩充性，课程结构应为动态层次结构，而且要建立起相关知识点之间的关联，确保用户在学习或教学过程中可根据需要跳转。

（2）内容表现。

在具体的开发过程中，注意描述性文字应精炼、准确。中文字体尽量用宋体和黑体，字号不宜太小和变化太多，背景颜色应与字体前景颜色协调，以便减少阅读疲劳。

在画质上，要求色彩分明、色调悦目，构图合理、美观，画面清晰、稳定，动画、影像播放流畅、具有真实感，图形图像有足够的清晰度。具体来说，即色彩的选择应清晰、明快、简洁，颜色搭配合理，主题与背景在色彩上要有鲜明的对比。网页色调要与内容相适应，背景颜色应与前景颜色协调，各页面之间不宜变化太大。构图是指画面的结构布局，构图的基本要求是设计好屏幕的空间关系，使画面新颖简洁、主体突出、具有艺术感染力，从而使教学内容形象地展示在学生面前。动画是课件的主要表现形式之一，动画的造型要合乎教学内容的要求，比喻和夸张要合理，动作应尽量逼真，另外，动画要尽可能接近事实。使用影像的目的是突出教学重点和难点，增加可信度。由于动态影像的信息量大，受网络带宽的限制，播放可能会出现停顿现象，这时应适当减小影像的播放窗口，尽可能采用流媒体技术。

在声音质量上，要求解说应准确无误、通俗生动、流畅清晰；音响效果逼真，配乐紧扣主题，有利于激发感情，增强记忆。在声音的处理上要考虑网络带宽的制约，并将其与影像结合起来寻求平衡。

在内容结构上，同一网页中不宜同时出现过多的动态区域。网页长度不宜太长，一般不要超过三屏，在 800 dpi ×600 dpi 屏幕分辨率下不应横向滚屏。每门课程的网页应保持统一的风格和操作界面。控制功能、操作方法要符合常规习惯。课程内容的设计应尽量加入交互方式，激发学生在学习过程中主动参与和积极思考。在疑难的知识点上充分发挥多媒体的功能，展现其内涵，使学生能够深刻体会，从而有利于培养学生获取知识的能力和创新能力。学生对课程中的有关图片、资料、动画可选择浏览或不浏览，对背景音乐以及配音也可选择开或关。网络课程中，每个知识点都应提供相关的参考文献资料链接，以拓展学生的知识面。

(3)内容导航。

因为网络课程信息量巨大，内部信息之间的关系可能异常复杂，所以除了要求在信息结构上要合理设计外，对信息的导航策略要求也十分高，如导航设计要清晰、明确、简单，符合学生认知心理。网络课程可以提供的导航方法有以下几种。

①列出课程结构说明。建立目录索引表，以表格的方式列出如下内容：教学单元、教学活动、学习时数、学习进度和学习方法。指明学生所处的知识层次和位置，让学生了解网络课程的信息结构，直接到达所需要的学习页面。

②网络课程网站的文件结构。网站的文件结构要根据章节、通用网页、组件和媒体类型等适当地建立相应的子目录，单个子目录中文件数目不宜太多，以方便维护。

③页面组织。网站的网页组织要反映课程的目录层次结构和网状结构。网页之间的联系要便于学生对知识结构的掌握。在网页中应有课程起始页、前一页、后一页、上一层、相关内容的超链接，应提供由关键词(基本概念)和目录树查找相关网页的快速跳转功能。对于描绘教学内容的重要媒体也要提供查询和直接显示功能。

④直接导航。对一些重要的导航点，如当前学习单元，当前学习目标，学习单元的结束、前进、后退等，在主界面的导航中心提供直接导航，只需用鼠标单击导航上的超链接，便可直接进入对应的界面之中。

⑤浏览历史记录。记录学生在超媒体知识空间所经历的历史路径，学生可随时快速跳转到以前浏览过的页面。利用线索记录学生的浏览路径，可让学生沿原路返回，也可预先设计浏览的路径，减少学生的探路时间。

⑥检索表单。提供对整个课程全文进行检索的功能，帮助学生迅速寻找所需要的学习内容。

⑦帮助。对一些学习过程中容易遇到的问题，用帮助页面的方式给出指导，提供解决问题的方法和途径。

⑧导航条。提供到顶级、上一级、下一级、同一级页面的导航。

⑨演示控制。用于对动画、影像、声音的控制，让学生根据自己的学习需求控制动画、影像或声音的播放进度。

⑩书签。记录学生标记的学习重点,便于学生对重点学习内容进行快速定位。它是Web浏览器必备的功能。

⑪框架结构。对结构比较复杂的课件设计可采用这种方法。主框架可以是学习区,副框架则可以是动态导游图,以显示当前的学习进度,并可以点击导游图直接到达某个进度。

导航策略用于网络课件,实际上是教学策略的体现。这是一种避免学生偏离教学目标,引导学生进行有效学习,提高学习效率的策略,是决定网络课件质量的关键因素,因此,需要精心设计。

4. 脚本编写

脚本是教学人员与技术开发人员沟通的桥梁,脚本编写要根据计算机的特点,在一定的学习理论的指导下,对每个教学单元的内容及其安排以及各单元之间的逻辑关系进行教学设计,并写出相应的设计文本。网络课件的脚本编写要充分考虑原型设计阶段所确定的内容表现、内容导航等的总体风格。脚本描述了学生将要在计算机上看到的细节。它在课程设计中占有非常重要的地位,是设计阶段的总结,又是开发和实施阶段的依据。从其内容来看,它是网络课程中教学内容和教学方法的载体,而不是课本或教案的简单复制。

(1)脚本编写的要求。

脚本不仅包含了将要在计算机上显示的大量教学信息,更重要的是如何通过计算机为学生构建一个良好的学习环境,以促进学生的学习。这就要求脚本提供的教学信息以及这些教学信息的展示和交互过程应能较好地体现一定的学习理论,应能充分发挥计算机的优势。因此,参加脚本编写的人员应包括学科专家、教学设计人员、教育软件设计专家、教育心理学专家以及计算机程序设计人员。

脚本编写应遵循如下基本原则:①明确教学目的和各教学单元的教学目标。②根据教学目标,使用的教学内容应准确无误。③根据教学目标和教学内容,选择适当的教学方法(CAI模式)和传递教学信息的媒体。④学习理论的应用。无论采用什么样的模式,都必须注意学习理论的应用,以提高软件的教学效果。⑤应考虑计算机的输出和显示能力。⑥使用的格式应该规范。脚本可以使用不同的格式,但必须规范,而且便于表达脚本的各项内容。这些内容包括:显示信息,指屏幕上将要显示的教学信息、反馈信息和操作信息;注释信息,说明显示信息呈现的时间、位置、条件以及连接要求;逻辑编号,显示信息常常是以屏幕为单位来表述的,为了说明它们之间的连接关系,每一个显示单位应有一个逻辑编号;媒体、交互信息和"热字"的表示,为了清楚地表示教学信息中使用的不同媒体(文字、声音、图形或图像等)、交互过程中呈现的各种信息以及教学信息中的"热字",脚本中常用不同的符号表示它们。

对于编写好的脚本,应组织编写人员和更多的教师对其进行审查,修改其错误,补充其不足,然后让未来的使用者对脚本进行"试运行",看是否能达到预期效果。这样得到的脚本作为编程或写作的蓝本,会明显地提高课件开发的速度和质量。

(2)脚本类型。

脚本包括文字脚本和制作脚本。文字脚本是按照教学过程的先后顺序,描述每一个环节的教学内容及其呈现方式的一种形式,其主要目的是规划教学软件中知识内容的组织结构,帮助教学软件开发者将所要传授的知识清晰化,并对软件的总体框架有一个明确的认识。文字脚本与文本教材有较大的区别,它除了要表达清楚知识内容之外,还需要对教学目标,学习目标,教学活动,采用的教学策略、表现方式、教学软件的总体结构等加以说明。

一般情况下,文字脚本包括以下内容:①使用对象与使用方式的说明:阐明教学软件的教学对象、功能、特点及其适用范围与使用方式。②教学内容与教学目标的描述:阐明教学软件的知识结构以及组成知识结构的知识单元和知识点,并详细介绍教学的目标和要求。③网络课件总体结构的确定:根据教学大纲和总体教学目标,确定网络课件的总体结构,划分课件的基本组成模块,并确定各模块之间的联结与导航关系。④知识单元教学结构的表述:它是文字脚本设计的主体,一般都由多个文字卡片组成,每个卡片一般都有序号、具体的教学内容、教学媒体的类型、教学模式、教学内容的呈现方式、教学方法、教学活动以及教学的组织结构等。

文字脚本可以说是对教学软件的总体构思的设计,它是学科教师按照教学过程的先后顺序,将知识内容的呈现方式描述出来的一种形式。但它只是一种概要设计,还不能作为多媒体教学软件制作的直接依据,因为教学软件的开发应考虑所呈现的各种信息内容的位置、大小、显示特点(如颜色、闪烁、下划线、黑白翻转、箭头指示、背景色、前景色等)、交互方式,以及信息处理过程中的各种编程方法和技巧,这需要编写制作脚本。

制作脚本包含学习者将要在计算机的屏幕上看到的细节,如用各种媒体展示的教学信息,计算机提出的问题,计算机对学习者各种回答(正确的或错误的)的反馈,在不同的情况下学生应进行的正确操作,等等。制作脚本一般采用卡片式格式,在卡片的卡体部分将这些信息的内容及显示的位置描述出来,同时用相应的符号表示这些信息的类型。在卡片的注释部分,详细地说明卡体中各种信息显示的逻辑关系:即先显示什么内容,后显示什么内容;后面的内容显示时,前面的内容是否保留;操作信息的作用;等等。

5. 素材准备

素材准备主要是根据脚本的要求,准备所需要的素材,包括文字、图片、声音、动画、视频、案例等。通过课件原型的设计和脚本的编写,可明确素材的规格、数量、种类和具体内容,便于进行批量制作,可大大降低开发的时间与成本。

素材准备工作包括素材采集和素材整理。

素材采集:通过扫描仪扫描图形,把准备好的音频和视频素材,通过声卡和视频采集卡,转换为计算机可识别的数据文件。

素材整理:制作好素材后,要根据《现代远程教育资源建设技术规范》对素材进行属性标注,纳入网络课程的素材库中,供学生和教师在学习和教学中参考。

6. 课件开发

课件开发即根据脚本提供的要求和建议,参考开发的课件原型,利用课件开发工具

(FrontPage、Dreamwaver、Flash、Shockwave、Mediatools、Visual J++等)集成课程内容,形成网络课件。

界面设计和制作。对屏幕上将要显示的信息的布局进行设计,包括主菜单、不同级别的操作按钮、教学信息的显示背景、翻页和清屏方式等。

编写文字材料。完成课件的制作以后,还要编写相应的文字材料,如课件的内容适合何种程度的学生使用,课件的使用环境,使用的机型,课件的使用方法,以及其他配套使用的文字材料,等等。

7. 教学环境设计

课程教学内容设计是实施网络教学的根本,但绝对不是网络课程设计的全部。网络学习,强调以学为中心,强调学生的自主学习,所以在网络课程设计过程中应注意设计大量帮助学生进行自主学习的资源,以促进学生的自主思维和学习参与度。在一个典型的网络教学系统中,促进学生自主学习的课程资源有讨论论题、问题及解答、课程教学资源、测验试题等。这些资源都应该在统一的网络教学环境下管理与使用。教学环境设计主要是指在统一的教学支持平台下进行的自主学习资源设计,而不是网络教学软件设计。教师只需关注如何在网络平台上设计具体的学习支持资源,而无需关注具体的程序设计,比如与网络课程学习直接相关的课程大纲、练习题、常见问题、讨论论题等,可直接在统一的网络教学平台界面中录入,或通过标准的TXT或RTF文件提供。自主学习资源设计是网络课程设计与传统基于教科书的课程设计的基本区别之一。

(1)设计讨论论题。

网络教学有异步交互的优良特性,通过网络可以有效地对某一个论题进行深入的讨论。我们每个人都有过课堂讨论的体验,但课堂讨论时间有限,参与的人较少,且讨论发言都比较简要。这种时间有限的讨论往往浮于表面层次,感性成分居多,很难进行非常理性的思考,难以深入。而基于Web的BBS(电子布告栏)系统以发表文章为基本的讨论交流形式,这种交流是不受时间限制的,参与讨论的人可以对所讨论的问题进行充分思考,通过不同观点和立场的碰撞与交流,可以相对全面深刻地理解一个复杂事物。通过文章来表达自己的思想,可以大大提高学生的逻辑思考能力以及驾驭文字表达自己思想的能力。异步讨论可以大大促进学生对某些复杂事物的认识以及自主思维的深度发展,但前提是被讨论的问题要有一定深度和广度,即问题要有相当的复杂性和歧义性,要能够诱发不同的观点以及不同层次的思维。这样讨论才能有效地展开,才会激发学生的兴趣,提高学生的参与度。这就要求教师在进行课程设计时要充分考虑教学内容的性质,深入理解课程的教学内容,提出一些有讨论空间的问题,教师还应对这些问题进行多方面、多角度的思考,准备一些讨论发言的文章,以便在讨论过程中引导讨论展开的方向,促进讨论展开的深度与广度。

(2)设计课程问题及解答。

网络学习没有教师面对面的解释和演绎,它要求学生必须进行自主学习,从听众变成索求者,主动进行深入思考。但在百思不得其解时,及时的答疑和帮助是必不可少的。教师对课程内容理解得较为深刻,知道初学者容易遇到哪些问题,学习过程中有哪些常见的疑问,所以教师在进行课程设计时,可将这些问题及其答案罗列出来,放在答疑系统中。这样,一方面,当学生遇到类似的问题时可以从答疑系统中获得解答,消除学习过程中的许多障碍,另一方面,可以减轻教师在教学过程中答疑的工作量,缩短学生获得解答的时间。

在设计课程问题及解答时应注重利用恰当的问题,引导学生的有意识的选择性注意。因为问题在吸引和保持学生的注意,使学生对重要信息保持高度警觉和提高学生心理上的参与度等方面非常有效。在学习新材料前有针对性地提出问题,让学生带着问题去学习,不仅有助于将其注意力吸引到重要的信息上,忽略无关的或不重要的信息,而且问题还能提供一种“推敲”的功能,通过“推敲”使信息的含义更为明了,从而促进学生对所学内容的记忆和理解,提高学习效率。此外,问题的类型影响学生对学习材料的注意,若问题涉及材料的基本结构,学生将注意材料的主要内容;若问题涉及材料的细节,学生则注意材料中的细节。鉴于问题在吸引和保持学生的注意方面的重要作用,在具体的设计中,应根据学习目标和学习内容的特点,精心设计问题的位置和类型。一般对于学习材料中的重点、难点内容,可通过前置问题的设计,激发学生的选择性注意。前置问题的设计可通过创设问题情境或提出与学习内容有关的一些问题来达到。另外,为了促使学生回忆已学过的学习材料,强化记忆,可进行后置问题的设计。

(3)设计在线交流话题。

在线交流类似于面对面的讨论方式,学生之间可以跨越空间限制进行实时交流。在线交流比较适合于激发新观念、新想法,教师可以进行实时答疑和辅导,也可以进行一些情感交流,所以教师在课程设计时应注意设计一些实时讨论的话题,引导学生参与讨论。问题设计应具有情感交流的情形,讨论话题应能启发新思路、新观点,具有一定的密集性,不能过于分散。

(4)设计课程教学资源。

教师设计的主体教学内容的信息容量是有限的,若没有丰富的相关教学资源支持,就不利于学生进行探索和发现,不利于促进学生多角度思考,不能满足众多学生的个性化需求。因此,网络课程设计应该是一种基于资源型的课程设计,它有两个并列的主体,一是课程的主体教学内容,二是丰富的课程教学(学习)资源。

网络课程教学资源的设计应遵循以下基本原则:①教学资源要与课程内容密切相关,避免与教学目标无关的资源分散学生的注意力与参与度。②要以良好的结构方式来组织教学资源,以便学生能快速定位自己所需的资源。③教学资源应有丰富的信息量,给学生提供足够的探索发现的空间。④教学资源应有丰富的表现形态。它应涵盖媒体素材(音频、视频、动画、文本、图形)、案例素材、文献资料、课件素材等多种形式,满足学生学习多样性的需求。⑤教学资源应具有多样性。不同资源应有不同的阐述角度以及不同的观点,在内容的深度上也应有不同的层次,满足不同认知层次的学生的需求。⑥教学资源应有比较合理的“颗粒度”,资源之间有相对的独立性,可重用性较强。⑦教学资源应有一定的涵盖面,课程的每一个教学知识点都应有一定数量的教学资源支持。

(5)设计测验试题。

无论是什么样的教学形式,测量与评价都是教学过程中的一个重要环节,是保证教学质量的重要手段之一。网络教学平台中的测评系统具有自动组卷、联机考试、自动(联机)阅卷、试题管理等一系列功能,可以对网络教学中的考试与作业提供全面的支持。测评系统的核心是一个网络题库,它按照经典测量理论对试题进行严密的组织存储。它要求教师在课程设计时要设计一定量的测验试题,并按照经典测量理论的方式对试题进行属性标记,最后纳入试题库中。

设计测验试题应遵循以下原则:所有学科的网络题库,都应遵循经典测量理论,严格按照经典测量理论的数学模型开发题库管理系统、组织试题;每一道试题都要按照经典测量理论来进行属性标记。

试题的组织:试题的组织必须以学科的知识点结构为依据。建设题库之前,必须首先确定学科的知识点结构;在按学科知识点结构组织试题时,还需注意学科知识点结构的区别。如语文、英语等学科,知识点之间逻辑性不强,每一个教学单元都包括很多的知识点;而物理、数学等学科则不同,知识点之间具有严密的逻辑性,而且一个知识点往往代表某章或某节的内容,不会被包含在其他章节之中。在组织试题时,尤其是在开发题库管理系统时,要充分考虑并适应这种学科知识点结构的区别。

试题的分布结构:试题数量要足够多,在各指标属性区间内均衡分布。核心属性有知识点、难度与认知分类,以这三个属性为核心,形成三维立体交叉网络,每个交叉结点上都有合理的试题量。在保证这个核心结构的基础上,还应注意试题在题型和区分度上的合理分布,要保持基本的均衡状态。

试题的质量要求:试题的内容要科学,不能有任何错误;无歧义性,表述简单明确;无关联性,试题之间不能相互提示,也不能相互矛盾;试题参数标注要尽可能符合客观实际;还要注意试题与课程的相关性,这主要是针对课程的难点和疑点。

在设计测验试题和作业试题时,常用的问题类型有是非题、选择题、填充题、配对题、简答题、论述题等。其中,有些问题类型侧重于考查材料的细节,如填充题、配对题等,有些侧重于考查材料的基本结构,如简答题、论述题等。以上这些问题类型较适合后置问题的设计。

8. 教学活动设计

教学活动设计是网络课程开发的核心内容,它是对即将实施的网络教学具体活动的规划和设计。通过教学活动设计,教师可清晰地知道如何利用已设计好的网络课件与网络教学环境。教学活动设计的基本出发点在于促进学生与教师之间、学生与学生之间的交流,促进学生积极地投入网络学习中来,充分发挥主观能动性,提高网络学习的参与度。自主学习活动对学生个性的发展、社会参与能力、协作意识与协作能力、知识学习与实践等均有重要的作用。从学生的全面发展和知识两个角度出发,网络教学活动能实现以下四种功能目标的统一:社会化与个性化的统一,知识化与实践化的统一。

社会化功能:社会化是“个人学习知识、技能和规范,取得社会生活的资格,发展自己社会性的过程”,如团结、服从。通过网络教学活动可促进个体的社会化,如网络规则和礼仪是培养社会性的有效手段。以虚拟社区形式出现的网站能体现出更高的社会性。

个性化功能：个性作为心理学上的概念，即个人稳定的心理特征（如性格、兴趣、爱好、品性等）的总和。网络教学活动为学生的个性发展提供了广阔的天地，它为学生个人提供获取知识和实践技能的新途径，使学生的学习富于独立性和创造性。

知识化功能：创建一个愉快的、充分交互的多媒体资源活动环境，提供各种网络支持工具，使学生能容易地将信息转换为有用的知识。通过 Web 获得课外"即时信息"，对于扩大学生知识面，增加信息量，跟上时代潮流，培养学生主动获取信息、处理信息的能力都是十分重要的。

实践化功能：实践性是课外活动的重要特性。学生能力的培养，重要的一条在于让学生独立观察、分析，在实践活动中锻炼提升。网络可建设虚拟的实验平台，为学生自我管理、自我教育提供实践机会。

在规划各种形式的网络教学活动时，应综合这些功能进行设计，并处理好这四者的关系，否则网络教学活动很可能出现偏差。例如，过分个性化可能发生学生沉溺于网络，以自我为中心的负面效应。所以对参与基于 Web 的教学活动的成员资格应有多重要求。

在一门完整的网络课程中，至少需要设计如下教学活动：实时讲座、实时答疑、分组讨论、布置作业、作业讲评、协作学习、探索式解决问题等。教学活动的安排根据课程内容来确定。

自主学习活动的核心是让学生真正参与到学习中来，它对复杂的课程内容的学习以及学生独立思考能力的发展非常有帮助。比如，在教学"建构主义"这个内容时，我们可以采用角色扮演的学习活动来促进学生对"建构主义"的认识，实施过程如下：

①首先收集国内论述"建构主义"的学术文章。通过搜集文献，学生可以知道国内论述"建构主义"较多的学者是何克抗（北京师范大学）、高文（华东师范大学）、张建伟（北京师范大学），他们三人论述的重点不一样，有差别，也有共同点，可以分为三种不同的学术观点。②将所有文献放在网上，限定一个时间段，要求学生阅读这些文章。③学生根据个人兴趣（对哪一个学者的学术观点更加欣赏）选择扮演的学者。④要求学生到网上学术演讲厅中以扮演的学者身份演讲辩论，在演讲过程中必须阐述所扮演学者的观点。⑤教师充当主持人维持演讲规则与秩序，并适当给予学生帮助与提示。

从上面的小案例中我们可以看到，若用普通的方法学习"建构主义"，学生看完几篇文章，做几个练习就结束了，大多数学生的认知心理加工都在表面层次。而在上面的学习过程中，学生看了文章内容后还需要进行深层次的心理加工，消化文章所表达的观点与思想，并用自己的语言去阐述。看完文章后再通过语言来表达与仅仅看看文章的心理加工显然不在一个层次。加深学生的自主思维是设计自主学习活动的精髓。

教师在进行网络课程设计时还需要注意的是，自主学习活动实施起来时间比较长，知识传递的效率没有课堂授课高，它主要针对学生的学习能力与基本素质的培养，因此，它在课程内容中只占一定比例，不能过多，否则，实施起来比较困难。另外，自主学习活动往往要求学生做深入的思考和广泛的调研，针对复杂的教学内容比较有效，而对于简单的教学内容采用传统式的方式可能更加有效。因此，教师进行课程内容设计时要充分考虑教学内容的特色。

9. 运行维护与评价

网络课程与传统课程不同，它是开放的，因为支持它的网络教学环境是动态的、开放的。在网络课程的运行过程中，会产生很多很有价值的教学资源，这些教学资源通过相应管理系统的管理，本身又可以纳入网络课程中并成为网络课程的重要组成部分。

另外，网络课程的设计不可能一步到位，需要在运行过程中，不断收集教师与学生的反馈意见及实际的教学数据，从而对网络课程的设计做进一步修订。

(四)研究性学习及其设计

研究性学习是指“学生在教师指导下，从自然、社会和生活中选择和确定专题进行研究，并在研究过程中主动地获取知识、应用知识、解决问题的学习活动”。

作为一种学习活动，研究性学习中的情境、任务、过程、资源、成果与评价六个主要构成要素必不可少。

情境：这个要素为问题解决提供可信的具体情境，其作用是导入学习情境，激发学生的学习兴趣。根据情境创设的依托点的不同，教师可以借助以下形式创设情境：①借助实物、模型、图像、标本以及实验、参观等创设教学情境；②借助演示、活动和动作创设教学情境；③借助语言创设教学情境；④借助新旧知识和观念的关系及矛盾创设教学情境；⑤借助“背景”创设教学情境；⑥借助问题创设情境。学生将在教师所创设的情境下开始研究性学习。

任务：教师需要明确围绕一个主题或基本问题派生出来的具体问题，为学生提供探究的线索。任务要素是研究性学习设计的关键环节。研究性学习中的各项任务并非随意确定，而是从课程的学习目标出发，引导学生自主选择。

过程：这个要素描述学生应遵循的活动步骤和相关建议，包括小组角色与任务分配、工作流程与进度控制等。有了过程的描述，学生可以按照确定好的任务，按照小组合作研究、个人独立研究或个人研究与集体讨论相结合等方式，利用合适的资源开展研究性学习。

资源：这是为便于学生解决问题而预备的条件要素，包括数字化资源和非数字化资源。

成果：这个要素告诉学生如何展示自己的研究成果，通常为电子作品形式，用作班级交流汇报，以供教师评估。

评价：评价一般用量规评估方法，不但要有助于评价学生的学习成果，还要有助于评价学生的学习过程与学习技巧。

具体实施时可按图 3－7 所示分阶段执行。

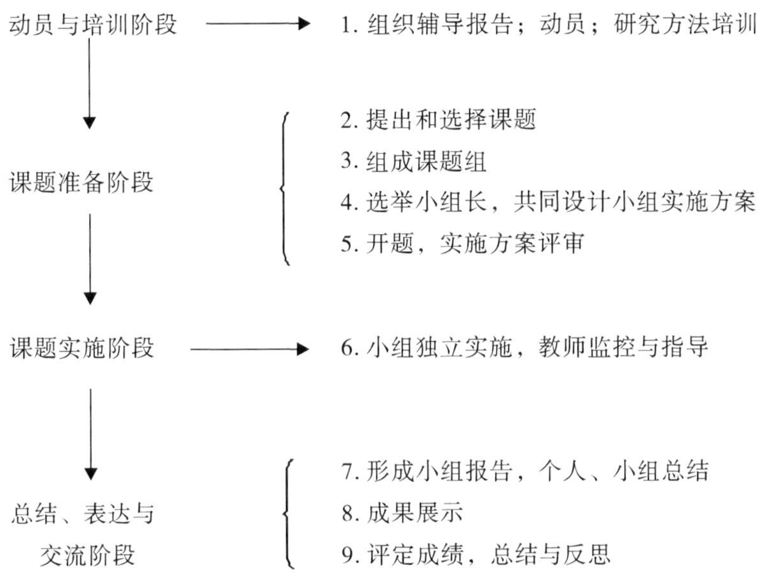

图 3－7　研究性学习分阶段实施图

下面对研究性学习设计的一些关键环节作进一步阐明。

1. 选题的五个原则

(1)进取性原则。选题要有正确的出发点,要从有利于今后学习出发,要不怕困难、有勇气、有进取心。

(2)科学性原则。选题要有事实根据或理论根据,课题必须符合科学原理和事物发展规律。

(3)需要性原则。选题必须满足社会发展的需要和今后教育科学自身发展的需要。

(4)创造性原则。选题要新颖、独特,有“奇和巧”的设想。有的课题虽然别人已经研究过,但只要方法创新,研究角度不同,也可以成为一个成功课题。

(5)可行性原则。选题要具备主客观条件,以保证课题顺利进行。

2. 选题的程序

(1)初选。初步选出课题是选择课题的第一步。初选的途径不一,可以是学校指定的课题,也可以是学生在学习实践中自己发现的新课题。

(2)初探。初步选定课题后就要对课题进行初步探索。通过查阅文献,了解此领域研究的历史、现状,写出综述报告;分析课题的价值、必要性;研究课题的主客观条件是否具备;等等。

(3)具体化。将研究课题分解为有待研究的较小的具体问题,将抽象的问题具体化。

(4)撰写选题报告。选题报告一般包括以下几个方面:提出课题,立题根据,理论假设,国内外研究概况、水平和发展趋势,掌握的资料,课题的性质、意义、新颖性、科学性 、先进性及应用前景。在此基础上提出研究的方案,总体时间的安排与进度,可能遇到的问题与解决的方法。

3. **选题的方法**

(1)从社会热点、学科热点问题中选题。

(2)从遇到的“反常”现象中提出课题。

(3)从学术观点的争论中提出新的课题。

(4)从学科分化、交叉学科中发现新的课题。

(5)从学习实践中提出课题。

4. **查阅文献资料**

查阅文献资料是研究性学习的重要环节,它伴随着研究性学习的全过程。选出课题后只有深入查阅资料,才能进行研究方案的设计。

(1)查阅文献的目的:了解课题研究领域的全貌;了解课题的内涵和外延;明确研究课题的依据;明确研究课题的理论建构。

(2)获得资料的途径:专访相关领域的专家、教师和工作人员;搜索网上资料;查阅书籍、报纸、杂志、学术报告等。

5. **确定具体的研究方法**

教育科学研究的具体方法很多,主要有三大类:收集资料类、定性分析类和定量分析类。

(1)收集资料类:观察法、实验法、临床法、行动研究法、调查访问法、问卷法等。

(2)定性分析类:经验总结法、历史法、文献法、比较法、逻辑分析法。

(3)定量分析类是指统计分析法。

6. **实施要求:**

按照已经拟定好的研究方案,对被试进行观察、施测,以收集研究课题所需要的事实材料或数据。严格执行指导语,严格遵守操作规程,严格记录。

7. **总结、表达和交流**

(1)整理资料。将研究主导方向的资料系统化,确保收集的资料具有可靠性,保证形成典型性资料。

(2)分析结果。结果分析有两种方法:定性分析法和定量分析法。

(3)写研究报告。对收集到的大量原始资料和数据进行整理,对结果进行定量、定性分析,透过现象揭示教育与人的发展的内在规律,最终将研究成果撰写成研究报告。

四 教学效果评价

对教学效果进行评价,可以了解教学各方面的情况,从而判断它的质量、成效和缺陷。全面客观的评价工作不仅能估计教学目标的实现程度,而且能解释学生成绩不良的原因,并找出主要原因。评价还能反映出教师的教学效果和学生的学习成绩,对教师和学生具有监督和强化作用。

(一)教学效果评价的基本方法

评价包括两个环节:一是对教师教学工作(教学设计、组织、实施等)进行评价,即教师教学评估;二是对学生学习效果进行评价,即考试与测验。评价的方法主要有量化评价和质性评价。

1. 对教师教学工作的评价

(1)课堂教学目标。具体的要求是:明确、有效、容易理解;与教学目标相关的学习材料准备充分;起始阶段就向学生清楚地阐明学习目标;教学目标适合不同学生的需要,有弹性;课程标准三个维度的目标与教学实际相整合。

(2)教师对内容的把握和理解。具体的要求是:对课程内容有一个全局上的把握,安排合理;教学材料适合课堂教学的实际需要;知识以相互关联并且生动的方式呈现给学生;内容是学生熟悉的、容易接受的;课程内容的组织与学生日常生活和经验相关联。

(3)教学方法与手段的运用。具体的要求是:能推动学生有效学习;教学具有连贯性,与先前教学和知识相联系;学生的观点和经验被充分重视;使用多样的活动方式和提问技巧;问题的说明和解释是清楚和具体的;注重学生参与,认真聆听并给予恰当的回复;采用必要的教学方法以适应不同层次学生的需要;采用灵活的设计激发学生的好奇心、热情、动机和注意力;不断强化、清晰化重要的知识内容、目标和关键点;教师的语音、语调、口气和态度适宜,个人的情绪状态积极;注意学生的差错,并帮助他们修正;恰当有效地使用现代化教学手段。

(4)师生互动及评价反馈。具体的要求是:一方面,对学生进行整体引导。经常鼓励和赞扬学生好的表现和做出的努力;对课堂全局和所有学生都有一个很好的把握;平等对待不同能力水平的学生;妥善处理学生心不在焉的行为。另一方面,对学生进行精细评价。能指导不同层次的学生在课堂中的表现;采用不同的反馈方法,使学生知道如何做出努力;对学生产生的错误进行重新组织和结构化处理,加强学习指导的针对性;通过问答不断对学生的理解进行判定,指引学生学习。

(5)学生的学习效果。具体的要求是:学生积极参与课堂教学活动,并保持注意力和兴趣,在课堂活动中做出负责任的努力和情感态度上的投入;学生知道要做什么、如何做和为什么做;学习结果和目标设定一致,学生获得一定发展;学生和教师及同学之间关系融洽、气氛民主、相互尊重、步调和谐。

(6)课堂时间和资源的有效整合。具体的要求是:学习过程安排紧凑有序,能有效组织资源、利用时间;作业能够和学习目标联系起来,并有助于强化和迁移;信息量适度,学生负担合理。

(7)在课堂教学中实现师生真正对话。具体的要求是:教师应面向课堂中不同层次的全体学生,平等地、富有成效地交换意见,而不是带有预设的陷阱或有意无意地忽略。对话不是停留在低水平的课堂问答上,而是进行适量的持续的激发高级思维的活动,帮助学生层层深入地加深对问题的理解,并学会修正自己的思维过程和知识结构。

(8)避免课堂教学反馈和评价的滥用和泛化。具体的要求是:课堂评价和反馈要有针对性,必须紧扣学生的学习需要和特定的教学情境,而非笼统的回应;课堂评价和反馈要有指向性,即教师对学生的赞扬、鼓励、强化、纠错、归纳和总结要能对学生特定的学习具有促进作用,要么让学生了解自己的学习状况,要么提示强化学习内容,或是帮助学生提高学习技巧,等等;课堂评价和反馈要有启发性,能对学生理解现有概念、重组现有知识结构、进行高级思维活动提供积极的帮助和指导。

2. 对学生学习效果的评价

通过期中测验、期末测验及平时的检测等对学生的学习效果进行评价。评价时采取以下两种方法。

(1)定量评价与定性评价相结合。定量评价是将评价目标细化为若干个指标(项目或因素),并加以数量化,用分数或数值来表示评价的结果。定性评价是指教师根据自己的认识和经验对学生的成绩做出非数量化的分析与评定,即从经验归纳出发对学生做出定性的评估。这种评价方法表达结果的方式是评语或结果评定(优、良、合格、不合格)。

(2)定量评价时集中趋势和差异程度相结合。用平均分判定团体成绩优劣,两班平均分都相同,则水平相当;两班平均分相差很大时,可直接根据平均分的大小粗略地认为平均分高者为优。

总之,教学评价本着关注教师和学生的成长为原则,力求激发师生的积极性,更好地提高学校的教学质量。

(二)教学效果评价的数据分析

1. 评价数据的处理

评价数据的处理通常包含以下两个步骤:

一是整理评价数据,即根据客观、准确、有效等原则,对采集到的数据进行认真检查、核实,并按照评价准则的要求,通过筛选、归类和建档等方式加以整理或加工处理。高效地整理信息是评价过程中一项具有全局性意义的工作,是评价过程的一个十分重要的环节,直接影响评价结果的分析与处理。

二是对信息进行赋值或描述,即以各次评价指标及其参照标准为客观尺度,根据整理后的数据,对评价对象达到各次评价标准的程度进行赋值或描述。

(1)定性分析。

①定性分析的定义、目的和特点。

定性分析是用语言描述形式以及哲学思辨、逻辑分析揭示被评价对象特征的信息分析、处理方法。其目的是把握事物质的规定性,形成对被评价对象的完整看法。它是分析和处理教育评价信息常用的方法之一。

定性分析具有五个特点,如表 3-5 所示。

表 3-5 定性分析的特点

层面	特点描述
关注点	定性分析关注事物发展过程及其相互关系
对象	定性分析的对象是质的描述性资料,主要包括访谈记录、观察记录和文献信息等
程序	定性分析无严格的分析程序,有较大的灵活性
方法	定性分析主要采用逻辑分析方法和哲学思辨方法
影响因素	定性分析容易受到主观因素的影响并且对背景具有敏感性

②定性分析的基本过程及适用范围。

定性分析的基本过程包含如下五个环节:

第一步,确定定性分析的目标以及分析材料的范围;

第二步,对资料进行初步的检验分析;

第三步,选择恰当的方法,确定分析的纬度;

第四步,对资料进行归类分析;

第五步,对定性分析结果的客观性、效度和信度进行评价。

在教育评价中,定性分析比较适用于下列五个情景:

第一,对发展过程的原因探讨;

第二,对被评价对象优缺点的详细描述;

第三,对典型个案的深入研究;

第四,对被评价对象内隐的观念、意识的分析;

第五,对文献档案信息的汇总和归纳。

(2)定量分析。

①定量分析的定义、目的和特点。

定量分析是指用数值形式以及数学、统计方法反映被评价对象特征的信息分析、处理方法。其目的是把握事物量的规定性,客观简洁地揭示被评价对象的重要的可测特征。

定量分析具有六个特点,如表 3-6 所示。

表 3-6 定量分析的特点

层面	特点描述
关注点	定量分析注重被评价对象的可测特征,对其进行精确而简洁的量化描述
对象	定量分析的对象是具有数量关系的资料,如问卷调查和测验的信息等。评定量表和观察量表中的一些项目经二次量化后,也可成为定量分析的对象
程序	定量分析具有严格而规范的分析程序和很强的顺序性,高级的分析一般都要以低级的分析为基础

续表

层面	特点描述
方法	定量分析采用数学和统计分析的方法，通过数学或逻辑运算，抽取并推导出对特定问题有价值的数据，并在此基础上下结论
影响因素	定量分析受分析者主观因素的影响相对较少，客观性强
工具	定量分析可借助计算机等现代化手段来完成，效率较高

②定量分析的基本步骤及适用范围。

定量分析包括如下六个基本步骤：

第一步，对数据资料进行统计分类，描述数据分布的形态和特征；

第二步，通过统计检验、解释和鉴别评价的结果；

第三步，估计总体参数，从样本推断总体的情况；

第四步，进行相关分析，了解各因素之间的联系；

第五步，进行因素分析和路径分析，揭示本质联系；

第六步，对定量分析的客观性、有效性和可靠性进行评价。

定量分析比较适用于下列四个情景：

第一，对群体的状态进行综述；

第二，评比和选拔；

第三，从样本推断总体；

第四，对可测特征进行精确而客观的描述。

(3)定性分析与定量分析相结合。

定性分析和定量分析这两种方法各有所长，两者是优势互补的。评价者绝不能根据自己的偏好，盲目地信奉、赞赏某一种方法，而排斥、贬低另一种方法。

在分析评价数据时，评价者应当根据评价信息的特性和其他因素选择最适当的方法。如果评价信息主要用于帮助被评价者改进工作，定性分析比定量分析更有价值；而当评价的主要目的是比较、评比时，定量分析更为适合。因此，评价者应当尽可能地综合使用两种方法，从质和量两个侧面把握被评价者的本质特性，在此基础上做出符合实际的综合判断。

此外，任何事物都是质和量的统一体，在实际运用中，定性和定量方法并不能截然分开。一方面，量的差异在一定程度上反映了质的不同，同时由于量的分析结果比较简洁、抽象，通常还要借助于定性的描述，说明其具体的含义。另一方面，定性分析又是定量分析的基础，因为定量分析的量必须是同质的——在数据分析前先要判断数据的同质性，在需要时，有些定性信息也可进行二次量化，作为定量信息来处理，以提高其精确性。例如，评价者根据需要可以将等级评语“好、较好、一般、较差”赋值为“4、3、2、1”等，以便进行量化处理。

2. 评价结果的呈现

评价者需要将评价的有关情况和结论形成书面报告，内容包括评价的名称和宗旨、评价的项目和结果、参评者的名单和职务、评价的时间等。评价报告以简明扼要为宜,具体资料,如各种数据、访谈记录、分析说明等可作为附件。

呈现评价结果可以采用不同的方式,如文字、表格、统计图表等。采用文字方式时,教师需要理解在什么样的情况下才适合运用此种方式,书写时需要注意哪些问题;采用表格方式时,教师应能对表格进行操作,理解表格运用的范围,分析出表格数据体现出的信息及其背后隐藏的信息等;采用统计图表方式时,教师需要学会生成统计图表,理解其适用范围,解读其体现出的信息。

(1)文字方式。

评语是教师对学生学习的一种最常用、最简单的评价方式,是让学生及时了解自我、改正错误、找出差距、努力进步、健康发展的重要途径,也是与学生沟通思想情感、推进学生积极思维、培养学生创新能力的有效方法之一。评语有课堂教学的口头评语和作业作文的书面评语。

教师使用评语等文本方式表述评价结果时的注意事项如表3-7所示:

表3-7 评语表述的注意事项

注意点	具体描述
要有导向性	教师的评语不仅要反映学生解题的正误,对学生进行恰当的学法指导,使学生形成正确的思维方法,而且要注意挖掘学生的智力因素。通过积极引导,激发学生的学习兴趣,拓宽学生的思路,培养学生自主创新的意识
要有激励性	教师的评语不仅判断正误、了解学生的认知水平,还要注意对学生非智力因素的评价。教师应当在评语中对学生进行鼓励
要有差异性	每个学生都有各自的性格特点、兴趣爱好、优缺点,评语不能千篇一律,要体现个性,切忌泛泛而谈。教师的评语要因人而异,因材施教,评语的表述在注意体现学生差异性的同时,还要注意把握学生的个性特点
要有准确性	教师准确而又得体的评语能极大地调动学生的学习积极性,营造一种生动、活泼、和谐的教学氛围
要有幽默性	评价时,风趣幽默、生动优美的语言是不可或缺的。幽默生动的语言与正面说教相比,没有耳提面命的强制性;与批评指责相比,避免了简单粗暴的弊端
要有思维性	教师在进行课堂评价时,要充分施展自身的创造才能,灵活运用教学机制,将预设性语言和随机性语言结合起来,根据学生的反馈信息、突发情况,临时调整预设的口语流程,快速反应,巧妙应对,独特创新地给出评语

(2)表格方式。

Excel 软件的一个突出特点是采用表格方式管理数据,从而使数据的处理和管理更直观、更方便、更易于理解。表格的处理操作,如增加行、删除列、合并单元格、表格转置等,只需简单地通过菜单或工具按钮即可完成。此外,Excel 软件还提供了数据和公式的自动填充、表格格式的自动套用、自动求和等计算、记忆式输入、选择列表、自动更正、拼写检查、审核、排序和筛选等众多功能,可以帮助用户快速高效地建立、编辑、编排和管理各种表格。

(3)统计图表方式。

在教学中,我们可以运用形象的统计图表来表达抽象的数据,以此来改善工作表的视觉效果,更直观、形象地表现出工作表中数字之间的关系和变化趋势。运用统计图表,能使定量分析更加准确、清晰,使教学评价更加接近实际教学情况,有助于查找影响教学质量的原因和确定教学管理的重点。

Excel 中的图表就是一种很好的图表表达和处理工具。图表的创建基于一个已经存在的数据工作表,所创建的图表可以与源数据表格同在一张工作表上,也可以单独放置在一张新的工作表(又称图表工作表)上,所以图表可以分为两种类型:一种是图表位于单独的工作图中,也就是与源数据不在同一个工作表上,这种图表称为图表工作表,即工作簿中只包含图表的工作表;另一种则是图表与源数据处于同一工作表上,作为该工作表的一个对象,称为嵌入式图表。

Excel 的常见图表类型及用途如表 3 - 8 所示。

表 3 - 8 Excel 常见图表类型及用途

图表类型	用途描述
柱形图	柱形图用于显示一段时间内的数据变化或显示各个项目之间的比较情况。其中,堆积柱形图用于比较分类数据的合计值,百分比堆积柱形图常用来比较分类数据之间的构成差异
条形图	与柱形图类似,条形图显示各个项目之间的比较情况。通常使用条形图的情况:①轴标签过长,②显示的数值是持续型的
折线图	折线图可以显示随时间(根据常用比例设置)而变化的连续数据,因此非常适用于显示在相等时间间隔下数据的变化趋势。它强调数据的变化率
XY 散点图	散点图通常用于显示数据分布、比较数值,例如科学数据、统计数据和工程数据。XY 散点图既可以用来比较几个数据系列中的数值,也可将两组数据分别作为 XY 坐标轴来绘制。实践中,可用于显示实验数据,并与标准线(另行绘制)进行对比
饼图	饼图显示一个数据系列中各项的大小与各项总和的比例。饼图中的数据点显示为整个饼图的百分比
圆环图	类似于饼图,也用来表示部分与整体的关系,但圆环图能表示多个数据系列,每一个环形表示一个数据系列
面积图	面积图用来比较多个数据系列在幅度上的连续变化情况,可以直观地看到部分与整体的关系。面积图强调的是数据的变化量

续表

图表类型	用途描述
雷达图	雷达图常用来综合比较几组数据系列。在雷达图中,每个分类都有自己的数据坐标轴,这些坐标轴从中心点向外呈辐射状,同一系列的数据都用折线相连。实践中,常用于力场分析或相关性分析
曲面图	曲面图常用来寻找两组数据之间的最佳组合,而且曲面图还可以用不同的颜色和图案来指示在同一取值范围内的区域
气泡图	气泡图是一种特殊的散点图,气泡大小可以用来表示数据组中第三变量的数值。实践中,常用于风险分析等场景
圆柱、圆锥和棱锥图	可以使三维柱形图和条形图产生良好的立体视觉效果。用法与柱形图类似

问题思考与讨论

1. 研究性学习如何设计?
2. 信息化教学设计与传统教学设计的区别有哪些?
3. 如何看待量化评价中对数据的分析处理结果?
4. 如何理解教学目标在教学设计中的作用?
5. 如何理解教学设计与学习理论之间的关系?

阅读指南

加涅,等. 教学设计原理[M]. 5 版. 王小明,等译. 上海:华东师范大学出版社,2007。

《教学设计原理(第五版)》是教学设计领域的经典著作。本版在秉承前四版的核心思想(即学习分类和教以学为基础)的同时,又体现了鲜明的时代特色。本版修订中的一个特色是反映了数字化时代的信息技术(主要是计算机和互联网)对教学设计的影响。另一个特色是从系统的角度提出了教学系统设计的若干模型,并重点介绍了 ADDIE 分析、设计、开发、实施、评价模型,更全面地刻画了教学设计的整个过程。此外,由于近年兴起的建构主义思潮对教学尤其是教学设计有重要影响,本版还就和建构主义者的哲学与实践相联系的问题做了分析。在学生行为表现的测量和教学系统的评价部分,本版也适当反映了这些领域的新发展,如真实性测量以及教学系统评价的若干具体类型和方法。

网络导航

第一课件网:http://www.1kejian.com/。

第一课件网收录了大量的中小学各科教学设计成果(教案),并可供下载。

主要参考文献

[1]马俊.现代教育技术与应用[M].合肥:中国科学技术大学出版社,2014.

[2]周坤亮.信息化教学设计研究综述[J].南京晓庄学院学报,2011(1):64－67.

[3]余胜泉,王耀武.网络课程的设计与开发[EB/OL].http://www.etc.edu.cn/articledigest9/net－lesson.htm.

[4]百度百科.研究性学习[EB/OL].http://baike.baidu.com/link? url=GbUK7BvmmaC-GoHTObKFQGrMcM4tBUuu4PNxIx6Y33f6wrYQy4xlkORkjfT0Ya4fDWoaTbnJlV-_7wRnfsOdwq.

[5]教学评价的数据处理与分析[EB/OL].http://www.docin.com/p-284574947.html.

[6]王寅龙,李前进,李志祥,等.信息化教学设计的过程、方法及评价要点探究[J].中国教育信息化,2011(6):15－17.

[7]乌美娜.教学设计——原理与应用[M].北京:高等教育出版社,2011.

[8]黎加厚.信息化课程设计——Moodle信息化学习环境的创设[M].上海:华东师范大学出版社,2007.

[9]盛群力.教学设计[M].北京:高等教育出版社,2005.

[10]乌美娜.教学设计[M].北京:高等教育出版社,1994.

[11]高洁,杨改学.二十年来我国教学设计研究的回顾与反思[J].现代教育技术,2008(3):14－18.

[12]曹贤中,何仁生,王锋,等.基于认知弹性理论的教学设计模式[J].电化教育研究,2008(1):80－84.

[13]蔡奇杰.教学设计模式的定性及其要素构成的层次关系[J].现代教育技术,2007(1):32－35.

第四章　多媒体课件的设计与开发

学习目标

了解多媒体学习理论;知道基于多媒体技术的教学设计原则;了解多媒体课件设计的基本过程;会编写多媒体课件脚本;掌握多媒体素材采集与处理的基本技巧;能够恰当地评价多媒体课件的优劣;理解多媒体技术在教学中应用的优势和不足。

一　多媒体学习理论

多媒体学习理论是多媒体课件设计的理论依据与指导原则。

在理查德·E·迈耶的《多媒体学习》一书中,“多媒体”(Multimedia)主要是指用视觉的文字与听觉的话语(统称为语词 Words)、静态或动态的画面(统称为画面 Picture)共同呈现材料。用语词,主要是指以打印文本或说话等言语形式(verbal form)呈现材料;用画面,主要是指用图像形式(Pictorial Form)呈现材料,静态图形包括插图、图标、照片和地图,动态画面包括图像或录像带。较广泛的定义认为多媒体是指用多种形式呈现材料,本书中倾向于把多媒体限于两种形式——语词和画面。

(一)多媒体学习理论的基本内容

教学信息是指旨在促进学习的信息。给学生呈现教学信息时,设计者主要可以采用两种方式——语词和画面。采用语词和画面的适当组合比只采用单一方式呈现更容易使学生理解。多媒体的出现大大扩展了人们用视觉模式呈现材料的途径,包括采用大量的静态图形和引人注目的动画片、录像等形式的动态画面。

多媒体学习理论认为多媒体学习过程涉及三个重要的认知机制,即双通道机制、容量有限机制和主动加工机制。双通道机制是指人类信息加工系统对词语和画面拥有两个独立的信息加工通道,分别是听觉通道和视觉通道。容量有限机制是指工作记忆中两个信息加工通道的容量都是有限的。主动加工机制是指学生对有意义的信息主动进行恰当的认知加工。这些认知加工包括选择文本、选择图像、组织文本、组织图像和整合五个步骤,如图 4-1 所示。

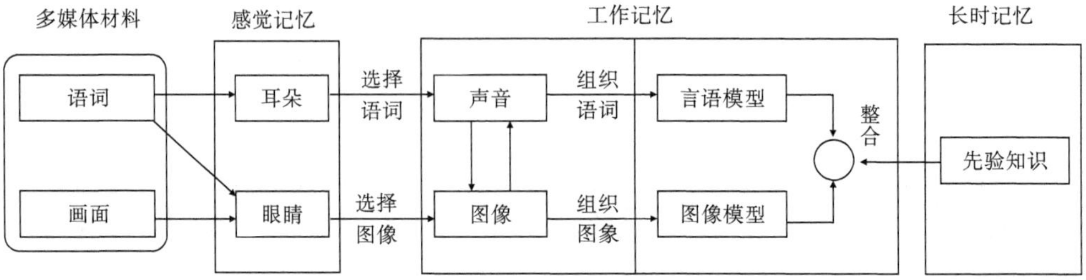

图4-1 多媒体学习的认知模型

选择文本:从呈现的文本或解说中选择相关的语词;

选择图像:从呈现的插图中选择相关的图像;

组织文本:将所选择的语词组织为一个连贯的言语表征;

组织图像:将所选择的图像组织为一个连贯的视觉表征;

整合:将视觉表征和言语表征同先前的知识整合起来。

多媒体学习中最关键的一个步骤是在基于语词的表征和基于图像的表征之间建立联系。

(二)多媒体学习设计的原则

1. 多媒体认知原则

多媒体认知原则是指学生学习语词和画面组成的呈现材料比学习只有语词的呈现材料效果好。该原则的理论基础是当语词和画面共同呈现时,学生有机会形成言语和图像的心理模型,并在两者之间建立联系。当只呈现语词时,学生虽能建立言语的心理模型,但难以建立图像的心理模型,也无法在两种模型之间建立联系。例如,学习带插图的文本或带动画的解说比只学习文本或解说的效果好。

2. 空间接近原则

空间接近原则是指书页或屏幕上的对应的语词与画面邻近呈现比隔开呈现能使学生学得更好。该原则的理论基础是:当书页或屏幕上对应的语词与画面彼此接近时,学生就不必使用认知资源在书页或屏幕上搜寻,并且更有可能将它们同时保持在短时记忆中;当书页或屏幕上语词与画面两者彼此远离时,学生就必须使用认知资源在书页或屏幕上搜寻,这样,学生就不太可能将两者同时纳入短时记忆。

3. 时间接近原则

时间接近原则是指对应的语词与画面同时呈现比继时呈现能使学生学得更好。该原则的理论基础是:当对应的解说和动画部分同时呈现时,学生更有可能在工作记忆中同时保持两种材料的心理表征,因此,更有可能在言语表征和视觉表征之间建立心理联系;当对应的解说和动画部分在时间上继时呈现时,学生不太可能在工作记忆中同时保持两种材料的心理表征,因此,不太可能在言语表征和视觉表征之间建立心理联系。当听到解说和看到对应的动画部分的时间间隔较短时,学生仍有可能在语词和画面之间建立心理联系。然而,如果在不同的时间听很长的一段解说和看到所有的动画时,学生就不太可能在语词和画面之间建立心理联系了。

4. 一致性原则

一致性原则是指当无关的材料被排除而不是被包括时,学生学得更好。一致性原则又可以分成三个相互补充的部分:①当在多媒体呈现中加入有趣但无关的语词和画面时,学生的学习效果会受影响;②当在多媒体呈现中加入有趣但无关的声音和音乐时,学生的学习效果会受影响;③当把多媒体呈现中不必要的语词删掉时,学生的学习将会得到促进。该原则的理论基础是:无关材料会争夺工作记忆中的认知资源,分散学生对重要材料的注意力;会干扰材料的组织加工,误导学生围绕不恰当的主题来组织材料。

5. 通道原则

通道原则是指学生学习由"动画+解说"组成的多媒体呈现材料比学习由"动画+屏幕文本"组成的多媒体呈现材料效果好。也就是说,在一个多媒体信息呈现中,语词用声音形式呈现比用打印文本形式呈现会使学生学得更好。该原则的理论基础是:当画面和语词材料都以视觉形式呈现(如动画或文本)时,听觉/言语通道闲置而视觉/图像通道则负荷过度。当语词以听觉形式呈现时,人们就可以在听觉/言语通道加工它们,而视觉/图像通道则可以只用来加工画面。

6. 冗余原则

冗余原则是指学生学习由"动画+解说"组成的呈现材料比学习由"动画+解说+屏幕文本"组成的呈现材料效果好。该原则的理论基础是:当画面和语词都以视觉形式(即"动画+文本")呈现时,视觉通道会超载。

7. 个体差异原则

个体差异原则是指设计效果对知识水平低的学生的作用要强于对知识水平高的学生的作用,对空间能力高的学生的作用要好于对空间能力低的学生的作用。该原则的理论基础是:知识水平高的学生能够利用他们先前的知识补偿呈现中引导的不足——如根据语词形成适当的心理表征——当呈现中缺乏引导性信息时,知识水平低的学生不太可能进行有效的认知加工。空间能力高的学生在心理上具有从有效的多媒体呈现中整合视觉和语言表征的认知能力;相比之下,空间能力低的学生必须耗费很多的认知容量才能将呈现的图像保持在记忆中,导致没有足够的认知容量进行视觉表征和言语表征的心理整合。

二　多媒体课件概述

(一)多媒体技术及特征

一般认为,多媒体技术是利用计算机对文本、图形、图像、视频、声音、动画等多种媒体信息进行交互式综合处理的技术,即通过计算机,用多媒体手段来存储、传播和处理信息的技术。多媒体技术涉及计算机硬件、软件以及图像处理、信号处理、人工智能、网络和通信等广泛的技术领域。多媒体技术的主要特征体现为集成性、交互性和多样性，其中交互性是多媒体技术与电视、电影等单向信息提供手段的主要区别。

采用多媒体技术辅助教学，能使学生的多种感官得到刺激，最大限度地汲取信息与知识。心理学研究表明，人们从听觉获得的信息能记忆大约15%，从视觉获得的信息能记忆大约25%，但如果同时使用这两种方式，就能够接受信息的65%。另外，美国的一项调查表明，采用多媒体教学方法后，教学效率比普通教学方法提高38%，教学时间也节省了31%。

（二）多媒体课件的基本概念

在多媒体教学中，用于执行教学任务的多媒体软件称为多媒体课件，简称课件。课件是开展计算机辅助教学的基础和必备条件。其中，超文本和超媒体是多媒体课件中的两个重要概念。

所谓的超文本就是一种按信息之间的关系非线性地存储、组织、管理和浏览信息的信息组织技术。超文本用超链接的方法，将各种不同空间的文字信息组织在一起形成网状文本，它的本质和基本特征就是在文档内部和文档之间建立关系，从而对文本进行非线性的组织。在信息结构中，除了文字链接以外，还可以对图像、视频、声音等多媒体信息进行链接（参见图4－2），从而出现了超媒体的概念。换言之，超文本＋多媒体＝超媒体。

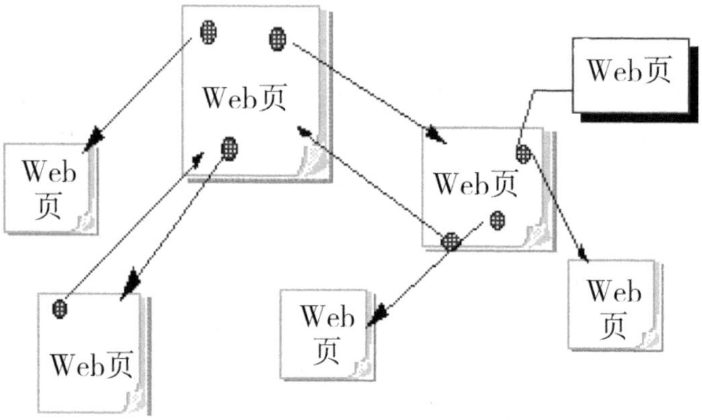

图4－2　超文本链接示意图

（三）多媒体课件的常见类型

教学模式是在一定的教育思想指导下建立的典型、稳定的教学程序或构型。依据多媒体课件在教学中的功能，我们把多媒体课件划分为以下六种类型。

1. 练习型

练习型课件（参见图4－3）是以消化和巩固知识点为目的的课件，通常由“问题（固定问题或随机生成问题）”“练习解答”“反馈评价”几个部分组成，有时还包括“提示”“错误分析”“正确答案”等辅助部分。

图 4－3　练习型课件

2. 指导型

指导型课件(参见图 4－4)以分析讲解为主,计算机扮演教师角色,利用程序教学法,将教学内容分解成一系列教学单元,向学生呈现某一单元的教学内容并进行讲解,然后向学生提问,检测学生掌握的情况,最后根据检测情况来决定下一步的教学策略。好的指导型课件应紧密围绕教学内容中的重点、难点、疑点展开教学活动。

图 4－4　指导型课件

3. 资料型

资料型课件又称咨询型课件(参见图 4－5),课件编制人员根据教学目标和教学要求,将相关的资料预置在课件中,学生可根据自身需要进行检索或咨询。因为这种检索或咨询是学生的主动行为,体现了较强的针对性,所以资料型课件普遍受到学生的欢迎。

图 4－5　资料型课件

4. **模拟型**

模拟型课件(参见图 4－6)的主要作用是将教学内容中抽象的概念具体化,静态的画面活动化,使学生能更形象、更生动、更轻松地进行学习。实践证明,模拟型课件在实际教学活动中深受广大师生的欢迎。

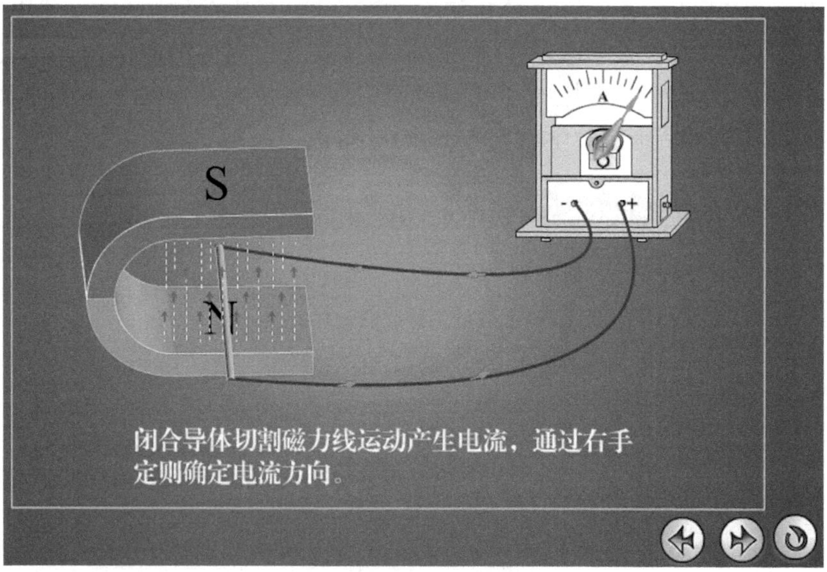

图 4－6　模拟型课件

5. **求解型**

求解型课件主要是运用计算机强大的计算功能,对教学中复杂的定量问题进行计算,并将结果引入教学过程,或对其进行理论阐述的软件。该类课件常用于数理学科及课程,也常用于各种实验数据的处理,发挥着其他类型课件无可替代的作用。

6. **游戏型**

游戏型课件(参见图 4－7)是指具有教学价值、寓教于乐的软件,主要适合于低年级学生和幼儿的教学活动。游戏型课件广泛涉及的心理现象和心理学原理,很值得课件编制者深入研究。应用游戏型课件进行教学活动时,教师必须注意引导,不能让它变为普通的游戏,而应通过引导、启发和归纳等方法,使学生关注教学内容,达到教学目标。

图 4－7　游戏型课件

除了前面介绍的常用类型,还有案例学习、智能授导、探究性学习等。需要指出的是,各种类型的划分只是相对的,在具体的教学活动中往往综合运用各种类型的课件。

三　多媒体课件的设计

(一)多媒体课件设计的一般过程

多媒体课件本质上是一种计算机应用软件,所以它的开发过程和方法与一般的计算机应用软件的开发有许多相同的地方。但是课件是面向教学的,所以其开发并不完全等同于一般的计算机应用软件的开发。其开发需要在学习理论和教学理论的指导下,对课件的教学内容、教学过程、系统结构、交互界面等进行设计,并在教学实践中反复使用,不断修改,使其符合教学需要,取得良好的教学效果。

一般来说,多媒体课件的开发步骤包括以下几个阶段(参见图 4－8):课件选题、教学设计、脚本撰写、素材的采集与制作、多媒体的编辑集成、测试与修改。下面就对课件设计与开发的各环节进行讨论。

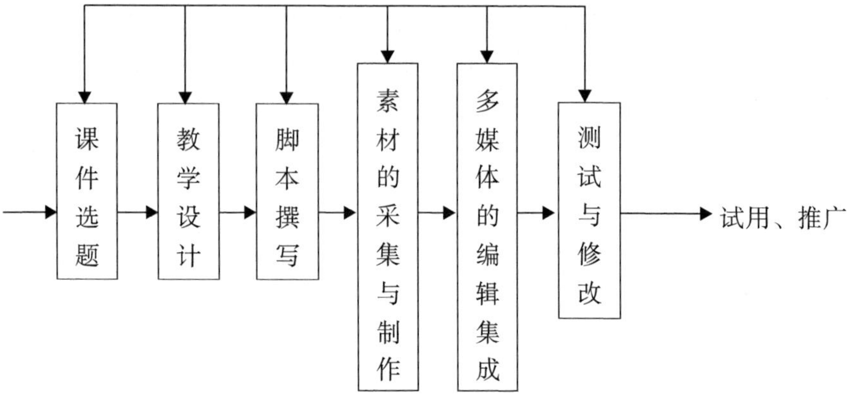

图4-8 多媒体课件的开发步骤

1. **课件选题**

通常选择那些既适合于多媒体技术表现的,又是教学活动急需解决的问题作为课件选题。选题应注意以下几个方面:

(1)教学要求。根据教学要求分析制作多媒体课件的必要性和可能性。要明确多媒体课件是对哪个学科的课程进行辅助教学,确定教学内容和教学范围,明确多媒体课件所要实现的目标。如所设计的多媒体课件是学习新概念还是巩固已经学过的知识、训练求解某种问题的能力等等。最终确定所制作的课件属于哪种类型,了解课件的大体结构、主要模块以及各个主要模块之间的相互联系。

(2)教学对象。明确所制作的课件适合于哪类学生使用,着重考虑以下几点:学生的文化程度、年龄特征、学习能力、计算机操作能力等。如针对小学生的课件,应考虑如何实施形象化教学,课件中应采用图形、动画和音乐等。而对初中生来说,他们的思维能力有了较大的发展,但这种抽象思维仍属经验型,还需要感性经验的直接支持,因此,课件要帮助学生由直觉思维向抽象思维过渡,引导学生学习抽象概念,学会运用语言符号去揭示事物的内在规律,逐步发展学生的逻辑思维能力。当然,形象化教学也不可缺少,可用来帮助学生理解抽象概念。

(3)课件运行环境。确定课件所需要的运行环境,包括计算机的硬件环境、软件环境和课件播放环境。既要考虑课件的开发环境,以便课件的开发能顺利完成,又要考虑教学系统中的教学用机环境,包括CPU的型号、内存的容量、硬盘容量、声卡、有无CD-ROM等。

(4)效益性原则。因为制作多媒体课件的时间周期比较长,需要任课教师和制作人员投入大量的时间,付出巨大的精力,所以制作课件一定要考虑效益性原则,用常规教学手段就能取得较好的效果时,就不必花费大量的人力、物力去开发多媒体课件。

2. **教学设计**

确定了课件的选题后,教学设计的任务就是对原始教材进行再创造,将原来静止的教学材料转变成一系列教学交互活动,也就是说,教学设计的主要任务是解决如何从教学法上保证课程教学目标的实现。教学设计是课件开发过程中最能体现教师教学经验和教师个性的部分,也是教学思想最直接和最具体的表现。

教学设计通常涉及以下几个方面的工作。

(1)任务分析(或称目标分析)。其基本思想是“分而治之”,即为了实现总的教学目标,将总任务分解成若干具体任务,以便一步一步展开教学。如把一个大的概念分解成若干小的具体概念,把一个复杂的技能分解成若干小的技能,把一个困难的问题分解成若干相对简单的问题,这些小的概念、技能、问题是学生凭现有的知识能理解、掌握和解决的。总而言之,任务分析就是把每课的教学内容分解成许多足够小的教学单元。通常使用的任务分析方法有概念谱系分析法和思想涌现法。概念谱系分析法采用“自顶向下”分析的方式,即将一个大概念分解成若干子概念,对子概念又进一步分解下去,直至达到基本概念或已学过的概念。思想涌现法首先尽可能多地列出与主题有关的基本概念(包括规则、原理、技能),然后按照它们之间的先决条件关系进行连接,由此产生一个“概念网络图”。多位课件制作者一起工作时,思想涌现法能使大家充分发表意见,集思广益。不论是那种任务分析方法,都是为了梳理教材的知识结构,形成课件的“内容框架”。

(2)选择课件模式。根据教学任务的内容特点选择适当的课件模式。一般来说,个别指导模式主要适用于呈现信息和引导学习两个阶段;操练和练习型模式适用于练习和评价阶段;教学游戏模式主要用于练习阶段;问题求解模式通常用于呈现信息、引导学习以及练习这三个阶段。一般可以在一个教学单元中同时采用多种教学模式,从而适应不同的教学需要。

(3)信息设计。在课件中,多数教学任务是在频繁的人机对话中实现的。所谓信息设计就是创作教学对话的内容,又称对话设计。信息设计通常涉及以下几类信息:介绍信息,向学生介绍有关教学内容,如概念、规则、原理以及事例,信息形式可以是文字、图形、动画、声音等。提问,在课件中提问能测试学生的理解程度,也能诱发学生参与学习的积极性,问题的提出应具有针对性、明确性和启发性,通常采用选择题、填充题、简答题等形式。预期的应答,指预先估计学生可能会做的几种应答,包括正确答案和错误答案。反馈和补习信息,反馈信息主要包括对学生应答的肯定或否定,可以适当地带一些勉励、赞扬及批评性的词语;补习信息是指当学生应答被判为不正确时向学生提供附加的学习材料,如举更浅显的例子,从另一个角度介绍相应的信息,等等。其他还有指定应答判别的匹配方法,规定预期外应答处理措施,设定允许重复答题的次数,等等。针对不同的课件模式,可以选择不同的信息设计内容。

(4)课件组织。课件组织是指将教材组织成便于学习的形式,常用的组织形式有直线式、菜单式、混合式三种。直线式是将一个课件中的全部教学任务或教学单元在保持前提关系的基础上排成线性序列。菜单式是将教学任务归类,编成若干个模块,然后将诸模块并行排列,学生可以像在菜单上点菜一样任意选择学习模块。菜单式适合于教学任务之间没有很强的前提条件关系的教材,有时也可能形成多级菜单,成为谱系式课件组织。混合式是综合直线式和菜单式的特点,形成并行排列和线性排列有机组合的学习形式。

(5)课件使用指导。为了方便操作和学习,要求在课件中提供使用的指导信息,以便学在使用过程中可以通过按某一个键随时获得帮助。

3. 脚本撰写

在完成了对课件的教学设计后,应编写出相应的脚本,作为制作课件的直接依据。规范的脚本对保证课件质量、提高课件开发效率将起到积极的作用。脚本设计是将课件的教学内容、教学策略进一步细化，具体到课件的每一屏的呈现信息、画面设计、交互方式以及学习过程的控制。脚本是教学目标的实现手段和方法，是在教学内容、教学策略、教学模式、媒体选择确定后的基础上进行的。课件的脚本设计后面将详细介绍。

4. 素材的采集与制作

多媒体课件的素材主要有文本、图形、图像、动画、音频和视频等媒体形式。由于计算机不能直接识别照片、录音带、录像带中的信息，为了将它们所包含的信息转换为计算机能够识别的课件的素材，则需要专门做一些工作。从现有的各种资料中获取信息，将其转换为多媒体编辑工具可以应用的素材的过程，称为多媒体素材的采集与制作。本章的第四节将对声音、图像、动画、视频等多媒体素材的主要特点、文件格式、一般的采集与制作过程等做简单的介绍。

5. 多媒体的编辑集成

多媒体素材采集、制作完成后，还要根据教学设计和课件脚本的要求，运用多媒体素材集成工具对多媒体素材进行编辑集成，最终形成一个完整的多媒体课件。多媒体素材集成工具也称多媒体创作软件，这是一种能够把文本、声音、图像、动画、视频等素材集成为一个交互式课件的工具软件。本章第五节对此有详细介绍。

6. 测试与修改

在基本完成课件编辑集成后，进行测试，通过试用或教学实践收集教师和学生的意见，从而对课件进行改进。本章要第五节对此有详细介绍。

（二）多媒体课件的脚本设计

多媒体课件的脚本是多媒体课件设计思想的文字表现形式，是课件制作的直接依据，其设计编写是多媒体课件开发过程的重要环节。设计编写课件脚本使设计人员与制作人员之间有了一个交流的方式，避免了他们在一起边做边改的方式，提高了多媒体课件制作的效率。脚本设计是多媒体课件设计中的一个重要环节，通过脚本编写，可以促使人们思考前一阶段忽略的环节，它是进行实际设计前的最后一个步骤，是进行设计的直接依据，脚本经过其他人讨论、修改后就可以进行实际制作了。当然，脚本设计不是系统设计结果的翻版，不是简单地决定各种信息的排列位置和显示方式。脚本设计是一项创造性的劳动，规范、有效的脚本，既能充分体现课件设计的思想要求，又能对课件的制作给予有力的支持。多媒体课件的脚本分为文字脚本和制作脚本两种。

1. 文字脚本

文字脚本是按照教学过程的顺序，描述每一环节的教学内容及其呈现方式的一种形式，通常包括脚本说明和一系列卡片式的文字脚本等内容。一般情况下，文字脚本的编写由有经验的学科教师来完成，有时对课件进行教学设计的过程就包含了文字脚本的编写过程。

脚本说明一般应在脚本卡片编号前完成，并在整个脚本设计编写中不断修正和完善。脚本说明主要是对课件设计、开发和使用中的策略项进行说明，为课件开发、使用提供指导性的原则和方法，其主要内容包括以下9个方面。

（1）课件设计登记卡。课件设计登记卡给出了课件设计的概括说明。卡中的内容包括课件名称、使用对象、学习形态（主要的教学模式）、学习参考时数、设计者姓名及专业、通信地址及电话。设计课件前，可以通过登记卡对即将开发的课件进行了解。

（2）开发的目的。课件开发的目的主要包括研究和教育两个方面。研究的目的可以从课件的开发方法、学习指导方法、概念形成、学习者特征等多方面进行描述。在给定研究目的时，还应给出如何根据学习记录及其分析结果对研究目的进行说明。教育的目的则表示课件对学习者的学习具有怎样的意义。

（3）目标及其分析。课件的教学目标即课件学习完成后，期待学习者达到的学习结果。脚本说明中应列出目标和目标分析的结果。

（4）课件的结构及其控制。课件的结构及其控制主要是指课件的层次结构及其控制流程，常用表或流程图来表示，其中流程图实际上就是学习流程。

（5）教学策略。教学策略包括两方面内容：一是教学内容及其安排的策略，二是教学流程及其控制的策略。教学策略是用于指导课件设计、脚本设计的原则和思想。教学策略的说明对于理解课件设计的结果、课件中的教学内容及其流程的设计、脚本的编写都是十分重要的。

（6）画面设计。脚本说明中应给出画面设计策略，包括画面排列的基本模式、提示方法、颜色使用方法等。

（7）课件在教学中的地位和作用。很多情况下，多媒体课件仅完成课程教学中某一部分、某一单元、某一章或某一节的教学。脚本说明中应给出课件在课程教学中的地位和作用，并进行适当的说明。由于多媒体是作为课程教学的一部分进行安排的，存在着如何与前后学习内容进行衔接的问题，对此应在脚本说明中予以适当的说明。

（8）使用本课件需要做哪些准备。为了有效地使用课件，应按教师、学生分类列出学习前的准备事项。如为了运行课件，教师是否需要准备一定的实验器材，是否需要结合其他媒体使用；学生是否需要携带指定的学习资料、参考书或文具、纸张，在专业知识方面应做哪些准备，等等。

（9）课件开发的参考资料。以上是一些基本事项，根据学习内容、使用要求和课件开发的需要，还可列出其他的若干事项。

以上各项工作，可用卡片的形式进行描述，并按照教学过程的先后顺序综合起来进行排序，形成一定的系统。这种卡片称为文字脚本卡片，一般包含序号、内容、媒体类型和呈现方式等内容，其基本格式如表4－1所示。

表4－1　文字脚本卡片的基本格式

序号	内容	媒体类型	呈现方式

（1）序号。序号是用来安排脚本卡片序列的。文字脚本卡片的序列是根据教学内容、教学策略以及教学过程的先后顺序来确定的。

（2）内容。内容即某个知识点或构成某个知识点的元素，或是与某个知识点相关的问题。一般以文字、图形、图像、动画、解说等方式呈现知识内容,以问题、答案和反馈信息作为练习与测试的内容。

(3)媒体类型。教师应根据教学内容和教学目标的需要,结合各种媒体信息的特点,合理地选择文本、图形、图像、动画、解说等媒体类型。

(4)呈现方式。呈现方式主要是指教学过程中各种媒体信息出现的先后顺序(如先呈现文字后呈现图像,或先呈现图像后呈现文字,或图像与文字同时呈现,等等)和每次调用的信息总数(如图形、文字、声音同时调用,或只调用图形,或只调用文字,等等)。课件的层次结构及其控制流程,常以表或流程图的形式加以呈现。

2. 制作脚本

编写脚本的主要目的之一是指导制作人员进行课件制作。而文字脚本主要是由学科教师按照教学过程的先后顺序,将知识内容和呈现方式描述出来的一种形式,它不能作为多媒体课件制作的直接依据。如同电视片的制作不是直接依据剧本,而是按分镜头脚本进行拍摄一样,还需要将文字脚本改写成多媒体课件制作脚本。

制作脚本为多媒体课件的编制提供直接依据,它告诉课件制作者如何去制作课件,并给出具体的制作要求,包括界面的元素和布局,画面的显示时间及切换方式,人机交互方式,色彩的配置,文字信息的呈现,音乐、音响效果与解说词的合成,动画和视频的要求以及各个知识点之间的链接关系,等等。

与文字脚本相对应,制作脚本也常采用卡片形式。对于制作脚本卡片的基本要求是:反映课件设计的结果、实现画面设计、支援课件开发。

图 4 -9 给出了一种制作脚本卡片的基本格式及简单示例。

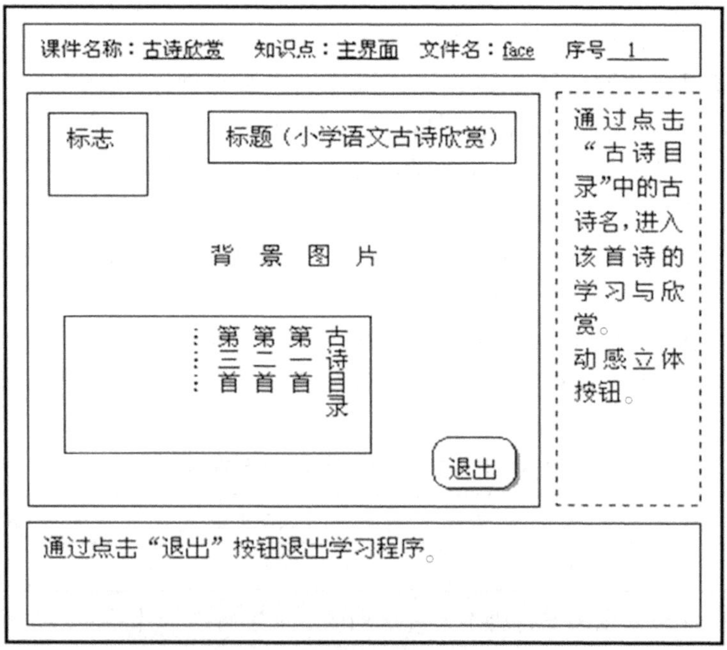

图 4 -9 制作脚本卡片实例

四　多媒体素材的采集与处理

俗话说得好："巧妇难为无米之炊。"要想制作高质量的课件，好的、丰富的素材是必不可少的。多媒体素材的准备是课件制作的前期工作，直接影响课件的质量。当然，很多时候还需要对素材进行编辑和处理，使之更好地配合课件。本节主要介绍一些常用多媒体素材的类型以及相关的编辑软件，以帮助大家制作出精美、实用的课件素材。

（一）文本素材的采集与处理

在多媒体课件中，大量的教育教学信息是用文字、字符及特殊符号来表现的，如各种科学原理、概念、计算公式、命题、说明等课程内容。这类教育教学信息在多媒体计算机系统中均被处理为数字格式的字符数据，称为"文本"。多媒体课件中文本素材的采集与制作包括文本的输入、艺术加工及编辑等环节。

1. 文本文件的格式

目前，多媒体课件的编辑合成工具多以 Windows 为系统平台，Windows 系统下的文本文件格式较多，如纯文本文件格式（*.txt）、写字板文件格式（*.wri）、Word 文件格式（*.doc）、Rich Text Format 文件格式（*.rtf）等。

2. 文本素材制作的实例

在设计与开发多媒体课件时，文本的制作通常有以下几种方法。

（1）利用通用文字处理软件制作，如文字处理软件记事本及 Word 应用程序等。在这些软件中将多媒体课件所需表现的文字内容输入计算机，存储为纯文本文件，其格式为.txt，此种文件格式在大多数的多媒体课件开发工具中均可直接调用和编辑。

（2）利用多媒体开发工具直接制作。一般的多媒体开发工具均有文字制作工具，利用这些工具可直接制作文本。这些制作工具可以进行文字的样式（Style）、大小（Size）、对齐方式（Align）及字体（Font）等多种属性的设置调整。在多媒体课件中字的大小可根据需要进行选择，一般情况下，中文文字不能小于"小四"号或 12 磅，成段文字的行距不应小于 1.5 倍。另外，字幕的色彩要与背景形成对比。实践证明，在深色和中度色背景上用白色或黄色等浅色调的字，在浅色背景上用黑色或蓝色等深色调的字，可以突出字幕的内容，吸引学生的注意力。在选用特殊字体时，要考虑通用性，若其他多媒体计算机没有同样的字库，则调用该多媒体课件时，文字就不能显示或显示为乱码。

（3）利用图像处理软件制作。如在 Photoshop 中输入文字，存储成图像文件，然后在多媒体开发工具中用插入图片的方法调用。用此种方法制作的文字比较美观，但修改麻烦，在制作时，要预先设计好文本区的形状与大小。

（4）其他方法：扫描识别，将文字材料扫描成图片后，经专门的文字识别系统识别后转换为文本文件（以印刷或打印的较为清晰的大段文字为宜）；笔式输入，可以用"汉笔王"软件输入;语音输入,通过专门的语音识别软件将话筒声音转换为文字;从网上、资料光盘上复制文本。

上面简单介绍了文本素材的制作方法,下面举例说明多媒体课件中艺术字的制作。艺术字的制作有多种方法,也有专门的制作软件,比如 CorelDRAW、Photoshop 等。这里主要以 Word 软件为例,介绍文本艺术字的制作方法。

(1)打开 Word 文件,进入 Word 的文档编辑工作状态;

(2)将鼠标的光标移到工具栏上,调出 Word 中的“视图—工具栏”选项,选择其中的“绘图”选项;

(3)执行绘图工具栏上“插入艺术字”命令打开艺术字库(如图 4 - 10 所示),选择所需样式;然后在打开的文本框中输入文字“ × × ”,设置字体、字号等,即可生成艺术字了。

图 4 - 10 艺术字库

(二)图像素材的采集与处理

图像在课件中的作用十分重要。课件中所使用的图像可直接用于教学,如实验装置图、原理图、地图等,也可作为课件背景及课件中的点缀,用于美化课件。

在多媒体课件的制作过程中,图像素材的采集往往需要花费大量的时间和精力,然后还要对它们进行编辑,以符合需要。下面简要介绍图像素材常见的文件格式以及制作实例。

1. 常见的图像文件格式

(1)位图文件——BMP 格式。

BMP 格式是标准的微软 Windows 软件中图形和图像的基本位图格式,是一种与设备无关的图像文件格式。该格式与 DIB(Device Independent Bitmap)格式等价,支持黑白图像、16 色和 256 色伪彩色图像及 RGB 真彩色图像,色彩丰富,是多媒体课件中使用较为广泛的图像文件格式之一。其不足之处是数据量大,需要的存储空间大。如一张 5 英寸的照片,以 300 dpi(dot per inch,每英寸的像素点)分辨率的 24 位真彩色扫描图存储,需占据 4 MB 存储空间。

(2)压缩的位图文件——JPG 格式。

JPG 格式是所有压缩格式中最卓越的,使用有损压缩方案,支持灰度图像、RGB 真彩色图像和 CMYK 真彩色图像。该文件占据的存储空间少,压缩比可调。如一张 5 英寸的照片,以 300 dpi 分辨率的 JPG 格式存储,占据 100 KB ~ 1 000 KB 的存储空间(视压缩率不同而不同)。它是多媒体课件制作中最常用的图像文件格式,特别是在网络式课件中使用更加广泛。

(3)图像交换格式文件——GIF 格式。

GIF 格式是互联网上的重要文件格式之一。该格式支持黑白图像、16 色和 256 色伪彩色图像,主要用于在不同的图像处理平台上进行图像交流和传输。由于它同时支持静态和动态两种形式,使用压缩方法,压缩比高,文件长度较小,在网络式多媒体课件中受到普遍欢迎。其不足之处是不支持真彩色图像。

(4)标记图像格式文件——TIF 格式。

TIF 格式最早是为扫描仪图像设计的,属工业标准格式,支持所有图像类型。文件分成压缩和非压缩两大类。非压缩的文件是独立于软硬件的,具有良好的兼容性,又可选择压缩存储,在处理真彩色图像时直接存储三原色的浓度值而不使用彩色映射,广泛应用于扫描仪和文字识别中。

其他图像文件格式还有 PCD(Photo CD)格式、EPS(Encapsulated PostScript)格式、WMF(Windows Metafile)格式、PSD(Photoshop)格式等。

2. 图像素材获取与制作的方法

图像素材的获取与制作通常有以下几种方法。

(1)利用数码相机采集图像素材。

工作原理:数码相机使用 CCD(Charge Coupled Dvice,电荷耦合元件)阵列将电压信号送到 A/D 转换器中,这些信号经过转换变成图像的像素值。图像被存到内部的存储介质(闪速存储器最典型,它上面的信息在断电后能保持几个月,甚至几年)中,图像数据通过串行口、SCSI 口或 USB 接口从照相机传送到多媒体计算机。

数码相机最重要的指标就是像素值,用于课件制作的数码相机应选择百万像素的类型,最好是选用有 USB 接口的,它支持热插拔(计算机运行时可进行硬件连接),连接和驱动都比较方便。

(2)捕捉屏幕图像。

在 Windows 环境下获取图像的最简单方法是：当屏幕出现需要的图像时，按键盘上的“Print Screen”键，屏幕图像即可拷贝到剪贴板中，然后打开图像处理软件，如“附件”中的“画图”，选择“粘贴”，即可得到屏幕图像，图像分辨率大小与屏幕区域设置相同。如果利用专门的抓图软件，则可以获得更加灵活的屏幕捕捉效果，如 SnagIt(参见图 4－11)、Super Capture(超级屏捕)等。

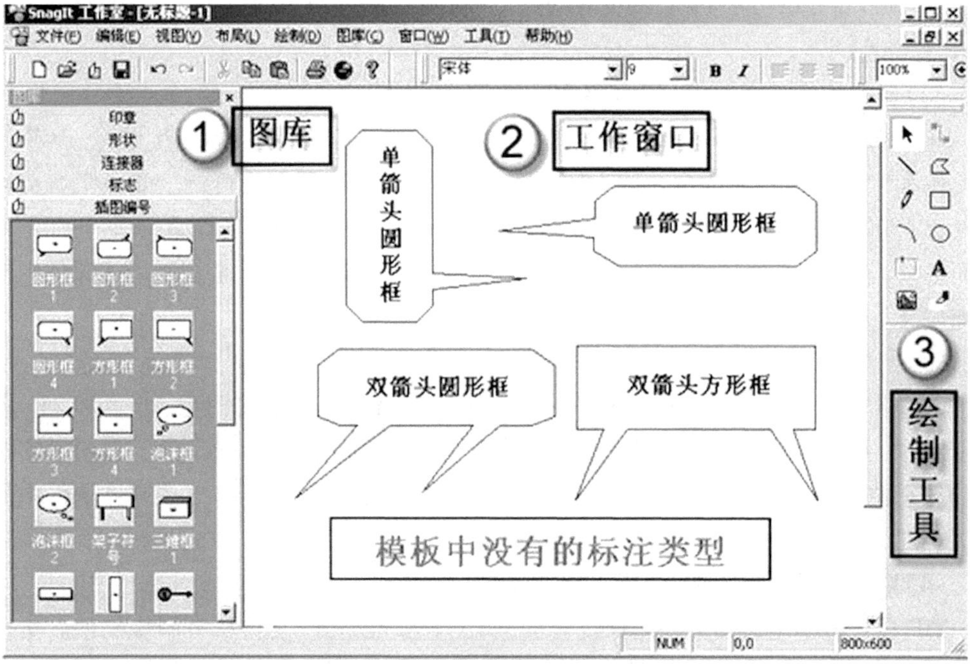

图 4－11　SnagIt 工作窗口

(3)图像素材获取与制作的其他方式。

还可以利用扫描仪输入、网上下载、购置图库光盘、利用视频摄像截取、利用图像编辑软件等获取或制作图像素材。

(4)图像素材编辑实例。

获得图像以后，通常还需要对图像进行编辑或加工。图像编辑工具很多，从 Windows 自带的简易“画图”软件到功能强大的 Photoshop 软件都可以使用。下面介绍一个利用 Photoshop 软件制作水晶按钮的实例。

①打开 Photoshop 软件，新建文件，宽、高都为 5，单位是厘米，分辨率为 200 dpi，模式为 RGB 颜色，背景为白色(见图 4－12)。

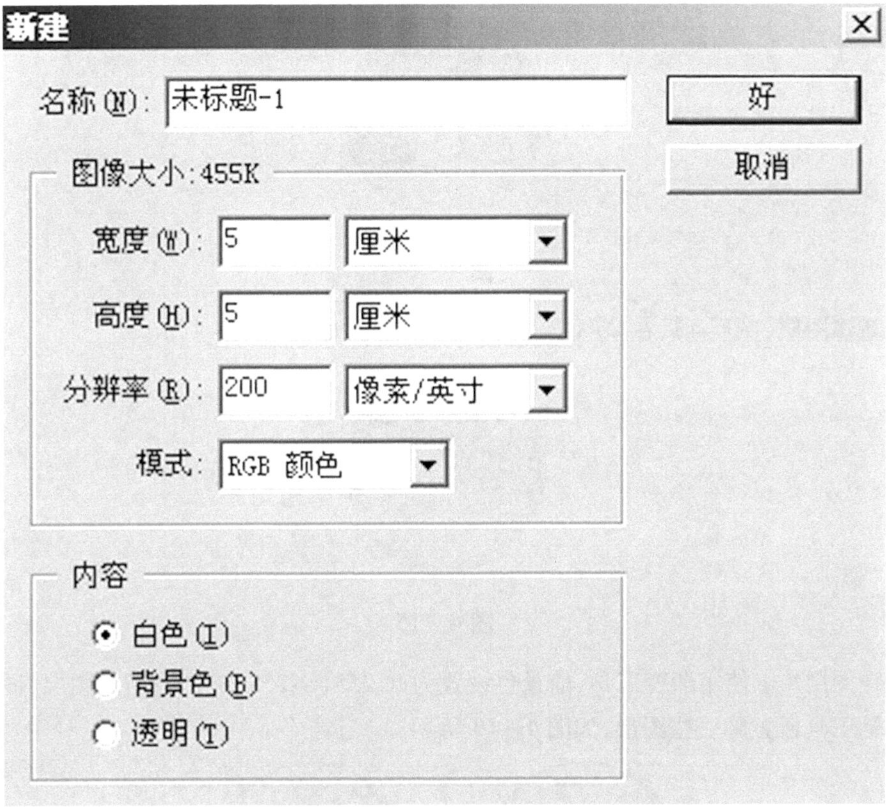

图 4－12　新建文件窗口

②用图形选框工具画出圆形选框，在选区内点鼠标右键，选"通过拷贝的图层"项（图层 1）。

③新建图层（图层 2），使用渐变工具，设置成"前景色到透明渐变"，前景色设置为 R：255，G：0，B：0，拉出如图 4－13 所示的渐变图形。

图 4－13

④新建图层（图层 3），在新图层上用喷笔画出阴影（也可填充颜色，然后用椭圆选取羽化后删除，但是那样效果没有喷笔来得自然好看），如图 4－14 所示。

图 4 - 14

⑤新建图层(图层 4),在新图层上画出椭圆选区,如图 4 - 15 所示。

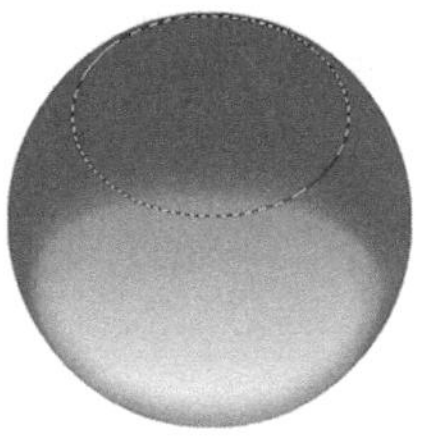

图 4 - 15

⑥在图层 4 上使用渐变工具,前景色设置为 R:255,G:255,B:255;新建图层(图层 5),使用钢笔工具任意画一些图形,如图 4 - 16 所示。

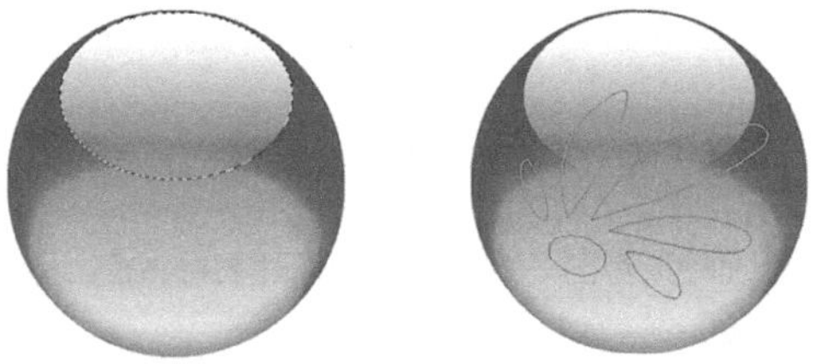

图 4 - 16

⑦在路径工作区中选择“将路径作为选区载入”,将钢笔路径转换成选区,如图 4 - 17 所示。

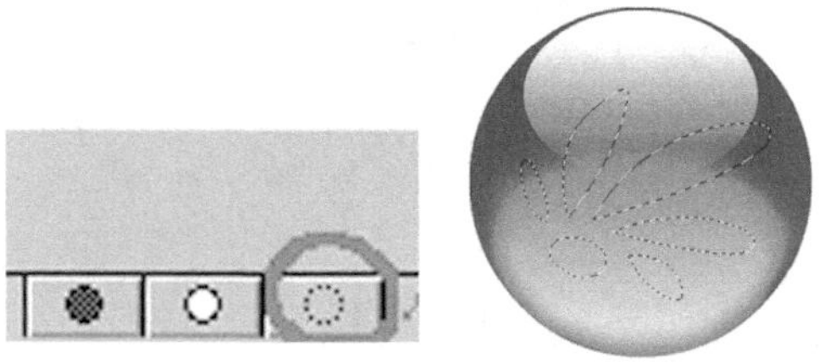

图 4 - 17

⑧填充前景色,并将图层 5 拉至图层 4 之下,如图 4 - 18 所示。

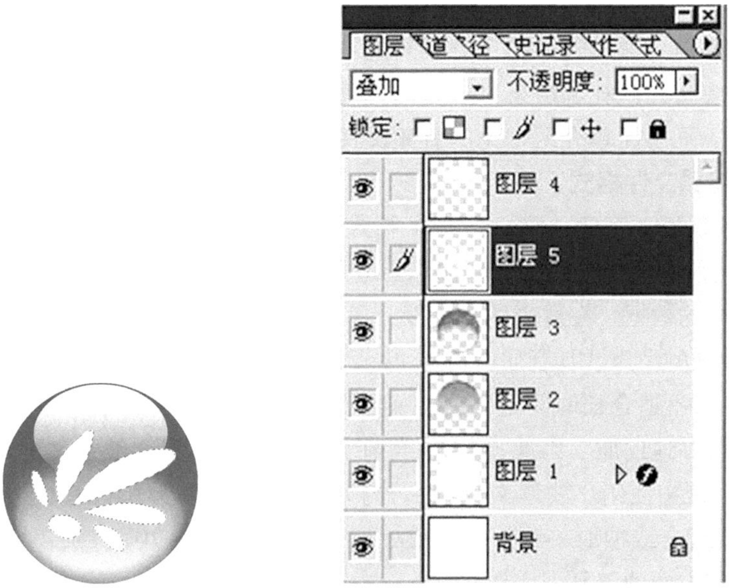

图 4－18

⑨图层属性设置为“叠加”。把工作区换到图层 1(通过拷贝的白色圆形),双击图层,跳出图层样式框,参数设置如图 4－19 所示。至此,水晶按钮制作完毕。

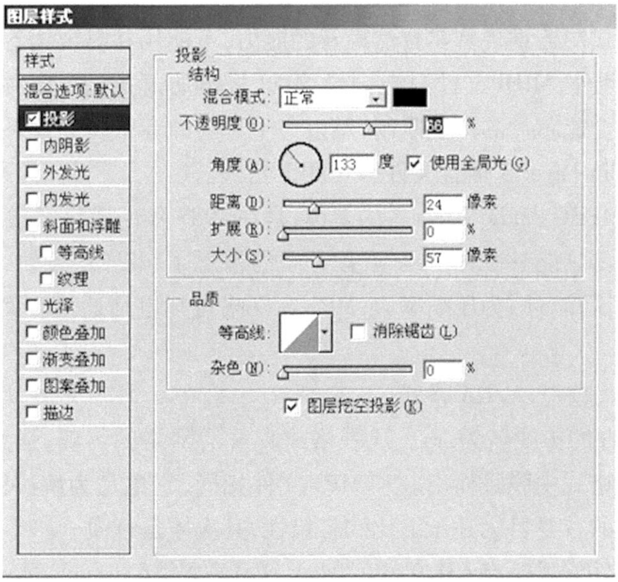

图 4－19　图层样式框

(三)音频素材的采集与处理

多媒体课件中使用的声音主要有三种:背景音乐、音效和配音。其中,背景音乐是指用来烘托气氛的歌曲或乐曲;音效是指为按钮或交互响应等设计的声音效果;配音主要是指朗诵或旁白。通常这三种声音相互配合,能产生富有立体感的听觉效果,使画面内容或主题思想得到烘托和渲染。声音的合理使用,有助于创建良好的教学情境,增加课件的趣味性。下面简单介绍常见的音频文件格式及其制作实例。

1. 常见的音频文件格式

(1)标准 Windows 声音文件——WAV 格式。

Windows 所使用的标准数字音频被称为波形文件,文件的扩展名是. wav,记录了对实际声音进行采样的数据。在适当的硬件及计算机的控制下,使用波形文件能够重现各种声音,包括不规则的噪声、CD 音质的声乐,单声道、立体声,等等。波形文件的主要缺点是产生的文件太大,不适合长时间记录,但一般人讲话的声音使用 8 位量化级、11. 025 kHz 采样频率就能较好地还原。因此,波形文件在应用中并不少见。波形文件可以嵌在其他 Windows 应用系统中使用。波形文件可由计算机进行处理和分析,如放慢或加快放音速度,将声音重新组合或抽取一些片段单独处理,等等,Windows 中的"录音机"就是一个处理波形文件比较方便的工具。

(2)乐器数字接口的音乐文件——MID 格式。

MIDI 音频是多媒体计算机产生声音(特别是音乐)的方式之一,可以满足长时间播放音乐的需要。MIDI 文件(扩展名为. mid)并不对音乐进行采样,而是将每一个音符记录为一个数字,通过输出装置就可以将这些数字重新合成为音乐。与波形文件相比,MIDI 文件要小得多。MID 格式缺乏重现真实自然声音的能力,不能用在需要语音的场合(这时要与波形文件合用)。此外,MIDI 文件只能记录 MIDI 标准所规定的有限种乐器的组合,而且回放质量受声卡上合成芯片的严重限制,难以产生真实的音乐演奏效果。

(3)MPEG Audio Layer 3 声音文件——MP3 格式。

MP3 是 ISO - MPEG Audio Layer 3 的简称,是在 1987 年的数字音频广播计划中发明出来的一种音频算法。它能够在不失去原有音质的情况下,将 CD 音轨缩至原来的1/12左右,因此,它是有损压缩。因为压缩率大,MP3 在网络可视电话通信方面应用广泛,但音质远不如 CD 唱片。

(4)Real Audio 文件——RA 格式。

Real Audio 文件的扩展名为. ra。这种格式真可谓网络的灵魂,强大的压缩量和极小的失真使其在众多格式中脱颖而出。和 MP3 文件相同,它也是为解决网络传输带宽资源而设计的,因此,它的首要目标是压缩比和容错性,其次才是音质。

其他的声音文件格式还有 CD 文件(. cda)、WMA 文件(. wma)、Macintosh 平台的声音文件(. aif)等。

多媒体课件中的数字化音频素材一般可通过以下两种方法制作:①自行制作。自行制作的数字化音频素材主要是解说、音效和声音。制作的方法也有两种:一是通过计算机声卡,用麦克风录制。具体方法是:将麦克风插入声卡的 Mic In 端口,打开多媒体计算机上的录音软件,调整音量等参数,即可进行录制。二是用录像或录音设备将音频素材先录制下来,然后通过声卡的 Line In 端口输入声音信号,进行音频信号的 A/D 转换。这种方法也称作采集,采集下来的音频信号即转换为数字信号。两种方法均存储成波形文件,可在多媒体编辑工具中调用。②购买已有的各种音频素材库产品。在制作多媒体课件时,音乐和音效大都是从已有的音频产品中获得的,而语音则是通过自行制作而获得的。

2. 音频素材制作的实例

下面讲解用 Windows 自带的录音机录制声音文件的实例。

录音机是 Windows 专门用来录制音频信息的工具,使用录音机可以播放或录制小型的声音文件,并存储在硬盘上。使用录音机可以记录人类的话语以及自然界中所有的声音,也可以记录计算机播放的 CD、MIDI 音乐以及 VCD 配音。

(1)用麦克风录制声音文件。

首先,将麦克风插入声卡的麦克风(MIC)插口,双击 Windows 任务栏右边的小喇叭图标,弹出音量控制对话窗口,单击“选项”菜单中的“属性”命令,在弹出的窗口中,选择“录音”选项,单击“确定”按钮。然后,单击“开始”菜单,依次选择“程序”“附件”“娱乐”和“录音机”,出现如图 4-20 所示的“录音机”窗口。单击录音机程序上的“录音按钮”即可通过麦克风进行录音;单击“停止按钮”可结束录音;单击“文件”菜单中的“保存”命令即可保存录制好的声音文件(文件扩展名为. wav)。

图 4-20　Windows 的“录音机”程序

(2)声音的编辑处理。

声音的编辑处理主要利用“录音机”窗口中“编辑”和“效果”两个菜单的一系列命令来实现。具体操作比较复杂,感兴趣的可另外学习,本书不再赘述。

(四)动画素材的采集与处理

高质量的图像可以为多媒体课件增加巨大的价值,若能让这些图像活动起来则会使多媒体课件更生动、更有吸引力,这就需要动画素材。动画是快速播放的逐位影射图形

(帧)的序列,可以在制作工具内通过快速改变对象的姿势和位置以产生运动的感觉。有的动画制作采用以“帧”为基础的处理方法,有的则采用以“对象”为基础的处理方法,两者各有特点。制作动画的差异很大,有些动画非常简单,而有些动画则相当复杂。从动画的类型来看,有图形动画、文本动画及变形动画等。多媒体课件中用到的动画有二维和三维两类,二维动画的制作常采用美国 Autodesk 公司推出的动态高分辨率二维图像创作及动画软件包 Animator PRO。而使用最广泛的三维动画创作工具则是 3D Studio MAX,它也是 Autodesk 公司的产品。课件中所用到的动画大多数是采用动画软件制作的,并以动画文件的格式存储起来作为课件的媒体资源,课件在需要时对它们进行调用。

1. 常用的动画文件格式

(1)图像交换格式文件——GIF 格式。

GIF 格式可以同时存储若干静止图像并进而形成连续的动画。由于采用了无损数据压缩方法中压缩率较高的 LZW 算法,文件尺寸较小,GIF 格式被广泛采用。目前互联网上的彩色动画文件多采用这种格式。

(2)Animator 文件——FLIC 格式。

FLIC 是 Autodesk 公司在其出品的 Autodesk Animator/Animator PRO/3D Studio 等 2D/3D 动画制作软件中采用的彩色动画文件格式,FLIC 是 FLI 和 FLC 的统称。FLIC 文件计算前后两幅相邻图像的差异或改变部分,并对这部分数据进行压缩,因为动画序列中前后相邻图像的差别通常不大,所以可以得到相当高的数据压缩率。它被广泛应用于动画图形中的动画序列、计算机辅助设计和计算机游戏应用程序等。

(3)Flash 动画文件——SWF 格式。

SWF 是 Macromedia 公司的产品 Flash 的矢量动画格式,它采用曲线方程描述内容,而不是由点阵组成,因此,这种格式的动画在缩放时不会失真,非常适合描述由几何图形组成的动画,如教学演示等。因为这种格式的动画可以与 HTML 文件充分结合,并能添加 MP3 音乐,所以被广泛应用于网页上,成为一种“准流式”媒体文件。

(4)QuickTime 的动画文件——MOV 格式。

MOV 是 QuickTime 文件的格式。该格式支持 256 位色彩,支持 RLE、JPEG 等领先的集成压缩技术,提供了 150 多种视频效果和 200 多种 MIDI 兼容音响和设备的声音效果,能够通过互联网提供实时的数字化信息流、工作流与文件回放。

其他的动画文件格式还有 AVI 格式、QT 格式等。

2. 动画素材制作的实例

制作动画的途径多种多样,用 Java、Shockwave、Flash、QuickTime 等都可以制作动画。这里,我们以应用最广泛的 GIF 动画为例,具体讲解使用 Ulead GIF Animator 软件制作动画的过程。

运行 Ulead GIF Animator 软件,选择“Add Images”菜单,在弹出的窗口中选择两幅图片(如图 4－21 所示),单击“打开”按钮,然后按照图 4－22 的步骤选择参数。

图 4－21　选择的图片

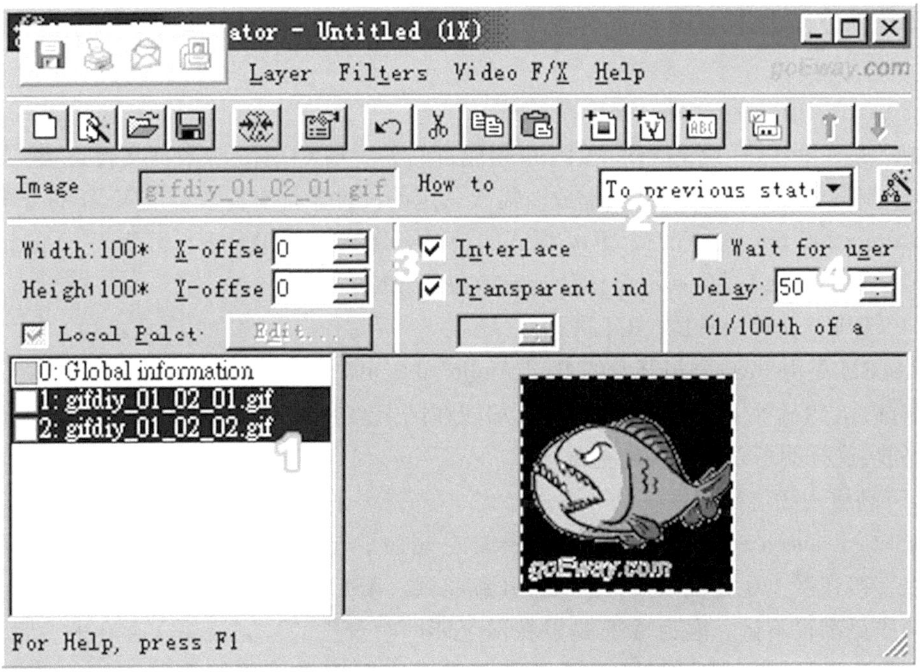

图 4－22　选择参数的步骤

在菜单“File”中选择“Optimize with presets”，再选择“Save as”存储文件，一个小鱼张嘴、闭嘴的动画文件就制作好了。

（五）视频素材的采集与处理

视频是由一系列单独的图像组成的(一幅单独的图像就是一帧)，它们连续播放就产生了动态的画面。因为视频的表现力强，能更直接、形象地反映教学内容，所以被广泛应用于多媒体课件中。

1. 常用的视频文件格式

目前较流行的视频文件格式有以下几种。

(1) Windows 视频文件——AVI 格式。

AVI(Audio Video Interleaved)称为音频—视频影像交错文件，可将视频和音频信号混合交错地储存在一起。这种交错存放的好处是避免不必要的文件信息搜寻，压缩率比较高。AVI 文件的扩展名为. avi，它是 Video for Windows 视频应用程序中使用的格式。

(2)MPEG 视频文件——MPG 格式。

MPEG 视频文件是微型多媒体计算机上的全屏幕活动视频影像的标准文件,也称为系统文件或隔行数据流。它是基于 MPEG 方式压缩的数字视频影像格式,通过记录每帧之间的差异信息(帧之间压缩)来代替记录整幅画面内容,当画面只有小部分变动时,视频影像文件的数据就会大幅度减少。VCD 使用 MPEG-1 压缩方式,DVD 使用 MPEG-2 压缩方式。一般需要有专门的带压缩功能的硬件才能制作这种文件,播放时也要有相应的解压缩硬件支持,或是在带有图形加速功能的显示适配器的配合下采用软件来解压缩。

(3)VCD 中的视频文件——DAT 格式。

DAT 是 Video CD 或 Karaoke CD(市场流行的另一种 CD 标准)数据文件,这种文件的结构与 MPG 文件格式基本相同,播放时需要一定的硬件条件支持。标准 VCD 的分辨率只有 350 dpi × 240 dpi,与 AVI 或 MOV 格式的视频影像文件不相上下。因为 VCD 的帧频要高得多,加上 CD 音质好,所以整体的观看效果比较好。

(4)流媒体文件——RA、RM 格式。

RA、RM 是由 Real 公司开发的 Real Audio 和 Real Video 的流媒体格式,对视频有极高的压缩率,虽然牺牲了一些画质与音质,却能在网上流畅地播放。Real Media 采用了流的方式播放,这样就可以边下载边播放。

(5)高级视频流格式——ASF 格式。

ASF(Advanced Streaming Format)是微软公司为了与 Real Player 竞争而发展起来的一种可以直接在网上观看视频节目的文件压缩格式。ASF 使用了 MPEG-2 压缩法,压缩率和图像的质量都很不错。因为 ASF 是以在网上能即时观赏的视频流格式存在的,所以它的图像质量比 VCD 差一点,但是比同是视频流格式的 RAM 格式要好。

其他的视频文件格式还有 MOV 格式、WMV 格式等。

2. 视频素材制作的实例

视频编辑软件有 Adobe 公司的 Premiere、Aftereffects 专业软件,Ulead 公司的绘声绘影等。Windows Movie Maker(简称 WMM),是 Windows 操作系统的一个标准组件,其功能是将录制的视频素材,经过剪辑、配音等编辑加工,制作成富有艺术魅力的个人电影;还可以对大量照片进行巧妙的编排,配上背景音乐,或加上自己录制的解说词和一些精巧特技,加工制作成电影式的电子相册。其最大的特点就是操作简单,使用方便,并且用它制作的视频文件小,非常适合通过 E-mail 发送给亲朋好友,或者上传到网络供大家下载收看。制作的多媒体文件浏览起来也非常方便,使用 Windows 自带的媒体播放器即可随时欣赏,如果是把文件上传到网页,IE 6.0 以上的浏览器即可自动播放。下面具体介绍利用 Windows Movie Maker 软件制作个人电影相册。

(1)在开始制作电影相册前,首先要准备好制作的素材,即制作用的照片、视频片断、背景音乐和解说词等。将通过扫描仪、数码相机、数码摄像机等得到的照片,保存成 JPEG、BMP 或 GIF 格式的图像文件,图像分辨率应不低于 320 像素 × 240 像素,否则在浏览时会显得很模糊。另外,图像的长宽比应修剪为 4∶3 幅面,否则在播放时画面会出现黑边。

(2)在素材准备好后,选择“开始”—“Windows Movie Maker”,操作界面如图 4-23 所示。

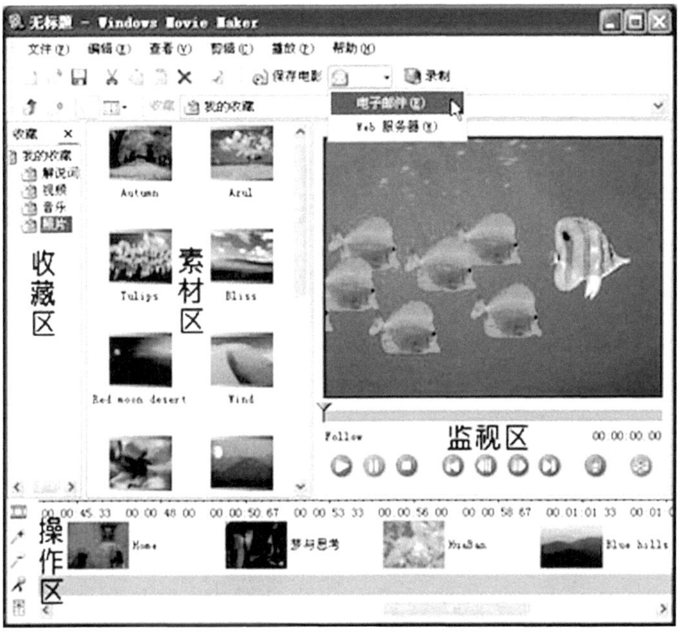

图 4-23 WMM 操作界面

(3)运行 WMM 后,在收藏区出现一个名为“我的收藏”的项目。单击工具栏的“新收藏”按钮,即可在收藏区中建立“解说词”“视频”“照片”及“音乐”等新收藏夹,这样做便于不同素材的分类管理和编排。对一次未能完成的制作,可以将其保存为“.mswmm”类型的项目文件,下次启动 WMM 后单击工具栏的“打开项目”按钮,在对话框中打开该文件,即可调出上次未完成的文件继续制作。

(4)导入素材。建立相应的收藏项目后,单击“照片”收藏夹,然后选择“文件”—“导入”,在“选择要导入的文件”对话框中选中要导入的照片,即可将照片导入“照片”收藏夹,使之显示在素材区中。制作电影相册使用的素材,除了照片外,有时还需要使用背景音乐作为衬托,使用一些优美的视频文件作为片头、片尾或作为穿插在电影中的花絮。现有的 WAV、AIF、AU 等格式的音频文件,ASP、AVI 等格式的视频文件,MPEG、MPG、MP2 等格式的电影文件,ASP、WMV 等格式的 Windows 媒体文件,都可以直接使用,只需将它们分别导入相应的收藏夹中就可以了。如果有制作好的 AVI、MPG 格式的个人电影和电子相册,也可以直接拖入 WMM 进行编辑合成。

(5)剪辑电影情节。在素材区选中一张照片(或一段视频剪辑),将其拖至操作区,该照片(或视频)就会出现在“视频线”上,成为电影中新加入的一个视频情节。同时,这一视频情节在监视播放器中同步显示出来。注意:每次在操作区加入视频情节时,都可以根据需要任意将它放置在已加入的其他视频情节的前后;分多次拖入操作区的多个视频情节,在操作区会自动形成连续的画面。如果使用的素材是按照预定顺序导入或拖入素材区的,可以全部选中,并同时将它们拖入操作区。操作区窗口具有两种显示方式(如图4-24所示):一种是情节视图方式,另一种是时间视图方式。

图4-24 WMM的两种视图方式

(6)背景音乐和解说词。在"音乐"收藏夹中,将选定的音乐文件拖至操作区,该音频素材就会自动添加到"音频线"中,并根据该情节实际播放时间的长短,形成一个音频情节。音频情节加入操作区后,会自动与视频情节合二为一,无论是预览播放还是输出电影,它都会和视频情节自动合成。单击"录制解说"按钮,打开"录制解说音轨"对话框,单击"录制"按钮,即可借助连在声卡上的麦克风录制自己的解说词。当进度标记移动至全部视频情节结束点,单击"停止"按钮,系统弹出"保存解说音轨声音文件"对话框,即可将音频文件以".wav"格式保存,并自动添加到"音频线"上。

(7)预览电影和输出保存。每个视频情节和音频情节调整、剪辑好后,单击监视区的"播放"按钮,即可在播放器中查看该情节的播放效果。如预览效果满意,单击工具栏上的"保存电影"按钮保存文件即完成制作。

五 多媒体课件的集成与评价

(一)多媒体课件的集成

多媒体素材编辑制作完成后,根据教学设计和课件脚本的要求,运用多媒体素材集成工具将多媒体素材进行编辑集成,最终获得一个完整的多媒体课件。多媒体素材集成工具也称多媒体创作软件,是一种能够把文本、声音、图像、动画、视频等素材集成为一个交互式课件的工具软件。多媒体创作软件有很多种,但一般来讲,它们普遍具有较好的编辑环境、超媒体链接功能和媒体输入功能,能够进行动画的制作及演播,具有模块化的设计和面向对象的制作体系。多媒体创作软件从创作形式上大致可以划分为五种。

(1)基于幻灯片的编辑软件。这类软件适合制作演示用的多媒体幻灯片,可以非常方便地制作各种文字,绘制图形,加入图像、声音、动画、视频影像等各种媒体信息,以微软公司的 PowerPoint 为代表。

(2)基于图标的编辑软件。在这种编辑软件中,多媒体数据是以对象或事件的顺序来组织的,并且以流程图为主干,将各种图表、声音、控制按钮等一个个地接在流程线上,形成完整的系统,如 Authorware、Icon Author 等。

(3)基于卡或页的编辑软件。在这种编辑软件中,多媒体数据是以类似书本的一页或一张卡片为单位来组织的。内容相关的若干页面组成一本书,若干张卡片构成一个卡堆。这种系统适合于制作多媒体的资料库索引和百科全书之类的产品,主要产品有 ToolBook、方正奥思等。

(4)基于时间的编辑软件。这种编辑软件的制作思想和效果都极像电影或卡通片,在这类软件中,多媒体数据是依据时间线索来组织的,如 Director、Action 等。

(5)面向对象的可视化编辑语言。Visual Basic 是新一代的可视化的开发环境,既保留了描述性语言的简单易学、功能强大的特点,又兼具图像式编辑工具形象直观的优势,在开发效率上也不亚于前面提及的各种多媒体开发工具,但需要开发者有一定的程序设计基础。

(二)多媒体课件的评价

在基本完成课件的集成之后,要对课件进行反复测试,通过试用或教学实践收集教师和学生的意见,对课件进行不断改进。从总体上来说,测试与修改大体上是从教学内容、教学质量以及软件技术三个方面着手的。

(1)教学内容。即内容是否正确,是否有教学价值,是否符合教育教学规律与原则。

(2)教学质量。即教学目标制定是否合适,使用该课件能否达到教学目标;能否有效地激发学生的学习兴趣和积极性,是否有利于培养学生的能力;内容呈现是否清晰,图像、色彩以及声音运用是否适当;教学模式的运用是否得当;课件是否具有适用性、实用性等等。

(3)软件技术。首先看课件使用的方便性如何;其次看软件质量,文本、图形、声音、图像、动画的质量如何,屏幕色彩运用是否得当,屏幕布局是否合理;最后看软件的可靠性和兼容性如何。

六　多媒体课件的设计举例

利用 PowerPoint 强大的链接功能,可以制作出层次感和交互性都较强的教学课件,能进一步提高学生的学习兴趣和积极性,从而提高教学效率。本节从多媒体课件的设计思想出发,以实例详细介绍运用 PowerPoint 制作教学课件的过程。

(一)素材准备

在开始制作课件前要准备好素材,主要包括文本资料、声音资料和视频资料。文本资料准备较简单,可以在微软 Word 中录入,也可以到互联网上查找。下面主要谈一谈声音资料和视频资料的准备工作。

1. 声音资料的制作

在数字化时代,我们完全可以在个人计算机上,采用一般的声卡录制出具有专业水准的声音作品。录音时,可以采用各种录音软件,录制后可以进行编辑,也可以采用以下两种方法:一是利用 Windows 操作系统附件中的录音机录音,其声音格式为 WAV;二是利用 PowerPoint 中的录制旁白功能录音,这种方式中麦克风音量具有自动增益控制功能,音质较好。

2. 视频素材的采集

视频素材可以通过摄像机、动画软件和各种原版电影等获得,目前影片都是 VCD 或 DVD 格式,须经过超级解霸中的转换工具转换为 AVI 或 MPG 格式,才能在课件中使用。

3. 课件制作实例

用 PowerPoint 制作交互式课件主要是利用该软件“幻灯片放映”菜单下的“动作设置”和“动作按钮”功能,有时也用到“插入”菜单下的“超级链接”和“影片和声音”功能。使用“超级链接”功能有一个很大的缺点:即在放映时该链接内容(主要是音频和视频节目)启动后会将播放窗口显示在幻灯片内,这样有利于播放控制,但影响美观。下面以新版“大学英语综合教程”第一课为例来说明课件的制作过程。

(二)制作思路

本课件设计了五部分内容,分别为“背景知识”“课文学习”“内容概述”“重点词汇”“课堂练习”。首先把这五个标题制作在一张幻灯片内作为菜单,并把这张幻灯片称为首页,再把每一标题下的相关内容都一一做成幻灯片,称之为内容页,还要为内容页中需要进一步解释的“热区文字”制作解释页。因为每一部分的内容都不可能在一张幻灯片内完成,而是要分成好多页,所以制作时一定要把每一部分的内容都按顺序放在相邻的幻灯片内,并记录它们的页次。同时,在内容页和解释页中设置上、下翻页及返回按钮,这样在放映时,无论处于哪一页中,均可进可退,具有很强的层次性和交互性。

(三)制作片头

一般课件中的片头,都是展示一个图片或播放一段动画,常配有背景音乐。首先启动 PowerPoint,选择“空白演示文稿”并选“空白”版式,在该页中插入一幅图片。方法是:选择“插入”—“图片”—“来自文件”,打开相应文件并导入图片,调整图片大小及位置并留出空间以备录入文字。录入文字的方法是:选择“插入”—“文本框”—“水平或竖直”,用鼠标拖出一个文本框,文本框的大小和位置决定了要录入文字的位置。然后再给图片配背景音乐,方法是:选择“插入”—“影片和声音”—“文件中的声音”,打开相应文件并导入声音,这时有一个小喇叭图形出现在页面中,同时出现提示“是否需要在幻灯片播放时自动播放声音”,选择“是”,这样在放映本页时将自动播放声音,进入“首页”后又将停止播放。

（四）制作首页

首页是幻灯片中的第二页。首先将本课件中的五个标题及“退出”录入幻灯片中，方法是：先插入文本框，再输入标题，每个标题需建一个文本框，然后再调整位置及字体。这里需注意的一点是，文本框的大小直接影响放映时热区响应的大小，如果文本框重叠，将导致热区的重叠，所以应合理布局。接下来为每个标题建立链接，以“课文学习”为例，方法如下：先用鼠标左键点击该目标，在文本框出现后，将光标停留在文本框（而不是文本）上，点击鼠标右键，依次选择“动作设置”—“单击鼠标”—“超链接到”，将其链接到“课文学习”所在的第一页，同时为单击鼠标时选择一种声音。这样在播放时，当鼠标靠近“课文学习”时，就会变成手形，点击鼠标就会跳转到“课文学习”的第一页，同时还发出声音。将“退出”菜单链接到“结束放映”。

（五）制作内容页

内容页是课件的核心，包括教学的主要内容。前面虽然已经将内容页的文本资料录入了幻灯片，但还没有在其中加入各种热区文字和按钮，下面还以“课文学习”为例进行说明，如图 4－25 所示。

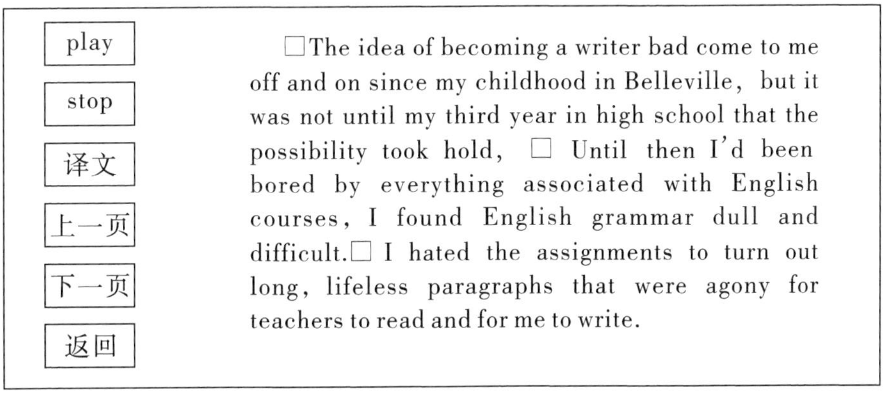

图 4－25　内容页

图中加入了五个按钮，分别是“play”（播放本段课文的录音）、“stop”（停止播放声音）、“译文”（本段课文的中文翻译）、“上一页”（回到上一页）、“下一页”（进入下一页）、“返回”（返回首页）。按钮的制作方法是：点击“幻灯片放映”—“动作按钮”—“自定义按钮”，然后在幻灯片窗口内指定位置按住鼠标左键拖出大小合适的按钮。再复制该按钮，粘贴出五个（这样可以使六个按钮完全一致），并调整好这六个按钮的位置。之后将鼠标放在按钮上，点击鼠标右键，选“添加文本”即可在按钮上输入文字，选择合适的字体和字号。接下来为按钮建立链接，以“play”为例：将光标停留在该按钮上，点击鼠标右键依次选择“动作设置”—“单击鼠标”—“播放声音”选中该段课文的声音文件，这样就完成了该设置。其他按钮的设置与此相同。因为“课文学习”的内容有好多页，每一页都这样设置有些麻烦，这时可以采用复制的方法，把这五个按钮一次性复制到另一页,再为其建立不同的链接。这里需注意一点,即在内容页的第一页不要设置“上一页”,在最后一页不要设置“下一页”,以提示使用者目前所处的位置。图中小矩形标记表示该句子有注释,这里要采取超链接的方式,在屏幕提示中输入“解释”。放映时,每当鼠标靠近,指针就会变成手形,并出现“解释”字样,以提示使用者。字体为蓝色的单词和词组(off and on、possibility、took hold、bored、associated、assignments、turn out、agony)也有注释;字体为红色的词组(third year in high school)配有图片。这些内容均放在解释页中,并在内容页中分别为它们建立链接。这里要注意,解释页中的“返回”按钮要链接到调用它的内容页中,而不是首页。

(六)插入影片和动画

在课件的制作中,经常要插入一些影片和动画。方法是:打开要插入影片的幻灯片,依次点击“插入”—“影片和声音”—“文件中的影片”,打开影片所在的文件夹,找到所需的文件,确认后即可将影片导入,这时可调整影片画面的大小和位置。能插入的影片格式有 MPG、AVI 等,如要插入 VCD 格式的影片,要先转换为上述两种格式。

(七)课件输出

一个课件制作好后,除非在制作的电脑上使用,其他情况下都是要进行输出的。输出有两种方法,一种是先进行打包再输出,方法是:打开课件文档,选择“文件”菜单下的“打包”子菜单,计算机屏幕将出现打包向导,依次选择要打包的文件(选择当前演示文稿)—将文件打包到哪个驱动器—是否打包链接的文件(应当选“是”,否则将不包括链接的文件,该部分内容将不能播放)—是否将播放器打包(如打包播放器,打包后的文件能在未安装 PowerPoint 的计算机中播放,但需增加 7M 的磁盘空间)—完成。至此,打包过程结束,同时生成了一个可自动执行的文件。这种经过打包的文件在其他计算机中使用时要先进行安装,方法是用鼠标双击该文件夹中的“pngsetup. exe”文件,计算机将出现提示,让你选择一个安装位置,选中文件夹后,计算机会自动将文件安装到该文件夹中,使用时只需点击该文件夹中的“ * . ppt”文件即可。其实也可以在自己的计算机上进行安装,再将安装后生成的文件拷贝到 U 盘中。另一种方法是将课件文档直接复制到 U 盘中,但在制作课件前必须要将链接的内容和本课件文档建立在一个文件夹内,否则在其他计算机中将无法找到链接内容(即使是课件完成后连同链接内容一起复制到 U 盘中也不行),因为计算机在搜索时首先在同一文件夹内进行搜索。这种输出方式在没有安装 PowerPoint 的机器中无法播放。

以上讲述的是一个单元的课件,如果有许多单元甚至是一本书,那么可以把每个单元看作一个幻灯片(其实是一个文件),再为这些单元建立一个新的首页(即增加一个新的幻灯片,并将其放在片头后的第二页)。为每个单元建立一个菜单选项,并建立链接,链接到相应单元的文件名上。

问题思考与讨论

1. 简述多媒体学习理论的基本内容。
2. 简述基于多媒体技术的教学设计原则。
3. 简述多媒体课件设计的基本过程。
4. 举例说明多媒体课件脚本的编写方法。
5. 简述多媒体素材采集与处理的基本技巧。
6. 简述多媒体课件评价的一般方式。
7. 简述多媒体技术在教学中应用的优势和不足。
8. 请选择一个你所熟悉的教学内容,根据多媒体课件开发与设计的一般流程,简述相应多媒体课件的制作过程。

阅读指南

1. 吴疆. 微课程和多媒体课件设计与制作规范[M]. 北京:人民邮电出版社,2015。

该书共分为三部分:第一部分主要介绍文字、声音、图像、视频、动画等视听媒体的运用与规范;第二部分主要介绍微课程的设计与制作,包括微课程的教学特点、教学设计与结构规划、教学编导与制作、基本教学技能与教学效果评价;第三部分介绍多媒体课件的制作与规范,包括多媒体课件的整体设计、界面设计、PPT课件的设计与评价等。

2. 王轶冰. 多媒体技术应用实验与实践教程[M]. 北京:清华大学出版社,2015。

该书列举大量案例详细介绍了图像处理软件 Photoshop、动画制作软件 Flash、音频编辑软件 Samplitude、视频编辑与剪辑软件 Premiere、影视后期特效合成软件 After Effects 与多媒体创作软件 Authorware 的具体使用方法和技巧。全书共分为七章,内容包括图形图像处理、二维动画制作、Flash 动画制作、音频编辑、视频编辑与处理、视频后期制作与合成以及多媒体创作工具。

3. 李永. 多媒体课件制作入门与提高[M]. 北京:清华大学出版社,2011。

该书共分为十六章,第一章是基础部分,主要介绍了有关多媒体课件制作的基础知识。第二章至第四章是素材收集整理部分,介绍了如何收集整理多媒体课件制作过程中所需要的素材。第五章至第七章是 PowerPoint 部分,介绍了使用 PowerPoint 制作课件的方法。第八章至第十一章是 Authorware 部分,第十二章至第十六章是 Flash 部分。书中范例的讲解生动、细致、深入,清晰的图示能让读者较快地掌握多媒体课件制作的方法,不仅能达到触类旁通、举一反三的效果,还为读者设计开发多媒体课件提供借鉴和参考。

4. 冯建平,吴丽华. 现代多媒体课件制作技术[M]. 北京:人民邮电出版社,2013。

该书全面介绍了多媒体 CAI 课件的基础知识,从用户的视觉感知和美学认知出发,研究分析了基于美学基础的课件设计方法与技巧。主要内容包括多媒体教学概论、多媒体课件设计方法、多媒体素材采集与制作,以及典型的课件制作软件和制作技术。全书详细介绍了多媒体课件中使用的文字、图形、图像和动态音频、视频等素材的采集与制作方法,深入研究了现代最新的多媒体课件制作软件和制作技术，重点介绍了 PowerPoint、Flash、Authorware、WFP 等 4 种课件制作软件，以及使用这些软件制作课件的技术应用方法、设计技巧和集成打包课件的方法。最后给出了 E-Learning 课件和虚拟仿真课件开发，以及现代多媒体课件制作技术的应用与展望。

5. 方其桂. PowerPoint 多媒体课件制作实例教程[M]. 北京：清华大学出版社，2012。

该书以 PowerPoint 2010 为例，详细介绍了课件的设计、制作和使用等方面的知识，使读者能够轻松地制作出适用于实际教学的多媒体 CAI 课件。因此，本书不仅适合于所有零基础想使用 PowerPoint 2010 制作课件的教师，以及具有 PowerPoint 早期版本操作基础的教师，还适合作为高等院校的教材使用。

网络导航

国家教育资源公共服务平台：http://www.eduyun.cn/。

国家教育资源公共服务平台由中华人民共和国教育部主办，由中央电化教育馆运行维护。它依托现有公共基础设施，利用云计算等技术，逐步推动与区域教育资源平台和企业资源服务平台的互联互通，共同服务于各级各类教育，为资源提供者和资源使用者搭建起网络交流、共享和应用环境。

主要参考文献

[1]任小康，王俐，王治和. CAI 课件制作教程[M]. 北京：机械工业出版社，2007.

[2]谭家玉，马今朝，沈杰. 现代教育技术及多媒体课件制作[M]. 哈尔滨：哈尔滨工业大学出版社，2004.

[3]张舒予. 现代教育技术学[M]. 合肥：安徽人民出版社，2003.

[4]张剑平. 现代教育技术——理论与应用[M]. 2 版. 北京：高等教育出版社，2006.

[5]杜士珍. 现代教育技术基础[M]. 武汉：华中师范大学出版社，2000.

[6]理查德·E·迈耶. 多媒体学习[M]. 牛勇，邱香，译. 北京：商务印书馆，2006.

[7]潘雪时. 例谈物理应用软件的使用[J]. 林区教学，2004(6):62.

[8]李兴海. 用 PowerPoint 制作交互式外语课件[J]. 辽宁商务职业学院学报，2004(3):97-98.

第五章 网络学习与现代远程教育

学习目标

了解多媒体网络教室、校园网及因特网的结构并掌握其特点；了解网络信息资源的特点与种类；掌握网络资源的检索及网络交流方式；了解网络资源的共享技术与共享方式；了解网络课程、MOOCs、微课的特点；掌握网络学习模式及网络课程设计的应用；了解移动学习技术基础并掌握移动学习模式的特点；理解现代远程教育对基础教育的影响。

一 网络学习环境

网络学习是指通过计算机网络进行的一种学习活动，主要采用自主学习和协商学习的方式进行。网络学习的特征：一是共享丰富的网络化学习资源；二是以个体的自主学习和协商学习为主要形式；三是突破了传统学习的时空限制。网络学习环境是一种开放式和分布式的学习环境，这种环境使用因特网和万维网等网络技术来支持教学，并通过意义丰富的学习活动和交互来促进学习和意义建构。

（一）多媒体网络教室的结构与特点

多媒体网络教室是集成了多媒体技术和网络技术的一种信息化教学环境，它既能呈现出形式多样的教学内容，又能提供丰富全面的学习资源，支持学生的自主、合作、探究性学习活动。多媒体网络教室主要由多媒体计算机、网络等硬件系统和教学工具软件系统两大部分组成。主要硬件包括多媒体计算机、大屏幕投影机、服务器、视频切换器、音响设备及交互式电子白板等。

1. 多媒体计算机

多媒体计算机能够对声音、图像、视频等多媒体信息进行综合处理。多媒体个人计算机（MPC）的基本硬件有：功能强大、速度快的中央处理器（CPU）；可管理、控制各种接口与设备的配置；具有一定容量（尽可能大）的存储空间；高分辨率显示接口与设备；可处理音响的接口与设备；可处理图像的接口与设备；可存放大量数据的配置等。除此以外，MPC扩充的配置还可包括如下几个方面。

光盘驱动器：包括可重写光盘驱动器（CD-R）、WORM 光盘驱动器和只读光盘驱动器

(CD-ROM)。

音频卡:支持数字音频处理是多媒体计算机的重要功能,音频卡具有 A/D 和 D/A 音频信号的转换功能,可以合成音乐、混合多种声源,还可以外接 MIDI 电子音乐设备。在音频卡上连接的音频输入输出设备包括话筒、音频播放设备、MIDI 合成器、耳机、扬声器等。

图形加速卡:图文并茂的多媒体表现需要分辨率高且同屏显示色彩丰富的显示卡的支持,同时还要有 Windows 的显示驱动程序。

视频卡:可细分为视频捕捉卡、视频处理卡、视频播放卡以及 TV 编码器等专用卡,其功能是连接摄像机、VCR 影碟机、TV 等设备,以便获取、处理和表现各种动画和数字化视频媒体。

扫描卡:用来连接各种图形扫描仪,是常用的静态照片、文字、工程图等的输入设备。

打印机接口:用来连接各种打印机,包括普通打印机、激光打印机、彩色打印机等。

交互控制接口:用来连接触摸屏、鼠标、光笔等人机交互设备。

网络接口:是实现多媒体通信的重要 MPC 扩充部件,使多媒体外部设备将数据量庞大的多媒体信息传送出去或接收进来。可通过网络接口连接的设备包括视频电话机、传真机、局域网(LAN)和综合业务数字网(ISDN)等。

2. 大屏幕投影机

投影机主要通过三种显示技术实现:CRT 投影技术、LCD 投影技术以及 DLP 投影技术。按照投影方式的不同分为前投式、背投式和组合拼接式三种。

CRT 是英文"Cathode Ray Tube"的缩写,作为成像器件,它是实现最早、应用最为广泛的一种显示技术。CRT 技术成熟,显示的图像色彩丰富,还原性好,具有丰富的几何失真调整能力,但其重要技术指标图像分辨率与亮度相互制约。另外,CRT 投影机操作复杂,特别是会聚调整繁琐,机身体积大,只适合安装于环境光线较弱、相对固定的场所,不宜搬动。

LCD 是英文"Liquid Crystal Display"的缩写,这种投影机是液晶显示技术和投影技术相结合的产物,它利用液晶电光效应,用液晶板作为光的控制层来实现投影。液晶的种类很多,不同的液晶,其分子排列顺序也不同。有些液晶在不加电场时是透明的,而加了电场后就变得不透明了;有些则相反,在不加电场时是不透明的,而加了电场后就变得透明了。透明度的变化与所加电场有关,这就是电光效应。LCD 投影机按内部液晶板的片数可分为单片式和三片式两种,其中三片式居多。

DLP 是"Digital Light Procession"的缩写,这种技术先对影像信号进行数字处理,然后再把光投影出来。它是基于 TI(美国德州仪器)公司开发的数字微镜元件——DMD (Digital Micromirror Device)来完成可视数字信息显示的技术。DLP 是投影和显示信息方面的一种革命性技术,它采用发射光成像原理,实现图像处理全数字化,具有稳定可靠,维护方便,亮度高,显示图像平滑、细腻、精确等特点。DLP 投影技术广泛应用于桌面投影机、商务投影机、电影院放映,尤其是大屏幕投影方面。

3. 服务器

服务器是网络环境中的高性能计算机,它侦听网络上的其他计算机(客户机)提交的服务请求,并提供相应的服务。为此,服务器必须具有承担服务和保障服务的能力。服务器除存放本地教学资源库外,还提供典型的 WWW、FTP、E-mail 等网络应用服务。

Web 服务器是指驻留于因特网上某种类型计算机的程序。当 Web 浏览器(客户端)向服务器发送需要文件的请求,服务器将处理该请求并将文件发送到该浏览器上,附带的信息会告诉浏览器如何查看该文件(即文件类型)。服务器使用 HTTP(超文本传输协议)进行信息交流。

Web 服务器不仅能够存储信息,还能在用户通过 Web 浏览器所提供的信息的基础上运行脚本和程序。

4. 视频切换器

视频切换器的作用是对系统传输的图像信号进行切换、重复、加工和复制,它可以对多路视频信号进行自动或手动控制,可任意切换视频信号输出到显示设备。

5. 音响设备

音响设备主要包括功率放大器、音箱、话筒、DVD 等。

6. 交互式电子白板

交互式电子白板由硬件电子感应白板和软件白板操作系统集成。它的核心组件是电子感应白板、感应笔、计算机和投影机。电子感应白板是一块具有正常黑板尺寸、可以在计算机软硬件支持下工作的大感应屏幕,其作用相当于计算机显示器并代替传统的黑板。电子感应笔承担电子白板书写笔和计算机鼠标的双重功用。教师或学生直接用感应笔在白板上操作,写字或调用各种软件,然后通过电磁感应反馈到计算机中并迅速通过投影机投射到电子白板上。白板操作系统是存在于计算机中的一个软件平台,它不仅支撑人与电子白板、计算机、投影机之间的信息交换,而且自带一个强大的学科素材库和资源制作工具库,还是一个兼容操作各种软件的智能操作平台。教师可以在电子白板上随意调用各种素材或应用软件进行教学。交互式电子白板集传统的黑板、计算机、投影机等多种功能于一身,非常便于教师使用。

交互式电子白板支持复印,可将电子白板直接与打印机连接,通过特定的白板笔进行板书,需要打印时,只需按下面板上的打印键即可实现彩色或黑白打印。它还可以作为教学电子白板使用,可将电子白板与计算机相连,此时的电子白板就相当于一个面积特别大的手写板,可以在上面任意书写、绘画并即时地在计算机上显示,文件保存为图形文件。此功能一般需要一个专用的应用程序支持。利用特定的应用程序,交互式电子白板就可以通过网络进行异地交流,实现网络会议及远程教学。

多媒体网络教室是一种基于协商学习的环境,具有以下应用特点:通过网络系统能将声音、图像、文字以及动画等多媒体信息传输到学生终端机,以辅助教师课堂教学;学生能根据需要提取个别化学习资源,满足资源共享与个别化学习的要求;通过网络系统还能实现小组学习讨论。一些先进的网络系统还具有教学测试及信息反馈分析能力。

(二)校园网的构成与教学应用特点

校园网是利用网络设备、传输媒质、相应的协议(如 TCP/IP 协议等)以及各类系统管理软件,将校园内计算机和各种终端设备有机地集成在一起,并通过防火墙(Firewall)与外部的因特网网络连接,用于教学、科研、学校管理、信息资源共享和远程教育等的局域网。校园网的硬件通常由服务器、工作站、网络互联设备、传输媒质等组成。

1. 服务器

服务器是网络上一种为客户端计算机提供各种服务的高性能计算机。服务器根据其在网络中所执行的任务不同可分为 Web 服务器、数据库服务器、视频服务器、FTP 服务器、打印服务器、网关服务器、域名服务器等等。小型的校园网络往往将 Web 服务、FTP 服务、数据库服务等集于一台服务器上。

2. 工作站

在校园网中,工作站是一台客户机,即网络服务的一个用户,但有时也作为特殊应用的服务器,如打印机或备份磁带机的专用工作站。工作站一般通过网卡连接网络,需要安装相关的程序与协议才可以访问网络资源。

3. 网络互联设备

(1)集线器:集线器是计算机网络中连接多个计算机或其他设备的连接设备。HUB(多端口转发器)主要具有信号放大和中转的功能,可以把一个端口接收的信号向所有端口发送出去。有些集线器还可以通过软件对端口进行配置和管理。

(2)交换机:交换机的外形与集线器很接近,是一个多端口的连接设备。二者的主要区别在于:交换机的数据传送速率通常要比集线器快很多,学校网络中心的核心交换机往往还具有路由功能。

(3)路由器:路由器是连接多个网络或网段的网络设备。路由器通常有两大典型功能,即数据通道功能和控制功能,数据通道功能一般由硬件来完成,控制功能一般用软件来实现。

(4)网关:网关是网络连接设备的重要组成部分,它不仅具有路由的功能,而且能对两个网络段中使用不同传输协议的数据进行翻译转换,从而使不同的网络之间能进行互联。网关一般是一台专用的计算机,配置有实现网关功能的软件,这些软件具有网络协议转换、数据格式转换等功能。

(5)防火墙:防火墙是指一种将内部网和公众访问网(如因特网)分开的硬件或软件技术。

4. 常见的网络传输媒质

(1)双绞线:双绞线是由两根相互绝缘的铜导线按照一定的规格互相缠绕在一起而形成的网络传输媒质。常用的无屏蔽层双绞线由 4 对双绞线和一个塑料护套构成。在当前的技术下,传输数据的距离一般限定在 100 米范围内。双绞线是目前局域网中使用最多的传输媒质。

(2)光纤:光纤是以光脉冲的形式来传输信号,以玻璃或有机玻璃材质为主的网络传输媒质。它由纤维芯、包层和保护套组成。光纤按其传输方式可分为单模光纤(直线传播)和多模光纤(折射传播)。光纤具有极高的传输带宽,目前技术可以1 000 Mbps 以上的速率进行传输,衰减极低,抗电磁干扰能力很强,传输距离可超过 20 千米。但光纤的价格高,安装复杂、精细。

校园网承载着信息化教育时代的网络教学、教育管理等基本任务,是一种基于教学资源共享的教学环境,具有教学信息传输网络化,教师与学生在任何终端机都能索取资源信息进行教学、学习与管理工作,有利于个别化学习和协作学习等特点。

(三)因特网的结构与教育应用

因特网是目前世界上最大的计算机网络,它组建的最初目的是为研究部门和大学服务,便于研究人员及学者探讨学术方面的问题,因此,有科研教育网(或国际学术网)之称。进入 20 世纪 90 年代,因特网向社会开放,大量人力和财力的投入,使因特网得到迅速的发展,成为企业生产、制造、销售、服务,人们日常工作、学习、娱乐等不可缺少的一部分。

因特网是由许许多多属于不同国家、部门和机构的网络互连起来的网络(网间网),任何运行因特网协议(TCP/IP 协议),且愿意接入因特网的网络都可以成为因特网的一部分,其用户可以共享因特网的资源,用户自身的资源也可向因特网开放。

因特网属于具有分布式网状拓扑结构的分组交换网络。信息以分组的形式通过由到达同一目的地的多个路径构成的网络传送。网络通过路由器相连。任何一个运行 TCP/IP 协议簇的主机或终端都可以接入因特网,并成为其中的一个结点。

因特网的网络由大量独立的服务提供商(比如 MCI Worldcom、Sprint、Earthlink、Cable and Wireless 等)管理,其中包括 NSP(网络服务提供商)、ISP(因特网服务提供商)和交换点。NSP 构建全国或全球性的网络并向区域性的 NSP 出售带宽,区域性的 NSP 接着向本地 ISP 转售带宽,而本地 ISP 则向终端用户提供服务方面的销售与管理。

从逻辑上看,为了便于管理,因特网采用了层次网络的结构,即主干网、次级网和园区网逐级覆盖的结构,如图 5－1 所示。

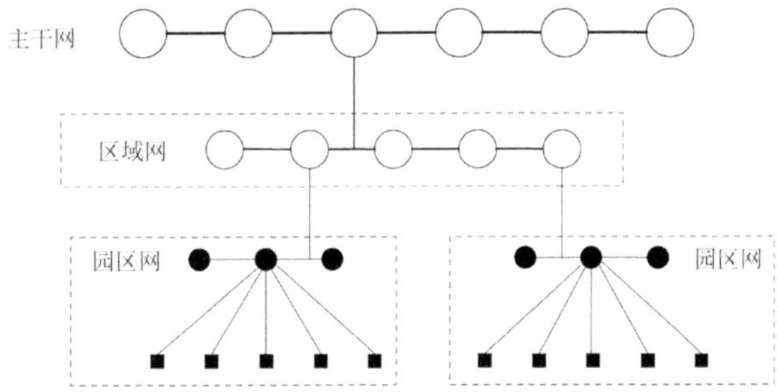

图 5－1　因特网的结构

(1)主干网:由代表国家或者行业的有限中心结点通过专线连接形成,覆盖到国家一级,连接各个国家的因特网互联中心,如中国互联网信息中心(CNNIC)。

(2)次级网(区域网):由若干个作为中心结点代理的次中心结点组成,如教育网各地区网络中心、电信网各省互联网中心等。

(3)园区网(校园网、企业网):直接面向用户的网络。

因特网在教育方面有着广泛的应用形式,如在线课堂、Web 网页、BBS、邮件列表、校友录等,它对学生的影响表现在学习、社交、生活资讯等各个方面。

课程上网:教育资源网络化已经成为一个大趋势,课程上网也已经成为现代教育工作的一部分,并且随着网络应用的发展,这部分工作将越来越重要。在网上可以找到许多课程上网的实例,如国家精品课程上网资料就包括教学大纲、电子版教材、配套课件、课程试卷、教学录像等详细内容。

参与式讨论:只有与学生进行交流,才能及时把握学生动向,引导学生发展。传统的课堂交流和单独的面对面交流受到时间、场地等因素限制,尤其当网络已逐渐成为人们生活的一部分时,更凸显出传统交流方式的局限性。

网页浏览:在互联网上,以教育机构、学校等网站为中心,聚集着丰富多彩的各类网页。其中,不少教师、专家和学者还设立了个人站点,发布了大量个性化的网页。通过链接或搜索引擎,可以找到所需的信息,并且页面之间会通过链接实现同类网站之间信息的共享,这为顺利获取所需信息提供了方便。

网盘和电子邮件传送:通过网盘、FTP(文件传输协议)等,文件和文件夹能够在因特网上公开传输。通过服务器可以像在本地计算机上一样直接访问网络服务器上的文件内容,传输和获取相应的信息。互联网上存在大量的专业组织和专业内容的公共服务器,有丰富的图书、影像、软件、讲义和课件等资料。电子邮件是互联网应用最广的服务,通过电子邮件,师生、生生之间可以进行交流,还可以利用它向感兴趣的专家学者、组织机构咨询和了解信息。互联网上除了有个人的邮件地址外,还有大量的邮件地址列表,通过加入地址列表订阅邮件,可以获取个性化的信息和资料。不少教师还通过群发邮件加强与班级学生之间的沟通。

二 网络信息资源概述

(一)网络信息资源的特点与种类

网络信息资源是指通过计算机网络可以利用的各种信息资源的总和,包括所有以电子数据形式把文字、图像、声音、动画等多种形式的信息存储在光、磁等非纸介质的载体中,并通过网络通信、计算机或终端等方式再现出来的资源。

网络信息资源具有与传统信息资源不同的鲜明特点:数量庞大、增长迅速,内容丰富、覆盖面广,传输速度快,共享程度高,使用成本低,变化频繁、难测,质量良莠不齐,等等。正是这些特点使网络信息资源在信息时代中占有重要地位,网络信息资源的充分利用促进了信息时代的发展,但同时也产生了一系列问题,比如虚假信息的发布导致网络信息资源失真,黑客的攻击导致一些机密信息泄漏,等等。因此,如何更好地解决网络信息资源使用的安全问题显得日益重要。

网络信息资源的种类很多,根据不同的分类标准,可以将网络信息资源分为不同的类型。

(1)从内容范围上可分为:学术信息;教育信息;政府信息;文化信息;有害和违法信息;等等。

(2)从信息源提供信息的加工深度上可分为:一次信息源;二次信息源;三次信息源;等等。

(3)从信息源的信息内容上可分为:联机数据库,即各类数据库是联机存储电子信息源的主体;联机馆藏目录;电子图书;电子期刊;电子报纸;软件与娱乐游戏类;教育培训类;动态性信息;等等。

(4)从对网络信息资源的可使用程度以及网络信息资源的安全级别上可分为:完全公开的信息资源,每个用户均可使用,如各类网站发布的新闻和可以通过免费注册而获得的信息等等;半公开的信息资源,可以有条件地获得,如通过注册以后缴纳一定的费用才可以获得的较有价值的符合自己需要的信息资源等等;不对外公开的信息资源(机密信息资源),只提供给有限的具有一定使用权限的高级用户使用,如各军事机构和跨国公司等内部的通过网络交流的机密情报和信息等等。

(二)网络信息资源的检索

网络信息资源的检索是指通过检索系统,采用一定的技术手段,根据一定的准则,在数据库或其他形式的网络信息资源中自动找出用户所需的相关信息。它是一个信息存取的过程,是在人、计算机和网络共同作用下自动完成的。计算机信息检索与传统的文献检索相比,提高了检索效率和准确性,节约了人力和大量时间。网络信息资源的检索可按以下步骤进行。

1. 分析信息资源,明确检索要求

即明确信息资源的主题内容、研究要点、学科范围、语种范围、时间范围、文献类型等。

2. 选择信息检索系统,确定检索途径

(1)选择信息检索系统的方法。

①在信息检索系统齐全的情况下,首先使用信息检索工具指南来指导选择;②在没有信息检索工具指南的情况下,可以采用浏览图书馆、信息所的信息检索工具室所陈列的信息检索工具的方式进行选择;③从所熟悉的信息检索工具中选择;④主动向工作人员请教;⑤通过网络在线帮助来选择。

(2)选择信息检索系统的原则。

①收录的文献信息需包含检索课题的主题内容;②就近原则,方便查阅;③检索系统尽可能质量高、收录文献信息量大、报道及时、索引齐全、使用方便;④记录来源、文献类型,文种尽量满足检索课题的要求;⑤数据库尽量要有对应的印刷型版本;⑥根据经济条件选择信息检索系统;⑦根据对检索信息熟悉的程度选择;⑧选择信息相关度高的网络搜索引擎。

3. 选择检索词

①选择规范化的检索词;②使用各学科在国际上通用的、国外文献中出现过的术语作为检索词;③找出课题涉及的隐性主题概念作为检索词;④选择课题核心概念作为检索词;⑤注意检索词的缩写词、词形变化以及英美的不同拼法;⑥用联机方式确定检索词。

4. 制定检索策略,查阅检索工具

(1)制定检索策略的前提条件是要了解信息检索系统的基本性能,最基本的是要明确检索课题的内容要求和检索目的,关键是要正确选择检索词和合理使用逻辑组配。

(2)产生误检的原因可能有:一词多义的检索词的使用;检索词与英美人的姓名、地址名称、期刊名称相同;不严格的位置算符的运用;检索式中没有使用逻辑"非"运算;截词运算不恰当;组号前忘记输入指令"s";逻辑运算符号前后未空格;括号使用不正确;从错误的组号中打印检索结果;检索式中检索概念太少。

(3)产生漏检的原因或检索结果为零的原因可能有:没有使用足够的同义词、近义词或隐含概念;位置算符用得过严、过多;逻辑"与"用得太多;后缀代码限制得太严;检索工具选择不恰当;截词运算不恰当;单词拼写错误、文档号错误、组号错误、括号不匹配;等等。

(4)提高查准率的方法有:使用下位概念检索;将检索词的检索范围限在篇名、叙词和文摘字段;使用逻辑"与"或逻辑"非";运用限制选择功能;进行进阶检索或高级检索。

(5)提高查全率的方法有:选择全字段检索;减少对文献外表特征的限定;使用逻辑"或";利用截词检索;使用检索词的上位概念进行检索;把(W)算符改成(1N)、(2N);进入更合适的数据库查找。

5. 处理检索结果

将所获得的检索结果加以整理,筛选出符合课题要求的相关文献信息,选择检索结果的著录格式,辨认文献类型、文种、著者、篇名、内容、出处等记录内容,输出检索结果。

6. 原始文献的获取

①利用二次文献检索工具获取原始文献;②利用馆藏目录和联合目录获取原始文献;③利用文献出版发行机构获取原始文献;④利用文献著者获取原始文献;⑤利用网络获取原始文献。

(三)网络交流工具与交流方式

沟通是指人与人之间信息及思想的传递和反馈的过程,而沟通工具就是为了能够触发人与人之间的沟通行为。当今沟通不限于写信、电话等形式,随着计算机网络的普及,网络沟通变得越来越广泛、普及。随着人们的要求越来越高,网络沟通工具也越来越多样。

网络沟通工具的类型有:电子邮件(E-mail)、即时通讯软件(IM)、网络社区(BBS、贴吧)、社交网站(SNS)、博客(Blog)、微博、QQ、微信等。

(1)即时聊天工具。中文主流:QQ。英文主流:ICQ(有中文简体版)。其他:YAHOO、

MSN、UC 等。

（2）邮件。新浪、搜狐、QQ 等各大门户网站都提供邮箱服务。

（3）网络电话。主流：SKYPE（国际）、UCALL（国内）。其他：小蜜蜂等。

（4）下载工具（附带聊天）。如 PP 点点通等。

（5）网络游戏即时聊天系统。

（6）BBS 论坛。

QQ 是腾讯公司 1999 年正式推出的即时通讯软件，简单、方便、用途广泛，其在线用户已发展到上亿人，是目前使用最广泛的聊天工具。

电子邮箱是一种利用电子手段提供信息交换的通信方式，用户可以用非常低廉的价格、快速的方式与世界每一个角落的用户联系。

电子传真整合了电话网、智能网、互联网技术，通过互联网将文件传送到网络传真服务器上，由服务器转换成传真机可接收的通用图形格式后，再通过 PSTN（公共交换电话网络）发送到全球各地的普通传真机或任何可电子传真号码上。

MSN（Microsoft Service Network，微软网络服务）是微软公司推出的即时通讯工具，可与亲人、朋友、工作伙伴进行文字聊天、语音对话、视频会议等即时交流。

（四）网络信息资源共享技术与共享方式

网络信息资源共享是指服务器上的驱动器、文件、数据资源等能够被网络上的用户访问，使计算机网络中的资源互通有无、分工协作，从而大大提高硬件和数据的利用率。

1. 网络信息资源共享技术

（1）信息资源共享存储技术有 DAS（直接连接存储）、NAS（网络连接存储）、FC-SAN（存储区域网络）、IP SAN-NAS 和 IP SAN-iSCSI。

（2）信息资源共享分布式访问技术包括基本分布式技术和网格计算。

2. 网络信息资源共享方式

（1）硬盘共享：以虚拟软盘方式共享，用户拥有管理权限以后就能在网络服务器上共享各种硬件和软件资源；以文件服务方式共享，即在服务器上建立一个多用户文件系统，既安全又方便。

（2）打印机共享：是指打印机接受并处理来自一个以上计算机的打印任务。

（3）数据和文件资源共享：可采用数据迁移和计算迁移两种方式。

（4）在混合网络中访问网络信息资源：利用网关借助软件来实现。

三　网络课程与网络学习模式

（一）网络课程概述

网络课程就是通过网络表现的某门学科的教学内容及实施的教学活动的总和，是信息时代课程的新的表现形式。它包括按一定的教学目标、教学策略组织起来的教学内容和网络教学支撑环境。网络课程具有交互性、共享性、开放性、协作性和自主性等基本特征。根据不同特征网络课程可有如下几种定义。

从学习的工具、手段方面来定义:网络课程是基于 Web 的课程,即在因特网上通过浏览器来学习的课程。

从指导思想、理论基础方面来定义:网络课程是体现现代教育思想和现代教与学理论的课程。

从建构主义学习环境所涉及的三种特征方面来定义:网络课程是基于资源的学习,基于情境的学习,基于协作的学习。

从学习过程的特征方面来定义:网络课程是指学习过程具有交互性、共享性、开放性、协作性和自主性等主要特征的课程。

1. 网络课程的组成

(1)按一定的教学目标、教学策略组织起来的教学内容。

(2)网络教学支撑环境,主要是指支持网络教学的软件工具、教学资源。

(3)在网络教学支撑环境下实施的教学活动。

2. 网络课程设计的维度

(1)内容。明确说明整个课程的目标、所属领域范围、学习者群体、典型学习时间;课程内容要充实,范围和深度与课程目标相一致;课程内容科学严谨,且能够适当反映、渗透该领域的最新研究进展;按主题把内容逐级划分为合适的学习单元或模块,每个页面主题明确;针对学习者的心理特征,按照各主题之间的逻辑关系合理地组织、编排课程内容;针对共同涉及的核心知识点建立页面之间的链接;互相链接的资源在意义上密切相关;提供与课程内容相关的、有学习价值的外部资源链接。

(2)教学设计。各学习单元都有明确、具体的学习目标,各主要单元有高层次的学习目标;学习者能按照自己的需要选择和组织学习内容、控制学习进程;课程提供了充分的交互机会,引发学习者对学习内容的积极投入和思考;结合主要课程内容设计需要学习者、操纵讨论或协作解决的问题及相应的要求;采用适当策略吸引学习者的注意力,激发和维持学习者对课程的学习动机和兴趣;适当运用文本、图表、图像、音频、视频、动画等媒体形式来表现课程内容;针对课程的重点、难点内容提供有价值的学习指导、建议或帮助;提供不同层次的练习,让学习者在练习中能得到有意义的反馈;追踪、记录学习过程,包括各单元的学习情况和掌握程度,形成学习者可以随时查看的报表。

(3)界面设计。课程在格式、风格、语言上要具有内在一致性,避免给学习者造成不必要的分心或认知负担;屏幕设计简洁美观,文本、图形等可视元素搭配协调得当;课程中的文字、图形等对象的大小合适,颜色对比适当;学习者能方便地进入课程的各个模块,并且能确认自己当前的位置;链接明显易辨,有明确的标签,学习者在打开链接之前能知道所指向的主题内容;能标记学习者学习的位置,当学习者再次登录时能自动定位到上次结束时的位置,并允许学习者对特定内容做标记;能通过关键词检索到以各种媒体形式表现的有关内容；对学习者的操作做出反馈，利用视觉效果变化或听觉提示等表明操作已经生效；当连接或下载需要较长时间时，在屏幕上提示用户需要等待的时间和所下载文件的大小；针对课程的导航方式、技术应用或特殊功能等提供明确的指导说明。

（4）技术方面。具体说明课程运行所需的基本硬件要求、网络配置及软件名称和版本；课程无需安装，或能顺利安装和顺利卸载，无需专门技术帮助；课程能正常运行，能可靠地启动和退出，各功能按钮能正常工作，没有链接中断或错误，没有明显的技术故障；网络课程中所采用的媒体格式符合有关技术标准。

3. 网络课程开发的过程

①确定教学大纲；②确定教学内容；③总体设计与原型实现，包括内容组织、内容表现、内容导航；④脚本编写，包括脚本编写要求、脚本类型；⑤素材准备；⑥课件开发；⑦教学环境设计、讨论论题及内容设计、课程疑问及解答设计、在线交谈话题设计、课程资源设计、测验试题设计；⑧教学活动设计；⑨运行、维护与评价。

（二）网络学习模式

1. 讲授模式

在因特网上实现这种教学方式的最大优点在于它突破了传统课堂中人数及地点的限制，学习人数不限，也不必集中于同一地点。缺点是缺乏在课堂上与教师面对面的氛围，学习情景的真实性不强。利用因特网实现讲授模式可以分为同步式和异步式两种。

（1）同步式讲授。这种模式中，教师、学生不在同一地点，但学生可在同一时间聆听教师的讲授，师生之间可以进行一些简单的交互，这与传统教学模式是一样的。在教学过程中，教师在配有摄像机、话筒、电子白板、投影机等的授课教室中讲课，学生在配有同样设备的远程学习教室中聆听教师的授课。教师讲课形式与课堂授课形式一样，在电子白板上板书，通过控制系统观察远程教室中的学生表情，接收学生的反馈信息，等等。

（2）异步式讲授。异步式讲授的实现方式很简单，只要利用因特网的 WWW 服务及电子邮件服务就可以满足基本要求。这种模式是由教师将教学要求、教学内容、教学评测等教学材料编制成 HTML 文件，存放在 Web 服务器上，学生通过浏览这些页面来达到学习的目的；另外，还可以将教师课堂授课的情况拍摄下来，经过适当剪辑后，制作成流式媒体的课件，供学生在线点播、学习，不受时空限制。当学生在学习过程中遇到疑难问题时，便以电子邮件的方式询问教师，教师再通过电子邮件对学生的疑难问题给予解答。

2. 个别辅导模式

个别辅导模式可通过基于因特网的 CAI 软件以及网络沟通工具实现教师与单个学生之间的交流。

3. 讨论学习模式

讨论学习模式的实现方式有多种，现广泛使用的工具有 QQ、微信、博客、BBS 等。

4. 探索学习模式

探索学习模式的基本出发点是认为学生在解决实际问题中学习要比教师单纯教授知

识有效,思维的训练更加深刻,学习的成果更加广泛(不仅是知识,还包括解决问题的技巧、独立思考的元认知技能等)。探索学习模式包括如下五个基本阶段。

(1)问题分析阶段。首先,学生被划分成一个个学习小组,每一个小组都有一个辅导教师。辅导教师在不进行任何教学的情况下,向学生提出要解决的问题。学生在原有知识的基础上,提出解决问题的初步想法,然后确定解决问题所要学习的内容,并形成一个解决问题的行动计划。

(2)信息搜集阶段。这是充分体现学生自主学习的阶段,学生在这一阶段搜集与解决问题相关的信息。这时要提供给学生必要的帮助与指导,避免学生产生过强的挫折感。学生通过查找他们最想知道的信息,逐步建构起自己关于该领域的知识结构原型,并形成自主思维的能力与习惯。

(3)综合阶段。经过搜集信息的自主学习阶段之后,学生重新回到学习小组中,利用他们所学到的新知识重新对问题做出评估。这个阶段学生不只是简单地说说他们已经学到什么,而是要应用所学到的新知识,解决现实中的学习问题。学生通过解决现实中的问题,将所学知识进行外化。新知识在原有知识的基础上,得到巩固与应用,产生广泛的联结,从而使学生牢固地建构起自己的知识体系。

(4)抽象提炼阶段。一旦学生觉得问题得到完美的解决之后,为了提炼和升华,他们需要讨论其他相关的问题,对解决问题的方法进行归纳与总结。

(5)反思阶段。学生开始反思问题的解决过程,作相互的对等评价或自我评价,辅导教师适当进行点评,并帮助学生归纳、总结。学生相互之间的讨论以及对新学到的知识的反思,有助于发展其元认知技能。

探索学习模式有四个基本要素,即问题、资料、提示和反馈。将这四个基本要素组织和衔接好,便能在简单的技术背景下,达到良好的教学效果。

5. 协作学习模式

协作学习是一种为了促进学习、由某些学生协作完成某个给定学习目标的教学方法。在协作学习过程中,个人学习的成功与他人的成功密不可分,学生之间以融洽的关系、相互合作的态度,共享信息和资源,共同担负学习责任。协作学习和个别化学习相比,有利于促进学生高级认知能力的发展,有利于学生健康情感的形成,因而受到广大教育工作者的普遍关注。基于网络的协作学习是指利用计算机网络以及多媒体等相关技术,由多个学习者针对同一学习内容彼此合作,以达到深刻理解与掌握教学内容的过程。

(1)协作学习的形式。在基于因特网的协作学习过程中,基本的协作模式有四种:竞争、协同、伙伴与角色扮演。

(2)协作学习的维度。在协作学习环境中协作学习可以从六个不同方面进行考察,我们将其称为协作学习的六个维度:①协作交互作用的控制,②协作学习的任务,③协作学习环境的设计,④协作学习环境的角色,⑤协作的范围,⑥支持协作的教学方法。

(3)协作学习的机制。①冲突和争执机制,②自我解释机制,③内在化机制,④学徒机制,⑤共同承担认知任务机制,⑥共享规则机制。

(4)有效协作学习的条件。协作学习具有一定的局限性,并不适用于所有情况。可以有效进行协作学习的条件可以归结为三类:小组的组成,任务的特性,通信媒体。

(三)MOOCs 及其设计

MOOCs 是一种以开放访问和大规模参与为目的的在线课程,即"Massive Open Online Course",又称"慕课"。世界上第一个 MOOCs 平台大约出现在 2011 年,美国斯坦福大学塞巴斯蒂安·史朗教授把研究生水平的"人工智能"课程放在互联网上,从而吸引了来自 190 多个不同国家的 16 万名学生。2012 年,美国的顶尖大学陆续设立网络学习平台,在网上提供免费课程。Coursera、Udacity、edX 三大课程提供商的兴起,为更多学生提供了系统学习的可能。这种便捷、公开和参与性强的在线教育形式引起了全球每一个国家和区域的兴趣,各种各样的 MOOCs 平台纷纷建设起来,如印度的 EduKart、澳大利亚的 OpenLearning 和 Open2Study、英国的 FutuRelearn、欧洲的 OpenupEd 等。

我国 MOOCs 平台起步稍晚,2013 年 5 月,清华大学正式加盟 edX 和果壳网旗下的 MOOC 学院;2013 年 7 月,复旦大学、上海交通大学相继签约 Coursera;2013 年 10 月,清华大学推出"学堂在线";2014 年 4 月,上海交通大学推出"好大学在线";2014 年 5 月,网易云课堂与爱课程网合作推出"中国大学 MOOC";等等。

1. MOOCs 的分类与特点

MOOCs 主要有两种模式:基于关联主义学习理论的 cMOOC 模式和基于行为主义学习理论的 xMOOC 模式。简单来说,cMOOC 模式侧重知识建构与创造,强调自学、互助和社会网络学习;xMOOC 模式则更接近传统教学过程和理念,侧重知识传播和复制,强调视频、作业和测试等。

2. MOOCs 的结构

MOOCs 的结构主要分为视频、练习和讨论。

(1)视频。它是学习内容传递的重要形式,其特点是:小片段,时间短;主题聚焦,相对独立完整;形式多样,强调借助技术最大化教学效果;学习路径自由灵活。下面介绍两种主要的视频制作方法。

①电脑录屏法:首先,准备好 PPT 或 Prezi 等形式的课件;其次,可选择 Camtasia Studio、Screen Flow 或超级录屏 8.0 等软件来录制屏幕;最后,利用录屏软件进行后期剪辑,添加图形、字幕等。

②摄像机拍摄法:首先,准备好课件等材料及教具;其次,与摄像师沟通拍摄内容及拍摄形式;再次,布置视频拍摄环境;最后,通过 Adobe Premiere、Edius、Final Cut Pro 或会声会影等软件进行视频编辑,导出格式一般为 MP4 文件。若素材格式不匹配,可以使用"格式工厂"转换文件格式。

(2)练习。它可以促进学生掌握和吸收知识。目前大多数 MOOCs 都包含以下三类练习活动。

①测验活动:主要以客观题为主,支持的题型越来越多。如 Coursera 课程支持单选、多

选、填空、程序结果验证题；edX 课程除了上述题型之外，还有一些拖动匹配题，呈现形式更加活泼有趣。

②视频中或视频之后的小测试：Coursera 课程和“中国大学 MOOC”平台都支持视频嵌入小测试，edX 课程和“学堂在线”采用的是在视频之后进行随堂测验活动。Coursera 课程模拟的是教师在讲课过程中的停顿，edX 课程模拟的是教师讲完一段后的提问。这类练习主要是客观题，系统自动评阅，不计入课程成绩。

③作业活动：作业与测验的区别是作业往往需要花较长的时间来完成，而且可能需要借助一些其他资源或者与他人合作。有些作业可以由软件自动批改，比如程序作业；有些作业，如文章类作业，就需要人工批阅。目前 MOOCs 主要是借助“同伴互评”功能来组织学员对这类主观性较强作业进行批阅、提供评语。有研究表明，学生按照教师提供的评分标准进行作业自评或他评，会提高学生对教学目标的理解、对教学内容的认识，拓展其解题思路，是一种很有效的教学方法。

(3)讨论。这种讨论甚至比面对面的讨论更能促进学生深刻地思考，学生在论坛中发言时需要用文字组织思路并表达出来，这个过程有助于对思考的进一步加工和细化。讨论是 MOOCs 学习不可缺少的环节，开展讨论要注意以下几个方面。

①教学团队围绕每周的学习内容，在论坛区开展有引导性的问题讨论，如评估学习过程；启发学生在态度价值情感方面的思考；启发学生从不同角度思考问题；让学生重新定义某一论述或观念；让学生对自己的解释给出证明或做出解释；启发学生将信息知识系统化。

②问题的形式要注意多样化，既有开放性问题又有封闭性问题，既有一般问题又有特殊问题。避免一个帖子同时问多个问题，导致学生不知道该回答哪个问题。

③对于一个回答“是或不是”的问题，一定要进行追问。例如，问学生为什么要这样回答，让学生说出理由或举个例子。

目前主流的 MOOCs 平台上，自带的讨论区都相对较弱，能够支持的功能主要有：论坛结构划分(论坛的分支结构)、投票、发帖/回帖、帖子订阅等。部分课程已经开始尝试引入外部工具来促进学生的讨论或知识共建，如有些 Coursera 课程会使用 Google+ 、Facebook 等社交媒体引导学生建立属于自己的学习社区。

(四)微课的设计与应用

微课是指按照新课程标准及教学实践要求，以视频为主要载体，记录教师在课堂内外教育教学过程中围绕某个知识点(重点、难点、疑点)或教学环节而开展的精彩的教与学活动全过程。

微课的核心组成内容是课堂教学视频(课例片段)，同时还包含与该教学主题相关的教学设计、素材课件、教学反思、练习测试及学生反馈、教师点评等辅助性教学资源，它们以一定的组织关系和呈现方式共同“营造”了一个半结构化、主题式的资源单元应用“小环境”。微课有别于传统单一资源类型的教学课例、教学课件、教学设计、教学反思等教学资源,它是在传统教学资源的基础上继承和发展起来的一种新型教学资源。

微课的设计制作要结合以下特点:

(1)教学时间较短。教学视频是微课的核心组成内容。微课的时长一般为5～8分钟,最长不宜超过10分钟。因此,相对于传统的40或45分钟一节课的教学课例来说,它可以称之为“课例片段”或“微课例”。

(2)教学内容较少。相对于较宽泛的传统课堂,微课的问题集中,主题突出,更符合教师的需要。微课主要是为了突出课堂教学中某个学科知识点(如教学中的重点、难点、疑点内容)的教学,或是反映课堂中某个教学环节、教学主题的教与学活动,相对于传统一节课要完成的复杂、量多的教学内容,微课的内容更加精简,因此,又可以称为“微课堂”。

(3)主题突出、内容具体。微课一个课程就是一个主题,或者说一个课程就是一件事。研究的问题来源于教育教学具体实践中的具体问题:或是生活思考,或是教学反思,或是难点突破,或是重点强调,或是学习策略、教学方法、教育教学观点等具体的、真实的、自己或与同伴可以解决的问题。

(4)微课不仅可以视频形式,也可以动画等基于网络流媒体的形式播放,可支持移动学习和在线学习。

(5)微课时间较短,所使用的案例与内容必须是真实的、具体的、典型案例化的教与学情景。因此,设计时往往以模块为核心,以学生为中心,把多个知识点有机融合在一起。

四　移动学习

移动学习是一种借助于移动设备,可在任何时间、任何地点发生的学习,所使用的移动设备必须能够有效地呈现学习内容,并提供教师与学生之间的双向交流。移动学习是在数字化学习的基础上发展起来的,是数字化学习的扩展。学生不再被限制在电脑桌前,可以自由自在、随时随地进行不同目的、不同方式的学习。学习环境是移动的,教师、研究人员、技术人员和学生都是移动的。

(一)移动学习的技术基础

移动学习实现的技术基础是移动计算技术和互联网技术,即移动互联技术,实现的工具是小型化的移动计算设备。

移动计算技术将使计算机或其他智能终端设备在无线环境下实现数据传输及资源共享。使用各种无线电射频(RF)技术或蜂窝通信技术,可以使用户携带他们的移动计算机、个人数字助手(PDA)、BP机和其他电讯设备自由漫游。移动计算技术实际上就是如何向分布在不同位置的移动用户(包括手提电脑、掌上电脑、手机等)提供优质的信息服务(信息的存储、查询、计算等),它设计出的数据库系统能够安全、快速、有效地向各种用户终端设备提供数据服务。

移动互联网(Mobile Internet,简称MI)是一种通过智能移动终端,采用移动无线通信方式获取业务和服务的新兴业务，包含终端、软件和应用三个层面。终端包括智能手机、平板电脑、电子书等；软件包括操作系统、中间件、数据库和安全软件等；应用包括休闲娱乐类、工具媒体类、商务财经类等不同应用与服务。

移动学习目前主要依托比较成熟的无线移动网络、国际互联网以及多媒体技术来实现交互式教学活动。移动学习系统主要由四部分组成：移动教育网、国际互联网、教学服务器和移动终端设备。

移动教育网：该网络是整个移动网络的一部分，由多个基站组成，用来发射或接收来自移动终端设备以及互联网的信息，并通过空中接口使移动终端设备与互联网实现无缝连接。

国际互联网：该网络即我们通常说的互联网，是教育资源的有效载体。目前互联网技术已经非常成熟，与互联网连接的用户可方便地进行信息交换，并可访问互联网上的丰富资源。

教学服务器：该服务器与互联网相连，存储丰富的教学资源以及相应的服务程序。

移动终端设备：如手机、PDA、MP3、MP4、数码相机、笔记本电脑以及车载、船载便携移动设备等。手机是在较广范围内使用的便携式电话终端。

（二）移动学习的模式

1. QQ 移动学习模式

腾讯公司的 QQ 以其合理的设计、良好的应用、强大的功能、稳定高效的系统运行，赢得了用户的青睐。QQ 支持在线聊天、视频电话、点对点断点续传文件、共享文件、网络硬盘、自定义面板、QQ 邮箱等多种功能，并可与移动通讯终端等多种通讯方式相连。除一对一的交流互动外，QQ 群是一种“多对多”的互动交流方式，它拉近了学生与学生、学生与教师之间的距离，甚至可以实现零距离沟通。利用移动终端设备，通过 QQ 群功能可开展以下学习形式。

（1）群资源共享。QQ 群为用户提供了群共享功能，大家可以将获取的学习资源发布到群里，在规定时间内其他成员可以随时下载学习。如教师授课的课件与音频、专家的授课视频、群成员从网络上获取的其他学习资料等，都可以发布到群里供成员交流学习。

（2）群直播。QQ 群内整合了 QQ 直播功能，QQ 用户可以直接在自己群里的 All In One 窗口中观看 QQ 直播节目，所有群用户都可以使用该功能。利用这个功能，大家可以共同收看所关心的话题和内容，边观看边发表学习见解。

（3）群讨论组。QQ 群为用户提供了分组讨论的功能，利用这一功能开展小组协作学习，可以在很大程度上发挥小组成员之间的互补作用，实现学生之间的帮、扶、带，弥补教师授课过程中难以解决的疑难问题。

（4）多人语音会话。在群里，可以发起多人语音会话，类似于现场讨论。目前受网络带宽和个别计算机硬件的限制，有时会发生语音断断续续或者延迟现象，这一功能尚未充分发挥作用。

(5)视频直播。这是QQ群的一个全新功能,在最新版本的QQ中已经应用。使用者可以开通视频秀,这样所有群成员可以面对面的交流,使学习者无论身在何地,都有种在教室的感觉,进一步拉近了师生和学生之间的距离。这对于网络通讯和网络教育来说是一个质的飞跃。

2. **微信移动学习模式**

微信的文字、图片、语音、视频、对讲机等交互功能可以不受时间地点限制地帮助学生进行移动学习交流,可以实现实时讨论学习问题、交流想法。这种学习模式有利于学生及时交流与互动,提高学习效率,增强学习效果。

3. **在线连接浏览移动学习模式**

通过在线连接浏览移动学习模式,学生可以使用移动终端设备,经过电信的网关接入互联网,访问教学服务器,并进行浏览、查询和实时交互,类似于普通的互联网用户。教师和学生能够通过手机或其他手持设备随时随地地访问教学和学习资源。

4. **直播课堂移动学习模式**

学生可以通过直播系统进行学习,教师与学生可以进行即时互动,有效传递最新知识等。直播课堂的时间是固定的,不能灵活选择。

5. **点播及课件下载移动学习模式**

学生可以通过移动终端设备在相应网站点播学习,可以方便地下载相关资料,随时随地进行学习。

五　现代远程教育

现代远程教育是随着现代信息技术的发展,利用网络技术、多媒体技术等现代信息技术手段开展的新型教育形态。它以学生为主体,主要通过多种媒体和交互手段进行系统教学和通信联系,是建立在现代电子通信技术基础上的网络教育,是构筑信息时代人们终身学习体系的重要手段。现代远程教育对基础教育有重要影响。

(一)现代远程教学模式与学习方式的变革

现代远程教育相比传统教育在教学模式上具有以下显著特征:在整个学习期间,师生永久性地分离;教育机构或组织通过学习材料和支持服务两个方面对学生的学习施加影响;利用各种技术媒体联系师生并承载课程内容;提供双向通信交流;在整个学习期间,可不设学习集体,单个学生利用多种学习媒体,即可达到学习目的;教育真正不受时空限制;受教育对象扩展到全社会;有更丰富的教学资源供受教育者选用;由原来的以"教"为主转变为以"学"为主。为此,现代远程教学模式与学习方式都发生了重要变革。

1. **课堂讲授模式**

课堂讲授模式继承了传统的教师讲授、学生接受的方式,以单向沟通为主,但是突破了传统课堂对人数及地点的限制,扩大了教育规模。它的不足是缺乏课堂氛围,学习情景的真实性不强。课堂讲授可分为两种方式：

(1)远程实时授课：主要通过网络系统进行教学，以教师为中心，教师和学生可在不同地点，学生通过网络在同一时间聆听教师的讲授，并且师生通过视频会议系统可以进行一些交互活动。在教学过程中，教师通过教学设计，选择合适的教学软件进行教学。学生既接受来自教师的传统教学手段的信息，也接受来自计算机的信息。其优点是教师控制教学进程，保证讲授知识的系统性、连贯性和流畅性；同时，能利用多媒体技术演示普通教学手段很难或无法表达的事物及变化，产生鲜明的逼真效果，调动学生的学习兴趣。缺点是学生有时仍处于被动学习状态。

(2)远程非实时授课：主要通过多媒体课件进行远程教学，学生可以根据自己的实际情况确定学习的时间、内容和进度，可随时在网上下载学习内容或向教师请教。其缺点是缺乏实时的交互性，对学生的学习自觉性和主动性要求较高。同时，还要建立一个专门负责解答学生疑难问题，并能对学生进行形成性评价的应答与测评反馈系统。

2. 个别化自主学习模式

个别化自主学习模式是指在没有教师的直接连续指导下，学生自主规划并进行有目的的系统学习。在个别化自主学习活动中，学生成为教育和教学活动的中心，成为自我教育的主体。学生可以自主选择学习内容，自主制订学习计划，自主决定学习方式，并进行自我效果评估，等等。个别化自主学习的优点是：体现了学生的充分自治，创造了一个非常开放的空间，有利于发挥学生的主动性和能动性。其缺点是：对学生个人能力要求较高，学生必须具备应对分析能力、批评性思维能力、自主决定和独立行动能力，实行自我管理、自我负责。个别化自主学习主要有两种方式：

(1)基于资源的学习：要求学生利用各类教育资源进行学习。因特网的出现为学生提供了丰富的网络教育资源，学生通过校园网、教育科研网等资源平台可以查阅多媒体课件、网上书刊、网上图书馆和数据库等，获取所需知识。此外，学生还可以通过网络向相关专家求教，获得指点和帮助。

(2)基于问题的学习：一种自主性更强的探索式学习。学生通过一系列活动去探索、了解和发现问题，提出假设，制定解决问题的策略，搜集资料，通过实践或实验进行验证修正。上述过程反复循环直到得出结论，最后将结论撰写成报告。这种模式把学习放到复杂的有意义的问题情景中，让学生通过解决真实性问题来学习隐含在问题背后的知识。这种方法可以使学生建构起雄厚的知识基础，增强有效解决问题的能力和技巧。其显著特点之一是容易激发学习的内部动机和热情。在这种模式的教学设计中，问题的提出是一个重要方面，也是取得良好效果的关键。在教学设计中指导者应精心定位问题的目标特征，给出学生在学习某项内容或完成某项任务时应达到的知识目标和认知能力。在解决问题的过程中，学生不仅要学习新知识，还要学会新的思想方法。往往在解决当前问题后，学生能掌握预期的知识，发展预期的技能，即通过可利用的知识和可迁移的技能尝试着解决新的问题，所以这种方法又被称为“发现式教学”。

3. 协作学习模式

协作学习模式是指在教师指导下通过小组或团队形式组织学生进行学习的策略，是学生为达到共同的学习目标并最大化个人和他人的习得成果而进行的学习模式。在协作学习过程中,成员之间的关系有两种:协同关系和竞争关系。当多个学生为共同完成某个学习任务而合作时就形成协同关系。学生个人学习的成功与团队中其他人的成功密不可分,学生发挥各自的认知特点,互相合作,共享信息和资源。在与同伴密切沟通与协调过程中,学生对学习内容的深刻理解与领悟逐渐形成,进而实现对知识意义的建构,同时学生的社交能力也得到提升。当多个学生针对同一学习内容或情景进行竞争性学习,看谁首先达到教学目标时,就形成竞争关系。由于竞争,学生在学习过程中自然会全神贯注,并根据自己和对手的状态及进展情况调整自己的学习策略,从而大大提高学习效率。教师在整个协作学习过程中是学生学习的促进者和教学过程的主导者,教师分配学习任务和控制学习进度。在课堂中进行协作学习,教师的教学主导地位和作用显著;而在远程教学中进行协作学习,教师的作用主要是资源设计者、教学指导者和效果评价者,其教学主导作用稍弱。协作学习主要有两种方式:

(1)讨论交流式学习。一般要为学生提供相互交流的环境,使每个人的发言或评论都即时地被所有参与讨论的学生看到。为保证学习的讨论和发言能符合教学目标的要求,学习过程必须由专业教师或各个领域的专家监控,不但要围绕主题,而且要针对学生的发言作必要的评论,防止讨论偏离当前学习的主题。

(2)协作解决问题式学习。一般要为学生构建一个基于真实问题或项目的网络环境,学生以小组为单位,在协作解决问题或进行项目开发的过程中达到学习知识和技能的目的,从而激发批判性思维和创造性思维,最终形成解决复杂问题的能力。协作解决问题式学习模式是网络环境下计算机支持的协同工作在"教育领域"的应用。这种模式在协作学习的基础上,吸收了"基于问题学习"的特点,激发了学生的能动性和创造性。因此,对此模式及网络协作教育系统的研究已引起远程教育专家的关注。协作解决问题式学习模式对学习环境、学生和教师都有较高的要求。学习环境是开放的,要求有一个稳定的网络系统并能够提供充足的教学资源,提出的学习任务其答案往往不是唯一的,所以该模式适合于采用启发式、研究式以及能实现较高层次学习目标的学习内容。因此,学生必须掌握信息技术,能自主学习和自我负责。

4. 案例教学模式

案例教学模式是指将围绕教学目的精选案例编成教案,教学时通过展现其中的矛盾,启发学生进行分析、研究,或从实际出发将经验条理化、系统化,使之上升为理论,促进学习的迁移和应用。它既适用于课堂教学,也适用于远程教学。网络和超文本的特点决定了在网络上的教学内容可以是网状的知识结构,更接近于人的联系记忆结构,有利于学生的知识建构。由于网络上信息资源的链接、复制和共享十分便捷,便于建立案例库,网络环境下的案例教学更适宜于学生的主体活动,有利于培养学生的分析研究能力和理论联系实际的素养。同时,案例学习会促进学生关心社会、关心未来,学会从多方面和多渠道获取知识和更新知识。因此,在强调对学生进行素质教育的今天,这种模式备受关注。

5. 虚拟环境模式

虚拟环境模式是依托计算机的“虚拟现实”技术来实现的，主要指利用计算机硬件、软件及传感器技术生成实时的、三维的、高度逼真的能模拟现实世界视觉、听觉和触觉行为的交互式人机界面，形成“虚拟环境”，如虚拟课堂、虚拟实验室、虚拟图书馆、虚拟实习工厂，乃至整个虚拟校园。学生凭借高科技设备可产生身临其境的真实感，能像在真实世界中一样进行交流、操作。目前虚拟环境教学还处在初级阶段，理想的虚拟教学环境还有待于高科技领域的技术突破。虚拟式学习将是未来远程教育的一种重要的教学模式。

（二）现代远程教育与中小学教师专业发展

现代远程教育为构建终身教育体系、建设学习型社会提供了强大动力，对中小学教师专业发展具有重要的意义。

1. 现代远程教育为中小学教师提供了均等的远程学习机会

随着信息时代的快速发展，中小学教师接受继续教育显得尤为重要，对于教师的工学矛盾，现代远程教育的发展起到了很好的缓解作用。现代远程教育促使中小学教师不仅可以自由地选择学习时间和地点，还可以根据自己原有基础、兴趣爱好，自主选择学习内容、安排学习时间、控制学习进度，为自身的专业发展开辟了新途径。

2. 现代远程教育为中小学教师创设了更为便捷的教学平台

现代远程教育以计算机通信技术和网络技术为依托，采用远程实时和非实时的多点双向交互式多媒体现代化教学手段，实现跨越时间和空间的教育传递过程。中小学教师可以在任何时间、任何地点借助网络系统进行授课、答疑、互动交流、布置和批改作业等教学活动，提高了教育教学效率。

3. 现代远程教育为中小学教师构建了全员学习共同体

现代远程教育以其强大的沟通交互能力，为中小学教师提供了良好的学习交流平台，对建立全员学习机制，增强教师学习意识，促进教师专业发展具有重要意义。依据现代远程教育的技术优势可以把全体中小学教师组织起来成为学习共同体，形成了共同学习、互相学习的局面。在学习活动中，学习不再以教材或学科的章节为单位来开展，而是围绕某个专题做阐述，随后所有成员进行讨论，就自己对问题的理解和掌握的相关知识与共同体内成员进行交流，最终形成一个大多数人认可的结论。这种方式能够为中小学教师提供一个获取知识的重要途径，是现代远程教育环境下中小学教师专业发展的一条捷径。

4. 现代远程教育促进了中小学教师的学术研究氛围

现代远程教育提供了方便快捷的远程学习交流平台，方便中小学教师撰写教学日记、教学随笔、教学小结等，不断对自己的教育理念、教学方法、教学技能以及教学效果等进行总结与反思，评价与修正。这不仅能提高中小学教师的理论素养，还能不断提高教师的网络教学水平和教学技能，从而使现代远程教育为中小学教师的专业发展提供持续不断的进步源泉。

(三)现代远程教育与中小学教育教学改革

现代远程教育以其教学资源丰富,学习时间、地点灵活多样等优势,对中小学教师的专业发展及教育教学改革有着非常重要的促进作用,主要表现在以下三个方面。

1. 充分利用优质远程教育资源,促进中小学教育教学改革

《基础教育课程改革纲要(试行)》明确提出:“积极开发并合理利用校内外各种课程资源……积极利用并开发信息化课程资源。”中小学教育要实现课程改革目标,需要大量的优质教育教学资源作支撑,需要通过信息技术和优质教育教学资源的有效应用,促进教师教育观念的转变、教育方式的更新,这样才能达到提高教育教学质量的目的。因此,充分利用优质现代远程教育资源,对促进新课程改革有积极的推进作用。

2. 不断提高教师信息技术素养,促进中小学教育教学改革

信息化是当今社会发展的大趋势,在教育领域,以网络技术和多媒体技术为核心的现代远程教育已成为教学和学习的重要工具,信息素养也已成为科学素养的重要基础。《中共中央国务院关于基础教育改革与发展的决定》指出:“大力普及信息技术教育,以信息化带动教育现代化。”而现代远程教育资源为我们进一步学习信息技术、提高信息素养提供了方便,推动了信息技术的发展。中小学教师通过现代远程教育资源,不断学习信息技术,更新知识结构,提高自身信息素养,促进教学改革。

3. 积极转变教师教学观念,促进中小学教育教学改革

现代远程教育资源的有效运用,使教师的教学观念从以教师为主体的教学模式,不断转变为以学生为主体、以教师为主导的“双主”教学模式;学生不再是课堂学习的被动客体,而是课堂学习的主体,教师成为学生学习活动的引导者、辅助者、合作者等。教师教学观念的转变,学生创新思维的培养,是素质教育的体现,促进了教育教学改革。

问题思考与讨论

1. 简述多媒体网络教室的特点。
2. 举例说明因特网在教育中的应用。
3. 简述网络信息资源的种类。
4. 举例说明网络信息资源的检索方法。
5. 简述 MOOCs 的设计。
6. 举例说明微课的应用。
7. 结合实际谈谈移动学习模式对学习产生的影响。
8. 简述现代远程教学模式。

阅读指南

1. 陈丽. 远程教育[M]. 北京:高等教育出版社,2011。

随着我国现代远程教育实践的蓬勃发展,其迫切需要科学理论和有效方法的指导。该书是远程教育领域的入门课程,适合初学者。主要内容包括六个模块:远程教育实践发展的脉络;远程教育基本原理;远程教育中的成人学生与学习;远程教育中的媒体、平台与标准;远程教育中的课程设计与开发;远程教育中的学生支持服务。该书既有理论教学内容,又提供学习方法指导,文字交互性强。

2. 王建华,李晶,张珑. 移动学习理论与实践[M]. 北京:科学出版社,2009。

随着因特网技术、无线通信技术的普及和迅猛发展,基于 Web 的远程教学已经成为当前教育的重要方式和发展方向。任何人,在任何时间、任何地点,以任何方式进行学习是必然趋势。对于终身教育来说,传统课堂之外的学生人数大大增加,这些人没有固定的学习地点和时间,甚至工作场所也不固定,他们需要借助身边的一切可联网的设备,如计算机、PDA、手机等,随时随地利用远程网络教学系统进行学习。该书分理论基础、系统开发技术、案例介绍三个部分对移动学习的理论和技术进行了详细阐述。

网络导航

1. 学堂在线:http://www. xuetangx. com/。

“学堂在线”是免费公开的 MOOC 平台,是国家教育部 MOOC 研究中心官方合作平台,致力于通过来自国内外一流名校开设的免费网络学习课程,为公众提供系统的高等教育,让每一个中国人都有机会享受优质教育资源。通过和清华大学在线教育研究中心以及国内外知名大学紧密合作,“学堂在线”将不断增加课程种类,提高丰富程度。

2. MOOC 学院:http://mooc. guokr. com/。

“MOOC 学院”是中文互联网内最大的 MOOC 学习社区,由北京果壳互动科技传媒有限公司创立。迄今为止,“MOOC 学院”有 95 万用户,聚集了超过 60% 的 MOOC 中文学习者。在这里,你可以通过大家的评分和笔记来筛选你最需要的优质课程,还可以加入围绕课程设立的学习小组,用中文讨论学习问题。“MOOC 学院”是 Coursera 的全球翻译合作伙伴,用户自发组成的“教育无边界字幕组”为 40 多门课程制作了中文字幕。此外,edX、Udacity、FutureLearn、iversity、清华大学“学堂在线”、台湾大学 MOOC 项目组、复旦大学等教育组织,都和“MOOC 学院”建立了长期合作关系,共同探索华语 MOOC 的发展。

主要参考文献

[1]王云,李志河. 现代教育技术应用[M]. 北京:北京交通大学出版社,2007.

[2]张新立,胡来林. 现代教育技术实验教程[M]. 北京:电子工业出版社,2008.

[3]奉国和,高波. 网络环境下信息资源共享技术研究[J]. 图书与情报,2008

(4):48 - 53.
[4]余胜泉,何克抗.基于 Internet 的教学模式[J].中国电化教育,1998(4):58 - 61.
[5]好搜百科.MOOC[EB/OL].http://baike.haosou.com/doc/5465278-5703609.html.
[6]汪琼.教你如何做 MOOC[EB/OL].http://www.icourse163.org/course/pku - 72001#/info.
[7]王怀新.QQ 群在网络学习中的应用[J].中国教育技术装备,2013(26):40 - 41.
[8]杨改学.远程教育[M].北京:高等教育出版社,2012.
[9]詹碧卿,林超文,蒋建生,等.现代远程教育教学模式探讨[J].中国远程教育,2002(2):43 - 47.
[10]田海峰.远程开放教育教学模式改革的思考[J].陕西广播电视大学学报,2004(3):16 - 19.
[11]蓝斌.现代远程教育环境下教学模式重构[J].中国远程教育,2005(5):45 - 49.

第六章　教育技术技能

学习目标

掌握网络教学资源的搜索和管理方法；掌握交互式电子白板的使用方法；会利用PowerPoint编制多媒体演示文稿或课件；掌握多媒体综合教室基本教学辅助工具的使用方法；基本掌握多媒体网络教学系统的使用方法；掌握一种思维导航工具的使用方法；会使用一种多媒体可视化工具设计简单程序；能列举自己所在学科领域的计算机辅助教学工具，并掌握其基本功能。

一　资源的获取

（一）资源的检索技巧

因特网提供了一个世界范围的共享信息资源，熟练掌握资源的检索技巧便可以方便、快捷地获取信息。常用的检索方式主要有以下三种。

1. 直接访问相关网络资源的网页

知道相关资源所在网页的地址或网络实名，直接在浏览器地址栏里键入即可。例如需要中小学各学科的相关资源，可以访问国家教育资源公共服务平台（http://www.eduyun.cn/），农村中小学现代远程教育资源网（http://www.zhaoyuanedu.cn/weixing/czpd/homepage/shang/index.html），中小学学科教学资源网（http://xueke.edudown.net/），中央电化教育馆教学资源库（http://djg.pyedu.cn/cgi-bin/loginAction.cgi），等等。

2. 使用搜索引擎

搜索引擎是在网上进行信息检索的工具，从本质上来说是一个网站，它使用某些程序对因特网上的网站信息进行收集和分类，以帮助人们搜寻自己所需的信息。依据搜索方式的不同，可分为目录类和全文类搜索引擎。目录类搜索引擎通过分类链接形式呈现信息，用户逐级逐层浏览所需信息，如搜狐（http://www.sohu.com/）、新浪（http://www.sina.com.cn/）等。全文类搜索引擎不断收集网页以及网址信息，以数据库的形式存储，用户输入关键词后搜索引擎检索匹配后将结果反馈给用户，如百度（https://www.baidu.com/）、搜搜（http://www.soso.cn/）、搜狗搜索（http://www.sogou.com/?rfrom=soso）等。

3. 直接访问在线数据库

还可以利用网上某些网站的在线数据库进行查询,如中国知网(http://www.cnki.net/)、读秀(http://www.duxiu.com/)等。

网络教学资源的检索方式除了上述三种以外,还有许多其他方式。日常的教学过程中,可以根据教学内容的不同来选择合适的一种或多种方式。但是,网络中的信息资源往往是分散的,且数量庞大、鱼龙混杂,缺乏足够的加工深度和条理性。在这种信息的汪洋大海中,搜索引擎的地位和作用相当明显,它能够帮助我们快速地从网络中搜索到所需资源。所以掌握检索策略和技巧尤为重要。检索技巧主要有以下几个方面:

(1)提炼搜索关键词。从所需信息中提炼出最具代表性和指向性的关键词,以提高信息查询效率,这是使用搜索引擎的基本技巧。例如,要查询牵牛花是一种什么样的植物,可以直接在百度搜索引擎的关键词录入框中输入"牵牛花"或者"牵牛花是什么"即可,而不需完整输入"牵牛花是一种什么样的植物"。再如,要查询教学中常用的软件资源有哪些,可输入关键词"教学软件"或者"常用教学软件"即可。

(2)细化搜索条件。搜索条件越具体,搜索引擎返回的结果就越精确,有时多输入一个关键词效果就完全不同。例如要了解中国明朝时期的服饰和生活习惯,关键词可以是"明朝""服饰生活"等。

(3)相关相近词法。使用多个关键词是精确查找的常用方法,可以通过增加或改变与目标相关的关键词的方式来帮助精确查找所需资源。例如,我们要快速精确地查找影视明星成龙的生日是哪一天,直接键入"成龙生日"或者"成龙　生日"进行搜索,搜索结果会有很多(约 11 300 000 个搜索结果),并且大多数都是无关信息,如"成龙 60 岁生日""望子成龙　生日"等等。如果要查找某个人的信息,那么这个人的相关信息介绍中必然还有其他的个人信息,如身高、星座等。因此,相关词法就具有优势了,如输入"成龙　生日　星座",搜索结果的准确度就相当高。另外,还可以适当将关键词改为相近的近义词,例如,可以把"什么时间"改为"何时"、把"英译稿"改为"翻译"、把"流程"改为"步骤"等等。

(4)逻辑符号的巧用。搜索引擎大多支持"与"或"非"等逻辑运算,常见的逻辑符号指"AND""OR""NOT"以及"＋""－""&""^"等,用好逻辑符号可以起到事半功倍的效果。例如,要了解唐朝的服饰或者文化,关键词可以为"唐朝服饰 OR 文化"。

(5)强制搜索。将关键词加上英文双引号进行强制搜索,可以使搜索结果更加精确,这一方法在查找名言警句或某些专有名词时优势明显。

(6)前缀符法。查找特定类型的文件,前缀符法的优势最强,其格式是"搜索内容 filetype:文件类型"。例如,搜索一些关于信息技术学科整合的 PPT 文档,输入"信息技术学科整合 filetype:ppt"即可。

(7)通配符法。有时候,记忆中总会留下一些模糊不清或者残缺不全的信息需要补充,如"(　)拾皆是""悲(　)悯人""(　)龙(　)虎"等成语。翻字典、查资料等方式效率太低,这时候通配符法就可以起作用了。可以用"?"或"＊"作为通配符来代替缺漏信息,如“？拾皆是”“悲＊悯人”“？龙＊虎”等。

(8)专题法。专题搜索可以满足个性化的搜索需求，例如，查询手机号码的归属地，只需要在搜索引擎中直接输入手机号码即可，查询自驾行驶路线可以直接查询地图，查询翻译可以直接使用搜索引擎的翻译目录模块，有些汉字不会使用拼音和五笔输入法可以借助某些搜索引擎（如百度）的手写输入功能，还有音乐模块搜索、视频模块搜索、图片模块搜索等功能。

搜索技巧和一般意义上的技术一样，需要持续实践才能不断地总结和提高。在纷繁庞杂的网络中通过高效的检索技术获取资源可以提高学习效率，但是要注意避免“搜索依赖症”，很多时候直接访问某些权威信息源或者专题网站，可能比使用搜索引擎技术更快、更准确。

（二）资源的获取技巧

网络就像一个信息的海洋，其中包含大量的文字、图片、表格、动画、音频、视频、软件等信息，它们都以文件的形式存储于世界各地的计算机中。我们可以通过一些技巧来获取和共享检索到的上述信息，下面按文件类型的不同分别予以阐述。

1. 文字资源的获取

打开一个空文档，在目标网页中使用“复制”“粘贴”的方式可以轻松地获取文字信息。但是，有时候一些网页的内容很好且相关替代资源匮乏，却无法复制。对于这种情况，介绍以下两种方法：

(1)将网页另存为文本文件。执行浏览器的“文件”→“另存为”命令，弹出“保存网页对话框”，选择保存路径之后选择保存类型为“文本文件”，打开保存的文件即可通过“复制”“粘贴”的方式获取所需文本。或者直接保存为网页文件，不更改保存类型也可以。

(2)通过禁用相关脚本来取消网页保护。点击“Internet 选项”命令，单击“安全”选项卡，将安全级别调整到最高，单击“确定”按钮。刷新之后，一般网页文字就可以选择和复制了。但是需要注意的是，禁用脚本后，网上购物要谨慎，最好恢复脚本设置后，再进行相关操作。

2. 图片资源的获取

单击选中目标图片，用“复制”“粘贴”“另存为”等命令就可以获取。遇到特殊情况无法选中进行“复制”“粘贴”“另存为”操作的，可以参照前述获取文字资源的方法尝试获取。但是，某些图片资源出于网站宣传、版权保护等原因，上面会印有网站的网址或者标识（水印），对再次使用产生一定的影响。有些图片水印并不复杂或者出现在拐角，可以采用三种方法处理：①用剪裁工具裁掉拐角多余的水印信息；②使用图片工具将图片设置为黑白模式，以去除彩色水印；③用文本框、自选图形等形式填充、输入新信息，以遮盖水印信息。

上述方法只能去除简单的水印，较复杂的水印信息怎么处理呢？利用前述搜索技巧中的前缀符法，可以找到信息的 word 文档形式，word 文档中一般是不会打上水印的，即使有也很容易去除。

3. 网络链接资源的保存

如果条件允许，保存网络资源的网址要比把资源下载下来再保存更方便。我们可以把经常使用的网站、针对某专题的网址等用“收藏夹”功能分门别类地收藏起来，便于使用时查找。

4. 文档、动画、音频、视频、软件等资源的获取

如果浏览器不提供下载功能，可以使用下载工具(如迅雷、网际快车、电骡等)进行下载。若有些视频资料(流媒体)只允许在线观看，则可以使用 Net Transport(网络传送带)等专业的流媒体下载软件下载，或者通过 iTudou、iku 等软件注册用户后登录搜索下载。本书篇幅有限，各种下载工具的使用不再作详细介绍。

5. 网站整体下载

有些下载工具可以实现网站整体下载，用户利用这些软件可以把某些网站整体移植到硬盘中，且可以保持网站内部网页中的目录结构和各种链接。比如，软件 WebZIP 提供了一个快速并方便使用的方法来储存和离线浏览网站，它能够下载一个完整的站点或是按相应选择进行下载。国产的离线浏览软件 NewsVampire，也可以将网站服务器上的网页快速下载到本地硬盘上，以供离线或在线浏览。但是它的工作方式与 WebZIP 等离线浏览工具不一样，其特点是采用了多线程循环下载技术，可将数百个网页连同图片自动下载并存盘，用户可以一边下载，一边浏览已经下载的网页，从而最大限度地利用网络资源。

(三)教学资源的保存与管理

1. 教学资源的保存

(1)创建个人教学资源中心。由于教学资源种类多样、数量庞大，我们要对检索和下载的教学资源进行鉴别、评价、归类、存储等操作。在信息时代，信息资源虽然给人们带来巨大的物质和精神财富，但各类信息纷繁庞杂，鱼目混珠，真伪难辨。为了节约存储空间，以及避免给将来的使用带来不便，我们应该对获得的资源进行鉴别和评价，主要从以下三个方面来进行：①对资源的出处进行判断，辨其真伪、去其糟粕；②从资源的立足点进行判断，同一个资源对有些人来说用处很大，而对另一些人来说却没有价值；③从资源的时效性进行判断，时间可以作为分水岭，确定可用资源的时间范围。

鉴别和评价以后，为了条理清晰、使用方便，可以采用分层的形式进行存储，确保资源有序存放在相应的文件夹下，切忌随意乱放，以保证需要用时能高效检索和提取。对于暂时无法归类的文件，建议在个人资源中心建立一个“临时文件夹”来专门存储。个人教学资源中心可以在一个经常并且可能长期使用的计算机的硬盘中，根据个性化需要，按照不同的标准建设根目录。例如，按知识结构组织、管理教学资源，可以借鉴树型目录结构，按照学科年级、课程名称、章节、知识点这种逐级逐层的结构化形式归类、存储资源。这种组

织形式条理清晰、分类明确、便于查找;按照教学的用途和类型可将教学资源分为多媒体类、教案类、试题类、论文类等,这种组织形式可以直观地反映教学资源的属性和应用价值。

2. 教学资源的管理

对教学资源进行有效管理将极大地促进教学效果。管理应该遵循一些方法和原则,以使有限的资源得到合理配置并充分发挥作用,从而达到预期目标。教学资源的管理需要遵循以下原则:

(1)系统性。教学资源种类繁多,需要进行系统性管理,否则将出现结构混乱、无从查找的局面。对各种资源进行系统的分类管理有许多方法,如电子资源的目录结构、非电子资源的标签设计等。

(2)安全性。教学资源的获取有时候是很不容易的,尤其是一些经过加工处理的资源,更加珍贵。有些资源一旦丢失或遭到破坏后无法修复,后果很严重。因此,在教学资源的管理过程中,安全性尤为重要。首先要防止丢失,其次要做好备份,以防系统故障造成损坏。

(3)时效性。信息化时代教学资源的更新速度非常快,长期积累的教学资源除了要注意系统性和安全性以外,还要考虑时效性。有些教学资源过一段时间就需要更新,因此应该定期整理,适当修改或删除。

(4)尊重知识产权。获取、保存资源以待使用的同时要注明出处,以保护他人的知识产权。

二 交互式电子白板系统的使用

交互式电子白板(Interactive Whiteboard),又称“数码触摸屏”,是以计算机为基础,集软硬件系统、资源系统于一体,整合电子、感应、网络技术等,将传统的黑板和现代多媒体技术有效地结合在一起,通过触摸板对相连的电脑主机进行操控的一种新型教学设备。交互式电子白板的强大功能既可以方便地呈现数字化信息,也可以满足教师写写擦擦的习惯,还为广大教师和学生创造了一种全新的互动型学习方式。

(一)交互式电子白板系统的基本结构

交互式电子白板系统是由硬件电子感应白板和软件白板操作系统集成的一个系统,它将电子感应和计算机交互相结合,对各种多媒体素材和资源进行处理。

1. 交互式电子白板的硬件系统

交互式电子白板的硬件系统是指包含交互式电子白板、计算机系统和投影设备等基本组件,以计算机软硬件为核心,以大尺寸交互界面为特色的一种媒体组合。其中,硬件系统的核心组件是电子感应白板、感应笔、计算机和投影机。

2. 交互式电子白板的操作系统

交互式电子白板的操作系统是存在于计算机中的一个软件平台，它不仅支撑人与电子白板、计算机、投影机之间的信息交换，而且自带一个强大的学科素材库和资源制作工具库，还是一个兼容操作各种软件的智能操作平台。教师可以在电子白板上随意调用各种素材或应用软件进行教学。

（二）交互式电子白板系统的特性与分类

1. 交互式电子白板系统的特性

与传统的黑板和幕布投影机相比，交互式电子白板除了具备传统黑板所具有的特性和功能外，还具有代替投影幕布的内容展示功能，交互控制功能，记录存储功能，资源库功能，网络通信、交流功能，辅助教学功能，多字体识别功能。

（1）代替投影幕布的内容展示功能。交互式电子白板的尺寸一般和黑板或普通投影机的屏幕差不多，板面采用高亮度、低反光率高档材料，有的还具有横向和纵向的滑动轨道，可以将其移动到合适的位置接收来自投影机的信息。因此，完全可以用交互式电子白板代替投影幕布来展示各种数字化教学信息。

（2）交互控制功能。当交互式电子白板与计算机、投影机配合使用时，屏板和感应笔便成为简便好用的触摸式屏幕、虚拟键盘和鼠标，可以与计算机进行实时交互，如使用虚拟键盘输入文字和数字，用感应笔作为鼠标，进行单击、双击、右击、拖放、移动等控制。教师利用白板操作各项应用软件，使教学更加生动、高效，就像坐在计算机前控制计算机一样方便快捷、轻松自在。

（3）记录存储功能。当交互式电子白板与投影机、计算机配合使用时，可用感应笔在白板上直接书写、绘画、说明、修改、擦除、标注。白板上的所有内容都可以同步显示和存储在计算机上，这样教师就可以把注意力集中在重要内容的讲解上。若情况需要，还可以用附带的电子橡皮擦除笔迹。课后，可以把计算机中保存下来的板书内容复制到软盘、刻成光盘或者直接打印出来分发给学生，减轻学生课堂上记笔记的负担，从而使学生集中精力听讲和思考。另外，将课堂教学的实际进展情况详细记录下来，也有利于教师的课后总结与反思，方便教研组的研讨，从而促进教师的专业成长。

（4）资源库功能。交互式电子白板的应用软件一般具有强大的资源库功能，包含四个模块，分别是多媒体教学资料模块、课堂教学模块、教师模块、学生模块。资源库内容丰富，涉及领域也非常广，而且其内容可任意添加或删除，不仅方便了教师授课过程中的随时调用，增加了课堂信息量，而且克服了过去多媒体投影系统中的教学材料（课件和幻灯片）高度结构化和固化问题。

（5）网络通信、交流功能。交互式电子白板一般都内置了网络浏览器，课堂教学过程中师生能随时直接上网，而不必先退出电子白板工作界面，再进入计算机工作界面启动网络浏览器。交互式电子白板还可以通过网络进行信息传送（包括音频和视频信息），以实现资源共享和远程交流。这样一方面可以加强班级之间、学生之间的交流与合作，另一方面在远程教学、在线培训、远程视频会议中作用突出。

(6)辅助教学功能。专门为教学开发的交互式电子白板一般还配备了各种辅助教学的软件,可以帮助教师搜集教学材料、制作课件和教案,在课堂上为师生提供交流、讨论的平台,使教学活动更丰富、有效。

(7)多字体识别功能。交互式电子白板中安装了一种 Com 口小金刚书写板,可以直接在白板的屏幕上实现手写输入。这样无论教师在黑板上写的是草书、行书还是其他字体,电子白板都能快速准确地识别,并以宋体的形式显示。这样就避免了因黑板上字迹模糊而造成的课堂效率低和影响学生视力健康的问题。

2. **交互式电子白板系统的分类**

(1)依据交互式电子白板的结构外形来划分,交互式电子白板系统有正投式、背投式和书写板三种。

正投式电子白板系统主要由电子白板、计算机、数字投影机组成(参见图6-1)。三者互连,投影机将电脑画面投影到白板上,用户在白板上的操作(如控制、访问计算机程序,书写等)转换为定位电信号传给电脑,以达到控制电脑程序和书写的间接操作。

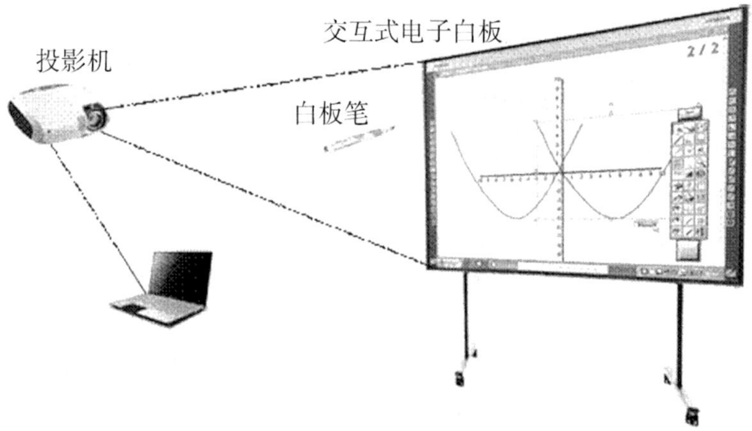

图6-1 正投式电子白板

背投式电子白板(参见图6-2)的系统组成与正投式式相同,只是计算机图像从白板背后显示,这样用户操作的时候不会因挡住投影光线而产生阴影。它将投影机集成进去,预留出 PC(个人电脑)的放置空间。背投式电子白板按安装方式又分为镶墙式和柜式两种。镶墙式需在暗室内放置投影机,并将背投幕嵌入墙体中,可最大限度地节省空间,并创建一个开放的、专业的工作环境。柜式的则可将整个设备从一个房间移动到另一个房间,或通过调节机柜脚轮牢固地置于某个位置。

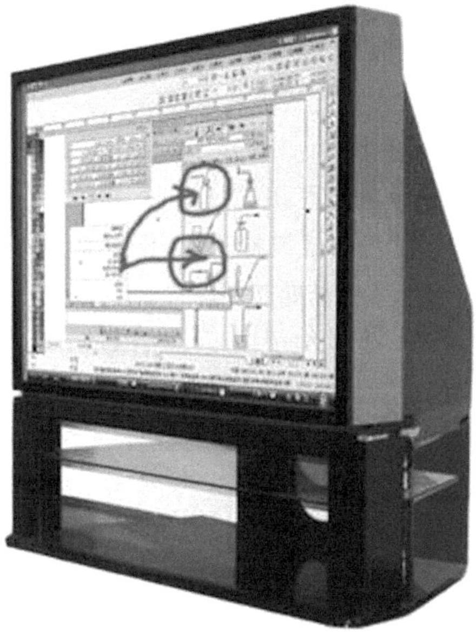

图 6－2　背投式电子白板

书写板(参见图 6－3)一般是较小的可书写显示屏,需要结合投影机系统(或其他大屏幕显示设备)、PC 一起使用。书写板与 PC 连接,显示 PC 内容,用户可在书写板上进行各种 PC 操作和书写,再通过投影机将书写板上的内容实时显示在投影幕布上。因为展示给观众的是投影屏或其他大屏幕显示设备,屏幕的大小没有限制,所以这种方法非常适合于大型的会议室、教学课堂、阶梯教室使用。书写板可以是 CRT 屏,也可以是 LCD 屏。

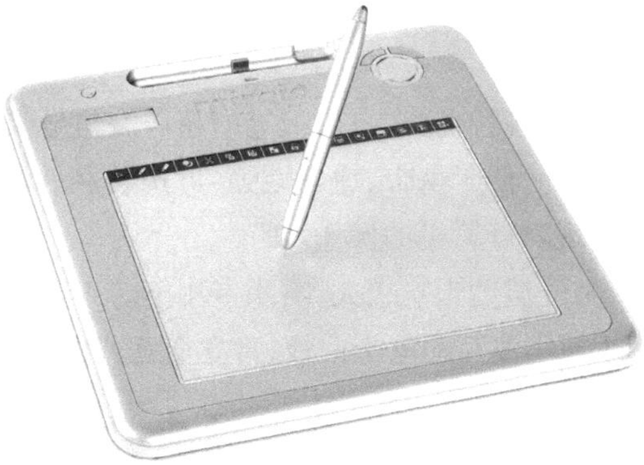

图 6－3　书写板

(2)依据交互式电子白板的硬件原理来划分,交互式电子白板系统有电磁感应式、红外线式、电阻压感式和超声波式四种。

①电磁感应式。

基本原理:利用射频(RF)原理,在白板板芯内安装传感器,接收电磁笔发出的特定频率信号以实现定位。

优点:定位准确、精度高,可靠性高、寿命长,响应速度较快,书写过程中有压感,白板笔支持鼠标右键等功能,易于实现对计算机的操作。

缺点:必须使用专用笔,不能进行触摸操作,维修复杂,怕划伤,一旦出现划伤整块板都不能使用,对人体辐射较大,不适合长期使用。

代表产品:IQBoard ET 电磁式互动电子白板、SMART 交互式电子白板 SB680i。

②红外线式。

基本原理:利用红外原理,通过白板周边的红外对管检测阻挡红外光的物体实现定位。

优点:定位准确、精度较高,无需专用笔,可用手指触摸操作,不怕划伤,使用寿命较长,响应速度较快,维修简单,安全环保无辐射。

缺点:无压感反应,受强光和灰尘的影响,白板笔不支持鼠标右键等功能,对计算机操作较困难。

代表产品:浪涛 LWB－8210 红外电子白板、iBoard 交互式电子白板。

③电阻压感式。

基本原理:利用电阻膜技术,通过检测电阻值实现压感定位。

优点:定位相对准确,无需专用笔。

缺点:耐用性差,怕划伤,反应速度较慢,白板笔不支持鼠标右键等功能,对计算机操作较困难。

代表产品:IQBoard PS 压感式电子白板、PolyVision Walk-and-Talk 系列交互式电子白板。

④超声波式。

基本原理:利用超声波接收器检测来自白板笔的超声波信号实现定位。

优点:定位相对准确,小巧、便于携带、适应性强,可按装在普通白板上使用;白板笔支持鼠标右键等功能,易于实现对计算机的操作。

缺点:定位精度不均匀,受温度影响较大,需用专用笔。

代表产品:IQBoard UI 超声波互动电子白板、日立交互式电子白板 FX－82W。

(三)交互式电子白板系统在教学中的应用

虽然交互式电子白板的种类众多,但其功能和使用方法大同小异。本书将以印天 L 系列超窄红外交互式电子白板为例,对电子白板在教学应用中的常用功能进行介绍。

交互式电子白板使用的基本步骤。

(1)交互式电子白板的启动。

启动交互式电子白板常用的方法有以下三种:

①单击“开始”按钮，选择“程序”—“印天交互式电子白板软件”命令即可启动软件。

②双击桌面上已有的“印天交互式电子白板软件”快捷方式即可启动。

③五指启动：将手掌平放在白板内，即可启动软件，这是常用的启动方法。

交互式电子白板启动后，所呈现的工作窗口如图 6 – 4 所示。主要包括主工具条、侧边栏工具和菜单栏工具。其中，主工具条主要包括打开、书写笔、橡皮擦、页面属性设置等功能；侧边栏工具主要包括图库、电脑操作、书写笔属性设置、新建页面等功能；菜单栏工具主要包括文件、编辑、视图、绘制等功能。

(2) 文件的创建和保存。

单击工作窗口的“文件”菜单，选择“新建”命令，即可完成一个文件的创建。

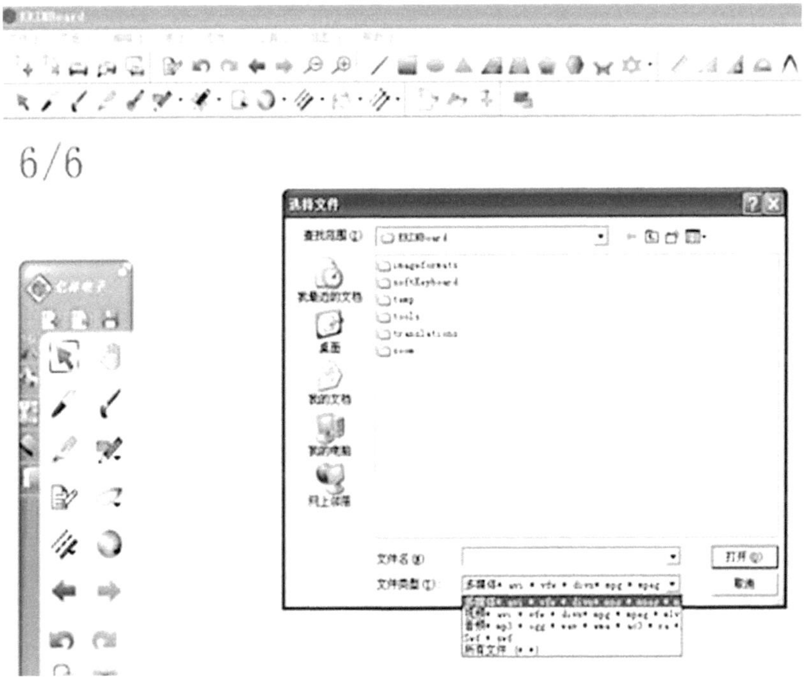

图 6 – 4　交互式电子白板的工作窗口

对编辑完成后的文件进行保存，可通过选择“文件”—“保存”命令，也可通过点击工具栏上的按钮来完成。保存的文件格式包括 yt、jpg、bmp、gif、tif、png、htm，其中 yt 格式的文件必须在印天软件应用程序中才能打开、使用。

1. 主工具条功能介绍

(1) 书写笔。

印天交互式电子白板提供硬笔、排笔、纹理笔、软笔、激光笔、荧光笔和智能笔七种类型的书写笔，可以在工具条中选择类型，然后在白板内进行书写。

硬笔：可以书写出钢笔、圆珠笔和粉笔的书写笔迹。

排笔：可以书写出漂亮的艺术字。

纹理笔:可以选择系统自带的纹理图案或者自定义的图案进行书写和绘画。

软笔:根据书写速度的快慢能模拟出毛笔字的效果。

激光笔:通过颜色深浅变化来吸引观众的注意力。

荧光笔:可以设置不同的颜色对重点内容进行标注。

智能笔:可将绘制的不规则图形纠正为标准的几何图形。

对于书写笔的属性可以在侧边栏工具中进行设置。单击侧边栏工具中的按钮,打开如图 6-5 所示的窗口,根据需要进行设置。

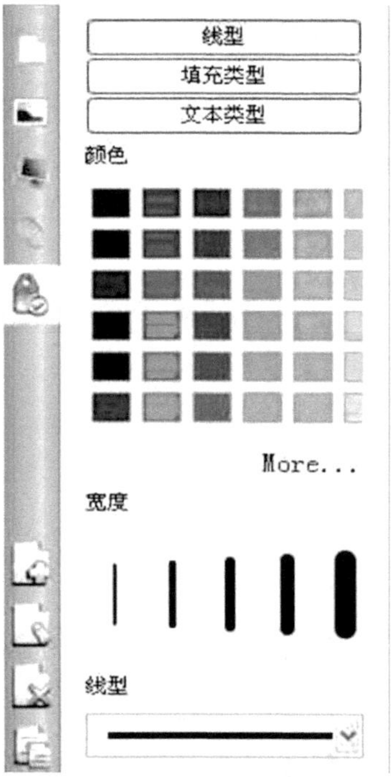

图 6-5 书写笔的属性设置窗口

(2)橡皮擦。

印天交互式电子白板提供三种类型的橡皮擦:点橡擦、对象擦和手势擦。

点橡擦:其功能与传统黑板擦的使用方法一样,即一点点擦除板书内容。

对象擦:用于一次性擦除单个或多个对象。选择“对象擦”,在需要擦除的对象上画圈,即可擦除。

手势擦:借助于人的拳头,在白板上对需要擦除的对象进行摩擦,即可擦除。

(3)页面设置。

点击主工具条上的“页面选择”按钮( ),弹出页面设置面板,如图 6-6 所示,可以对页面的属性进行设置,如背景颜色或图片,也可以进行新建页面、清除页面、克隆页面等多种操作。

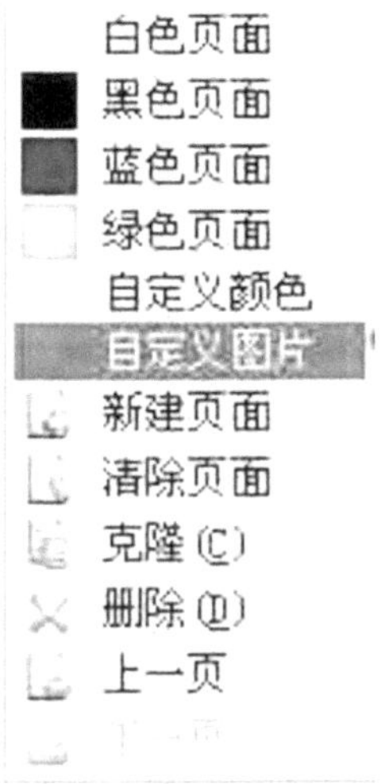

图 6－6　页面设置面板

(4)屏幕切换。

点击主工具条上的“切换”按钮(　),即可实现软件界面和电脑界面的切换。

2. 侧边栏工具介绍

(1)软件图片资源库的调用。

点击侧边栏工具中的　按钮,可打开图片资源库面板。软件大多提供相关科目学习所需的图片,根据需要点击相应科目的文件夹,打开图库,选择图片,直接拖入白板中所要添加图片的位置即可。

插入后的图片周围出现 4 个图标,点击相应的图标可以对图片进行相应的设置,如图 6－7 所示。除此之外,还可以使用书写笔对图片进行编辑。

图 6－7　图片设置

(2)电脑资源的调用。

点击侧边栏工具中的　按钮,打开如图 6－8 所示的面板,在此面板中选择相应的资源拖到电子白板上,如图片、视频、Word 文档、Excel 文件、PowerPoint 文件等,即可完成对电脑资源的操作。

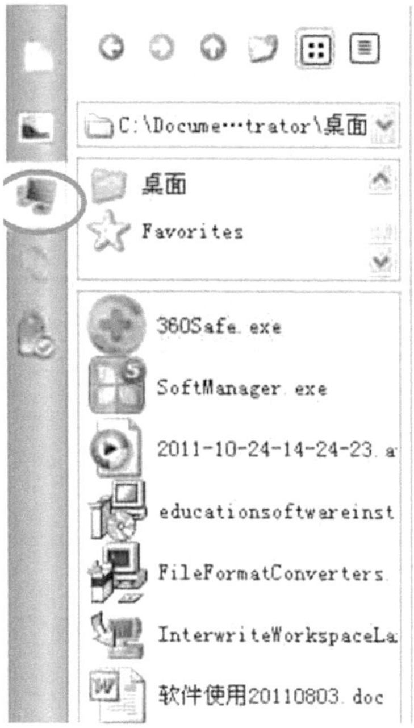

图 6－8　资源浏览

本软件可以同时打开多个视频窗口同步播放，各播放窗口的播放进度可以随意调整，而其他窗口的播放进度不受影响。在播放的过程中，可以拖动窗口周围的控制点实现播放窗口的放大和缩小，也可以双击窗口实现全屏播放。

(3)界面的锁定与解锁。

点击侧边栏工具中的🔒按钮，即可实现界面的锁定。锁定后，用户无法对电子白板板面进行任何编辑操作。点击左侧边栏工具中的🔓按钮，即可实现界面的解锁。解锁后，用户再次获得编辑和操作权。

(4)空白页。

点击侧边栏工具中的“空白页”按钮，即“索引页”按钮，可实现所有页面的目录式显示。点击要显示的页面，即可在工作窗口中显示该页面。

3. 菜单栏工具介绍

(1)文件菜单。

文件菜单中包含新建、打开、保存、另存为、退出等命令，其操作方法和功能与 Word 文档基本相同，在此不再赘述。

(2)编辑菜单。

编辑菜单(如图 6－9 所示)主要是实现对页面的操作，其操作方法和功能与主工具条中的“页面选择”按钮中对应的功能基本相同。在此主要介绍锁定和解锁命令。

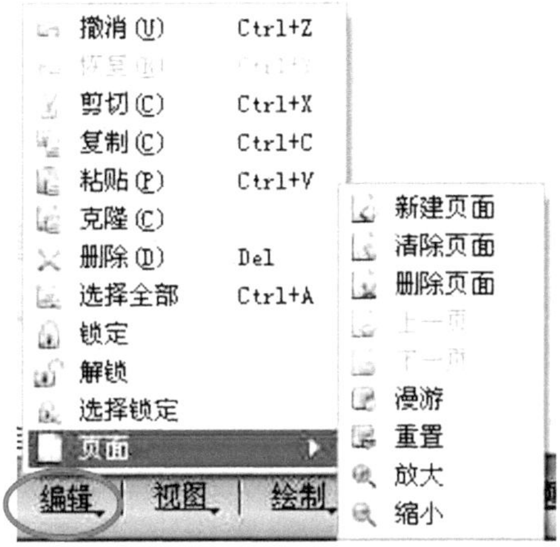

图 6－9　编辑菜单

此菜单中的锁定和解锁命令与侧边栏工具中的锁定和解锁功能不同。侧边栏工具中的锁定和解锁对象是页面，控制对页面的编辑和书写等操作，而此菜单中的锁定和解锁针对的是页面中的某个对象。

(3)视图菜单。

视图菜单主要实现主工具条的显示。点击“显示主工具栏”命令，前面显示“√”，此时，在面板上显示“主工具条”；相反，“√”消失，面板上的“主工具条”消失。

(4)绘制菜单。

绘制菜单主要实现线条、平面图形、几何图形和表格的绘制。选择所要绘制图形的命令，在面板上直接拖出相应的图形。组合命令可实现多个对象的组合，并进行同步移动、编辑和操作。顶部和底部命令可实现多个图形叠加显示。

(5)工具菜单。

屏幕捕获功能：此功能能够实现对众多板书内容中的重要信息进行提炼，单独显示。点击“工具”菜单下的“屏幕捕获”命令，打开如图 6－10 所示对话框，设置好后，用鼠标拖动选择捕获范围，此时重要信息就被提取保存，并且可以在白板上单独显示，还可以对捕获的对象进行拉伸、旋转等操作。

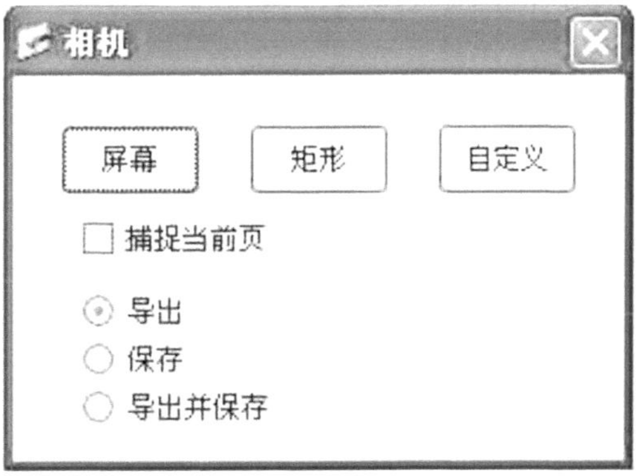

图 6－10　捕获相机设置

屏幕批注功能:此功能是教师教学所需要的重要功能,可以对文本文档、演示文稿、电脑屏幕和播放的视频进行批注。点击“工具”菜单下的“屏幕批注”命令,屏幕上方会出现屏幕批注操作菜单,在对 Word、Excel、PowerPoint 等文件进行批注后,可选择“Office 嵌入”功能图标,将批注内容同步保存到文档中。

聚光灯功能:此功能可以引导学生对屏幕上某一特定内容进行重点学习。点击“工具”菜单下的“聚光灯”命令,屏幕上会出现椭圆形的显示区域,如图 6 - 11 所示。拖动红色边框,可实现显示区域的放大和缩小。手指在遮幕上停留两秒钟或者点击屏幕右下角的菜单按钮,会弹出属性设置菜单。

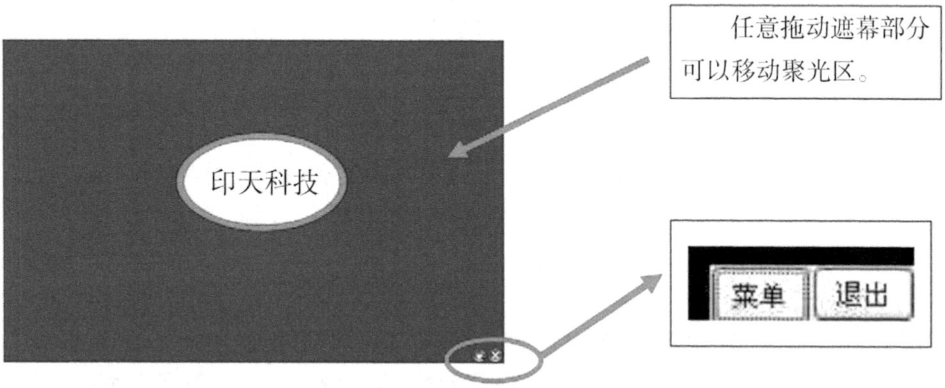

图 6 - 11　聚光灯

遮幕功能:点击“工具”菜单下的“遮幕”命令,当前的屏幕会被幕布遮住,拖动遮幕四周的箭头,可慢慢打开屏幕上的信息。其属性设置的方法和聚光灯属性设置的方法基本相同。

录制功能:点击“菜单”下的“录制”命令,打开屏幕录制器,如图 6 - 12 所示。

图 6 - 12　屏幕录制控制

点击按钮,开始录制,状态显示为。点击按钮,停止录制。点击按钮,选择打开之前所录制的录像文件。点击按钮,可以对录制内容进行保存。

(6) 主题工具菜单。

主题工具菜单主要提供语文、数学、英语、物理和化学五大科目的学习工具。

语文中提供了唐诗三百首、万能字典等工具;数学中提供了函数、公式、尺规等工具,尺规工具包括直尺、三角板、量角器和圆规,可实现对数学图形的操作和计算;英语中提供了字典、发音等工具；物理中提供了力学、光学、电磁学等学习工具；化学中提供了元素周期表和化学器皿、器械工具，可以进行化学实验步骤的操作，点击元素周期表中的任何一个元素都会弹出该元素对应的知识。

三　利用 PowerPoint 制作课件

多媒体教学作为重要的现代教学手段，要求教师能够运用多媒体课件制作工具，设计、制作多媒体教学课件。PowerPoint 是微软公司 Office 产品的组成部分，是在 Windows 平台下开发的、优秀的、专门制作演示文稿的应用软件，是一种简单易学的多媒体课件制作工具。它强大的整合和演示功能，使教学内容以文字、图形、图像、声音和动画等多种形式展现，便于更形象直观地向学习者展示教学内容，传递知识和技能。

（一）课件创建的基本步骤

1. PowerPoint 的启动

启动 PowerPoint 常用的方法有以下几种：单击“开始”按钮，依次选择“程序”—“Microsoft Office”—“Microsoft PowerPoint”命令；双击桌面上已有的“Microsoft PowerPoint”快捷方式；双击已有的 PowerPoint 演示文稿（扩展名为. ppt）。

PowerPoint 启动后，所呈现的 PowerPoint 工作窗口如图 6－13 所示。

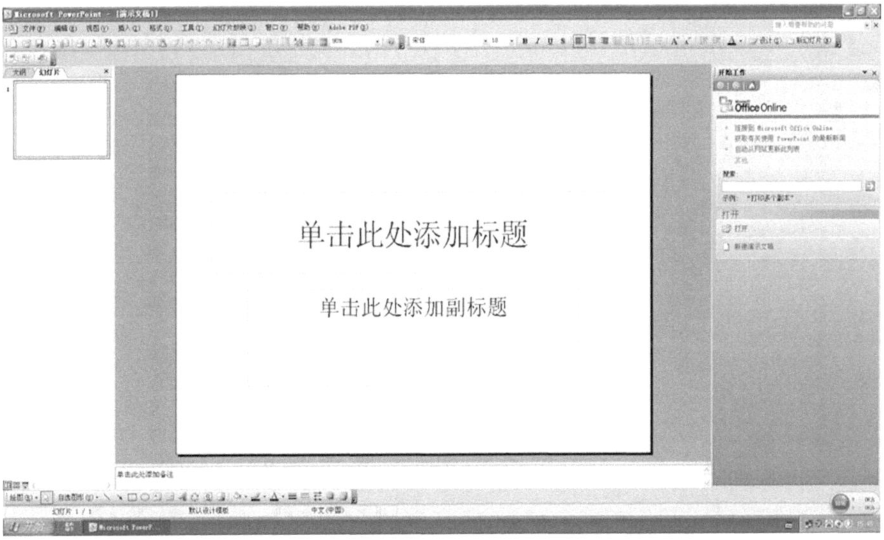

图 6－13　PowerPoint 工作窗口

2. 演示文稿的创建

单击“文件”菜单，选择“新建”命令，在 PowerPoint 工作窗口右侧显示“新建演示文稿”任务窗格，如图 6－14 所示。

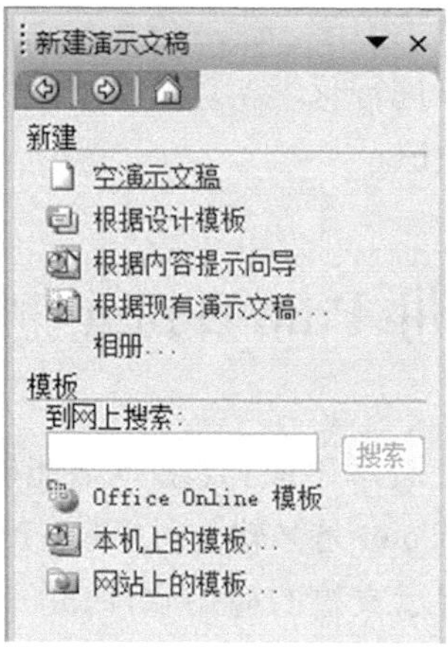

图 6-14 "新建演示文稿"任务窗格

在"新建"选项中单击"空演示文稿",打开"应用幻灯片版式"任务窗格,如图 6-15 所示。用户可根据需要自行选择文字和内容版式。

在"新建"选项中单击"根据设计模板",打开"应用设计模板"任务窗格,如图 6-16 所示。设计模板可以为演示文稿提供完整的设计方案。

图 6-15 "应用幻灯片版式"任务窗格

图 6-16 "应用设计模板"任务窗格

在"新建"选项中单击"根据内容提示向导",打开"内容提示向导"对话框,按照提示步骤逐步完成设计。

在"新建"选项中单击"根据现有演示文稿",打开"根据现有演示文稿新建"对话框。选中已有演示文稿,单击"创建"按钮,可以创建与所选择的演示文稿样式相同的新演示文稿。

3. 演示文稿的保存

单击“文件”菜单，选择“保存”命令，打开“另存为”对话框（如图6－17所示），选定“保存位置”，输入“文件名”，点击“保存”按钮，即可将演示文稿保存。

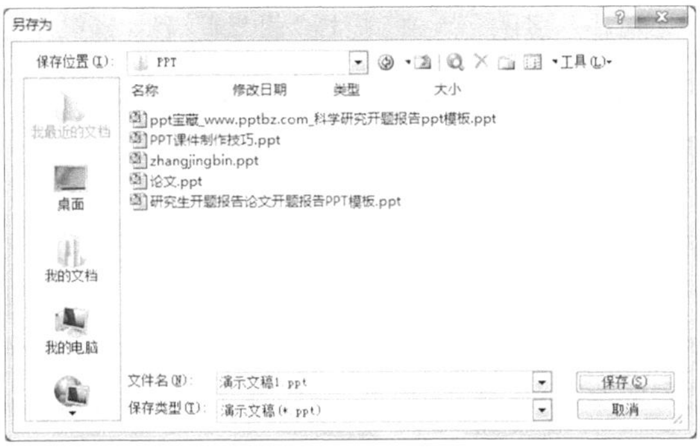

图6－17　“另存为”对话框

小技巧：在以后的演示文稿内容编辑过程中，可通过“Ctrl + s”快捷键随时保存。在“另存为”对话框中，点击右上方的“工具”，在弹出的下拉菜单中选择“安全选项”，打开“安全选项”对话框（如图6－18所示），在“打开权限密码”中输入密码，点击“确定”，再保存演示文稿，即可对演示文稿进行加密。

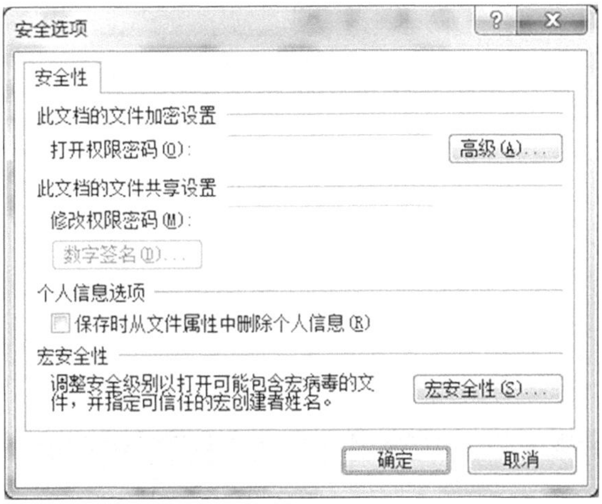

图6－18　“安全选项”对话框

（二）模板的设计与选择

在PowerPoint中，模板是PPT的骨架性组成部分，是一种特殊的演示文稿。它可以为演示文稿中所有幻灯片的制作提供统一的总体布局，如主题背景、字体、效果等。PowerPoint提供了多种现存模板，用户可以根据自己的需要选择现存模板或者创建新模板，模板文件的扩展名为.pot。

1. 母版的设计

幻灯片母版是指具有特殊用途的幻灯片，用来设置演示文稿中所有幻灯片的文本格式，如标题、正文的位置，字体、字号、字的颜色、行距、段前距、段后距等，也包括 logo、页面信息（时间、页码）、个人的信息设置等。通过修改幻灯片母版，可以统一修改演示文稿中所有幻灯片的外观。

（1）设计标题母版。单击“视图”菜单，选择“母版”级联菜单中的“幻灯片母版”，窗口中就会显示 PowerPoint 内置的母版页面及“幻灯片母版视图”工具栏，单击“幻灯片母版视图”工具栏中的“插入新标题母版”按钮，即可添加一个新的标题母版（如图 6－19 所示）。默认情况下，标题母版中给出标题、副标题和页脚样式，用户可根据需要进行编辑，如添加图形、文本，设置背景等。单击“幻灯片母版视图”工具栏中的“关闭母版视图”按钮，即可返回原视图方式。

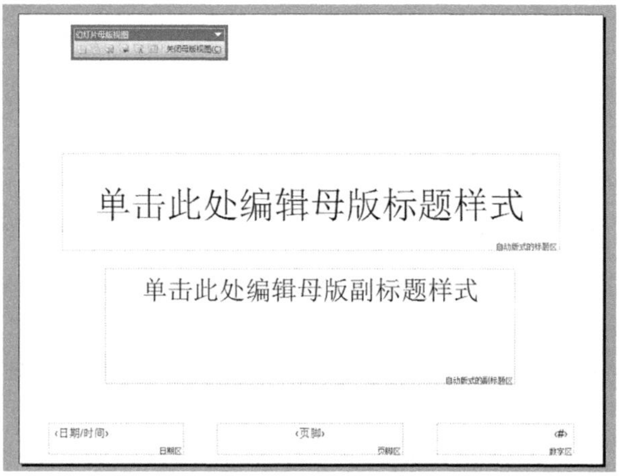

图 6－19 标题母版

（2）设计内容页母版。单击“视图”菜单，选择“母版”级联菜单中的“幻灯片母版”按钮后，当前窗口显示的就是内容页母版，无需新建，直接进行编辑即可（如图 6－20 所示），可设置背景色、添加图形、文本、logo 等。

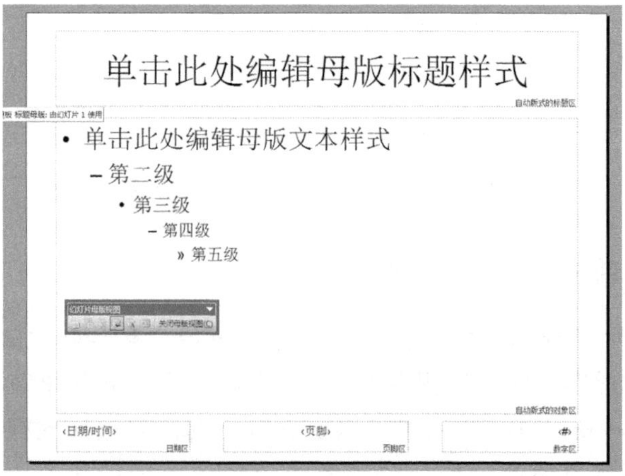

图 6－20 内容页母版

(3)保存模板。母版设计完成后,可保存成模板,供以后使用。单击“文件”菜单下的“另存为”命令,在弹出的“另存为”对话框中,在“保存类型”下拉列表框中选择“演示文稿设计模板(.pot)”,为模板取一个名称,这样就完成了模板的制作。

2. 模板的选择

单击“格式”,选择“幻灯片设计”命令,打开“幻灯片设计”任务窗格(在窗口的右侧),在“应用设计模板”区域中选择所需模板即可,也可选择用户设计好的模板。

每个模板都包含一个标准的配色方案。若对默认模板中“配色方案”的样式不满意,可以使用现有的“配色方案”进行修改和重新创建。

操作步骤如下:

(1)单击“格式”菜单,选择“幻灯片设计”命令,打开“幻灯片设计”任务窗格。

(2)单击“配色方案”,再点击下方的“编辑配色方案”,打开“编辑配色方案”对话框。

(3)选择“自定义”选项卡,如图6-21所示。

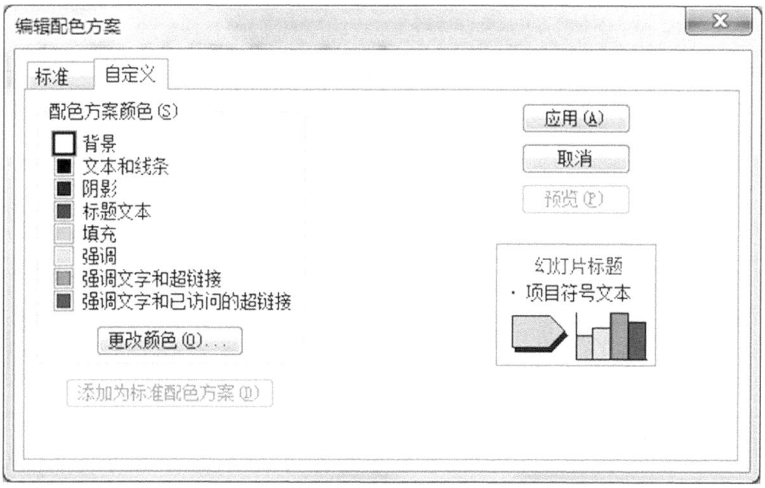

图6-21　“编辑配色方案”对话框

(4)在“配色方案颜色”选项中选择相应的选项。

(5)单击“更改颜色”按钮,打开“背景色”对话框,进行相应颜色的设置。

(6)单击“确定”按钮,关闭“背景色”对话框。

(7)单击“应用”按钮,即完成对模板配色方案的更改。

(三)文字的输入、编辑与字体效果选择

1. 文字的输入

在PowerPoint中不能直接在幻灯片上输入文字,需要借助文本框或其他文字承载体,如Word、写字板等。PowerPoint中提供三种输入文字的方法,分别是利用文本框插入、利用对象插入和利用控件工具箱插入。

(1)利用文本框插入。利用文本框插入文字可以选择水平插入和垂直插入两种方式,其具体操作步骤如下。

单击"插入"菜单,选择"文本框"级联菜单下的"水平"命令;此时光标变成"十"字形,在需输入文本的幻灯片上拖拽出一个矩形区域;在矩形区域内输入文字。

(2)利用对象插入。可以在幻灯片上插入 Word 文档和写字板,其具体操作步骤如下。

单击"插入"菜单,选择"对象"命令;打开"插入对象"对话框,选择"新建"命令,在对象类型中选择"Microsoft Word 文档"(如图 6-22 所示);点击"确定"按钮,此时在幻灯片上会出现一个类似于 Word 的面板(如图 6-23 所示),在此面板内输入文字即可。

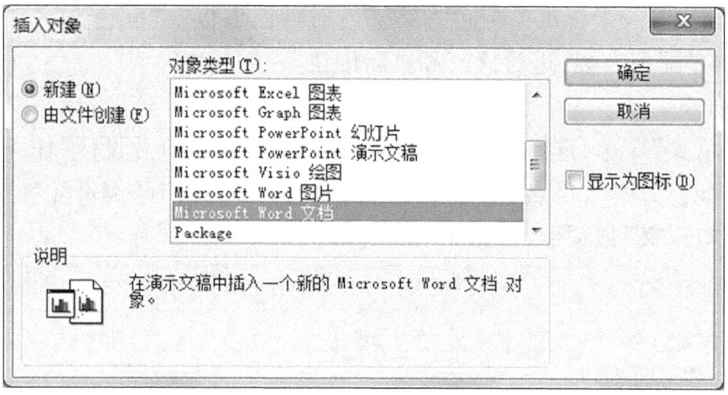

图 6-22 对象插入

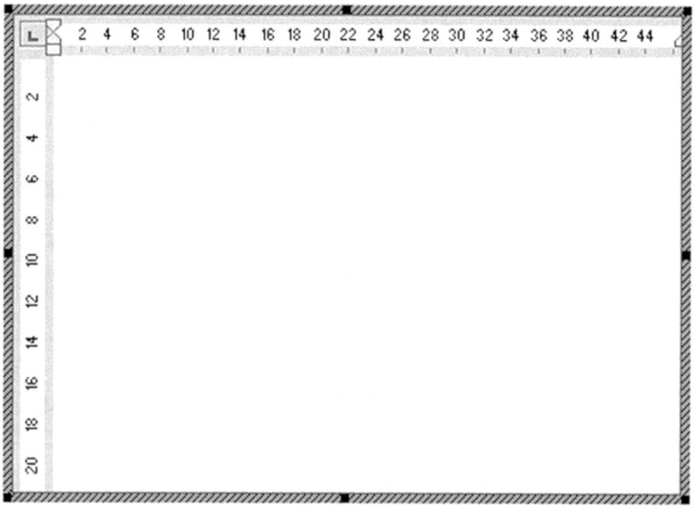

图 6-23 Word 面板

(3)利用控件工具箱插入。单击"视图"菜单,选择"工具栏"级联菜单下的"控件工具箱"命令,打开"控件工具箱"面板(如图 6-24 所示);选择面板中的"文本框"按钮,此时光标变成"十"字形,在需要插入文本的幻灯片上拖拽出一个矩形区域,此区域即为输入文本的地方;在拖出的矩形区域中,右击鼠标,在弹出的快捷菜单中选择"属性"命令,弹出"属性"对话框(如图 6-25 所示);在属性对话框中的"Text"栏中输入所需的文本,在"Multiline"中选择 true,关闭"属性"对话框即完成文本的插入。

图 6－24　控件工具箱

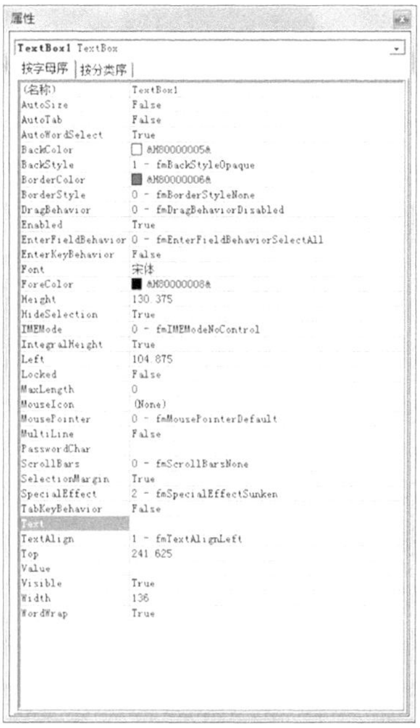

图 6－25　控件“属性”对话框

2. **文字的编辑**

文字的编辑是指对文字的字体、字号、字形、颜色、字间距等进行设置。文字的编辑可通过“格式”工具栏完成，如图 6－26 所示。

图 6－26　文字格式工具栏

字体：包含 Windows 已安装的中英文字体，在下拉列表框中可以自行选择。PowerPoint 默认的中文字体是宋体，英文字体是“Times New Roman”。字号：指字符的大小，在下拉列表框中可以选择字号。字形：主要是对字符进行加粗、倾斜、加下划线、加阴影、设置对齐方式、设置颜色等修饰。对于一段文字的行距可以通过“格式”菜单下的“行距”命令来设置。

3. **字体效果的选择**

PowerPoint 中的字体效果包括下划线、阴影、阳文、上移、下移和艺术字等多种类型。“艺术字”属于图片，需要通过插入图片操作来实现，艺术字效果将在图片插入中进行讲述。其他几种常见的类型可以通过以下操作步骤进行设计：

单击“格式”菜单，选择“字体”命令，打开“字体”对话框（如图 6－27 所示）；在对话框中可以对字体、字形、字号、颜色进行设置，在“效果”选项中选择要设计的字体效果，最后点击“确定”按钮即可。

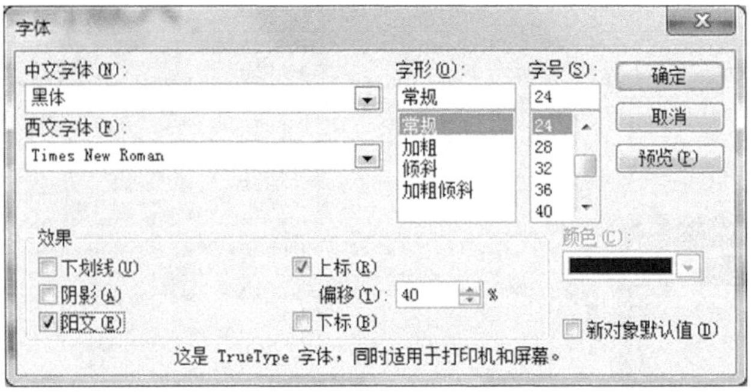

图 6－27　字体格式设置

有时幻灯片中非常漂亮的字体在拷贝到演示现场进行播放时却变成了普通字体,甚至还因字体而导致格式变得不整齐,严重影响演示效果。可以通过以下操作来解决此问题。

单击“文件”菜单,选择“另存为”命令;打开“另存为”对话框,在对话框中点击“工具”按钮;在下拉菜单中选择“保存选项”,在弹出的对话框中选中“嵌入 TrueType 字体”项(如图 6－28 所示),然后根据需要选择“只嵌入所用字符”或“嵌入所有字符”项,最后点击“确定”按钮保存该文件即可。

图 6－28　嵌入 TrueType 字体设置

(四)多媒体素材的使用

多媒体素材是多媒体课件的重要组成部分,多媒体素材的使用能够使演示文稿的表达更加形象、直观和生动。演示文稿中的多媒体素材主要包括模板、文字、图表、图片、动画、声音、视频等，模板和文字在前面已经介绍过，本部分主要讲述图片、声音、影片和 Flash 动画的使用。

1. 图片的插入与编辑

(1)插入剪贴画。在演示文稿中插入"剪贴画"的操作步骤如下。

在演示文稿中选定要插入剪贴画的位置；单击"插入"菜单，选择"图片"级联菜单下的"剪贴画"命令；在工作窗口左侧打开的"剪贴画"任务窗格中点击"搜索"按钮，显示计算机中所保存的剪贴画(如图 6－29 所示)；在显示出的剪贴画中点击要插入的剪贴画，即可完成剪贴画的插入。

(2)插入图片文件。在演示文稿中插入图片文件的操作步骤如下。

在演示文稿中选定要插入图片的位置；单击"插入"菜单，选择"图片"级联菜单下的"来自文件"命令，打开"插入图片"对话框(如图 6－30 所示)；在"查找范围"下拉列表中选择要插入的图片所在的位置，选中要插入的图片；点击"插入"按钮即可完成图片文件的插入。

图 6－29　插入剪贴画

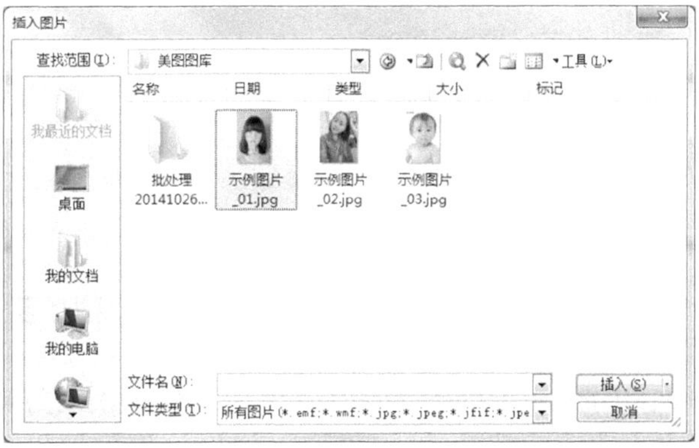

图 6－30　插入图片

(3)插入艺术字。在 PowerPoint 和 Word 中，艺术字是作为图片对象被使用的。在演示文稿中插入艺术字的操作步骤如下。

在演示文稿中选定要插入艺术字的位置；单击"插入"菜单，选择"图片"级联菜单下的"艺术字"命令，打开"艺术字库"对话框(如图 6－31 所示)；在"艺术字库"对话框中所呈现的"艺术字"样式中选择要插入的样式；点击"确定"按钮即可完成艺术字的插入。

图 6 - 31 艺术字库

(4)编辑图片。插入图片后,还可以对图片进行编辑,如移动、缩放、剪裁、删除等。

图片移动:将光标定位到要移动的图片上进行拖拽即可。

图片缩放:选定要进行缩放的图片,图片四周会显示 8 个句柄,将光标指向某个句柄时,光标变成双向箭头,根据需要进行调整。按住"Shift"键,单击图片对角线上的句柄进行拖拽,可实现图片等比例缩放;按住"Alt 键 + 鼠标"或"Ctrl 键 + 方向键"可实现精准调整。

图片裁剪:选择要裁剪的图片;单击"视图"菜单,选择"工具栏"级联菜单下的"图片"命令,打开"图片"工具栏(如图 6 - 32 所示);单击"图片"工具栏上的"裁剪"按钮,对图片进行拖拽即可完成图片的裁剪。

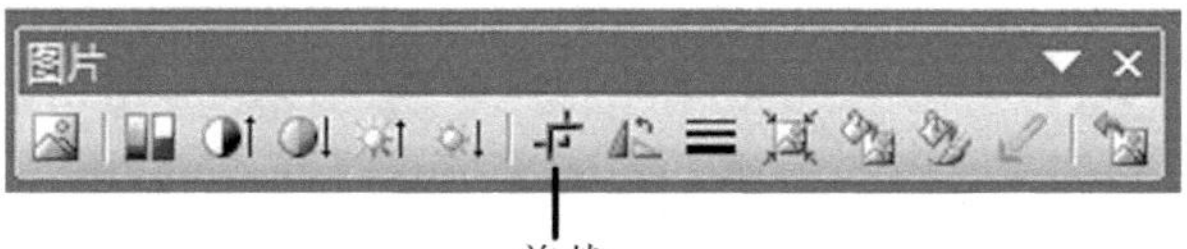

图 6 - 32 "图片"工具栏

2. 声音的插入

PowerPoint 中可以插入四种类型的声音,分别是剪辑管理器中的声音、文件中的声音、CD 和录制声音。

(1)插入编辑管理器中的声音。

单击"插入"菜单,选择"影片和声音"级联菜单下的"剪辑管理器中的声音"命令;在工作窗口左侧打开的"声音"任务窗格中点击"搜索"按钮,显示计算机中所保存的声音文件;在显示的声音文件中点击要插入的声音,即可完成声音的插入。

声音插入后,在演示文稿中会出现一个声音图标。选中该图标,右击鼠标,打开快捷菜单,选择"编辑声音对象",打开"声音选项"对话框(如图 6 - 33 所示);在对话框中可设置音量、循环播放等内容。

图 6－33　“声音选项”对话框

(2)插入文件中的声音。

在演示文稿中插入文件中的声音的操作步骤与插入文件中的图片的步骤一样，学习者可以仿照前面介绍的方法进行学习。

(3)插入 CD。

单击“插入”菜单，选择“影片和声音”级联菜单下的“播放 CD 乐曲”命令，打开“插入 CD 乐曲”对话框(如图 6－34 所示)；在对话框中进行相关设置，点击“确定”按钮即可完成 CD 的插入。

图 6－34　“插入 CD 乐曲”对话框

(4)插入录制声音。

PowerPoint 自带录制声音功能,可录制普通声音,也可录制旁白。

录制普通声音的操作步骤为:单击“插入”菜单,选择“影片和声音”级联菜单下的“录制声音”命令;打开“录音”面板(如图6-35所示),点击圆点按钮开始录制,点击方块按钮暂停,点击“确定”按钮即可完成录制声音的插入。此时演示文稿上也会出现一个声音图标。

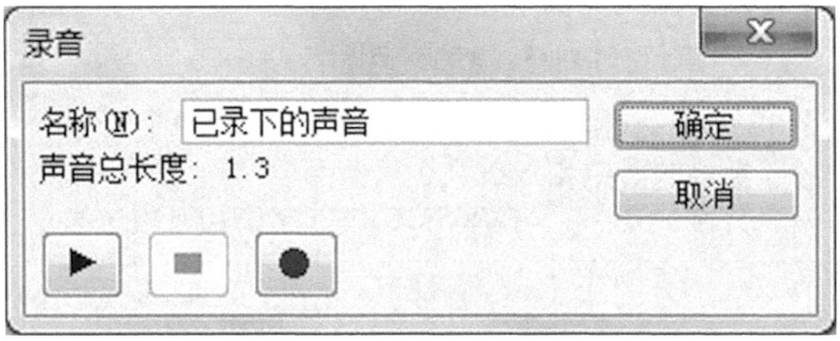

图6-35 “录音”面板

录制旁白的操作步骤为:单击“幻灯片放映”菜单,选择“录制旁白”命令;打开“录制旁白”对话框(如图6-36所示),根据对话框中的选项对声音的质量、长度等信息进行设置,点击“确定”按钮,会进入当前幻灯片页。此时,幻灯片进入放映状态,录音者对着麦克风讲话就可以进行录制了;录制完成后,右击鼠标,在弹出的快捷菜单中选择“结束放映”命令,出现如图6-37所示的对话框,选择“保存”完成旁白的录制。此时,该幻灯片的右下角会出现一个声音图标,放映幻灯片时,旁白会随之播放。

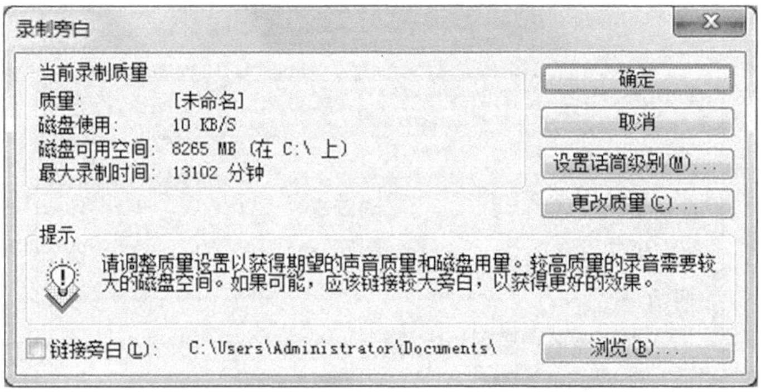

图6-36 “录制旁白”对话框

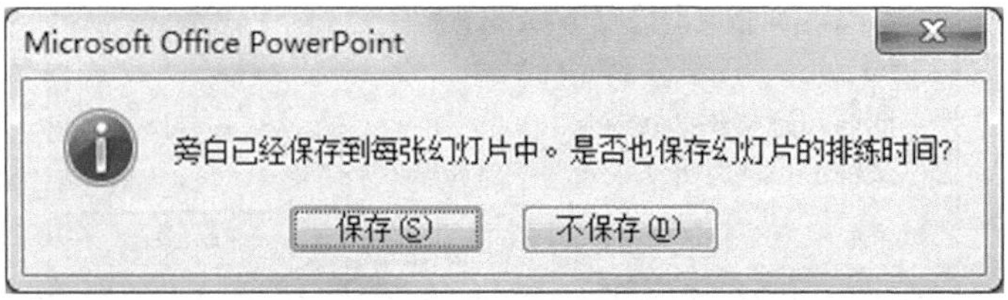

图6-37 旁白保存

3. **影片的插入**

PowerPoint 中可插入的影片类型有剪辑管理器中的影片和文件中的影片。插入这两种影片的方法和插入声音的操作步骤相差不大,在这里就不一一介绍了。

4. Flash **动画的插入**

Flash 动画由于文件小、图像质量不失真的特点在课件制作中得到广泛应用。在 PowerPoint 中插入 Flash 动画的方法有多种,这里主要介绍两种方法。

(1)利用 ActiveX 控件的方法。

单击"视图"菜单,选择"工具栏"级联菜单中的"控件工具箱"命令,打开"控件工具箱"面板;选择面板中右下角的"其他控件"按钮,打开控件清单(如图 6 - 38 所示);选择"Shockwave Flash Object",此时光标变成"十"字形,在演示文稿中拖动鼠标画出一个矩形,此矩形就是 Flash 动画的播放窗口;在拖出的矩形区域中,右击鼠标,在弹出的快捷菜单中选择"属性",打开"属性"对话框(如图 6 - 39 所示);在属性对话框中的"MovieData"栏中输入 Flash 动画文件的路径和文件名,在 Embedmovie 栏中选择 true,关闭"属性"对话框即可完成 Flash 动画的插入。

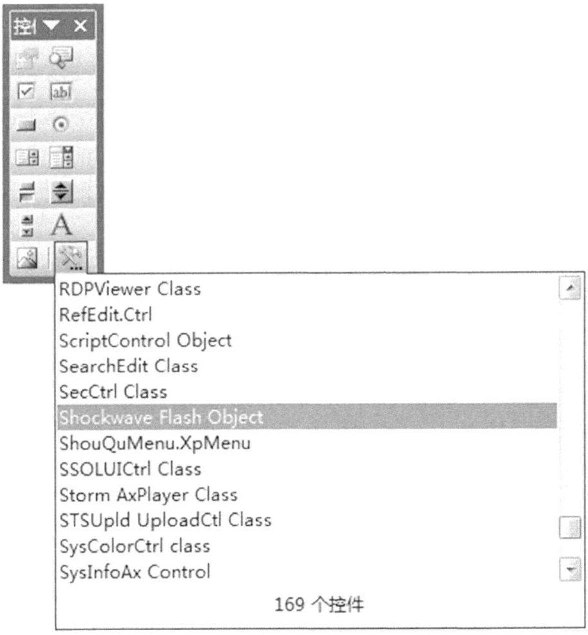

图 6 - 38　**控件清单**

图6 - 39　**控件"属性"对话框**

(2)利用"插入对象"的方法。

单击"插入"菜单,选择"对象"命令,打开"插入对象"对话框;选择"由文件创建",单击"浏览"按钮,选择需要插入的 Flash 动画文件;点击"确定"按钮即可完成动画的插入(如图 6 - 40 所示)。此时演示文稿上出现一个 Flash 图标,右击该图标,打开快捷菜单,选择"动作设置"命令,在"动作设置"对话框中选择"对象动作/激活内容"。

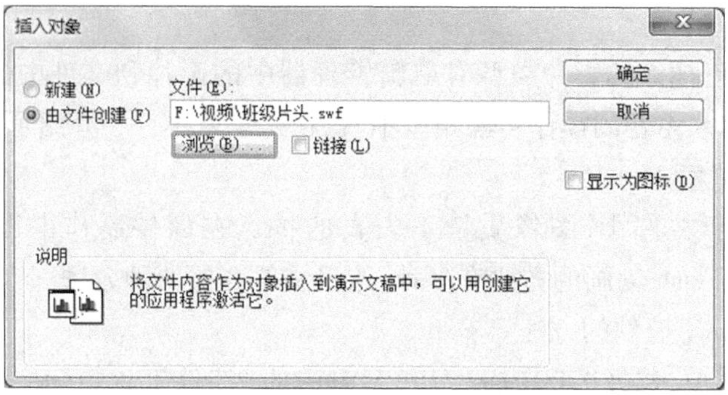

图 6－40　动画插入设置

(五)超链接的制作与使用

在 PowerPoint 中,通过对幻灯片中的对象设置超链接,可以使分散的内容形成一个整体,可以改变线性放映方式,提高课件的交互性。

PowerPoint 提供三种创建超链接的方法,分别是插入超链接、利用动作设置创建超链接、利用动作按钮创建超链接。

1. 插入超链接

选定要插入超链接的对象(如文本、图形等),单击“插入”菜单,选择“超链接”命令,打开“插入超链接”对话框(如图 6－41 所示)。可链接到“原有文件或网页”“本文档中的位置”“新建文档”和“电子邮件地址”。一般课件中的超链接是链接到演示文稿中的其他幻灯片。点击“本文档中的位置”图标,在“请选择文档中的位置”中单击所要链接的幻灯片,再单击“确定”即可完成超链接的制作。

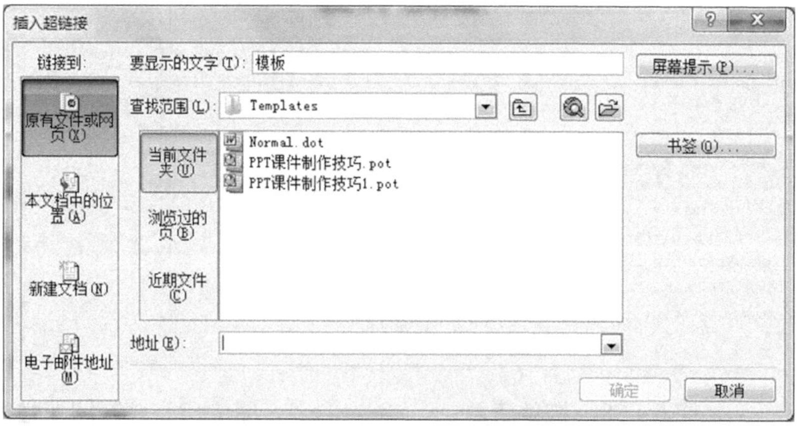

图 6－41　“插入超链接”对话框

PowerPoint 中默认的文本超链接颜色为淡紫色,已经访问过的超链接颜色为浅灰色。有些情况下需要改变超链接的颜色。修改超链接颜色的方法为:单击“格式”菜单,选择“幻灯片设计”命令,打开“幻灯片设计”任务窗格。单击“配色方案”,再点击下方的“编辑配色方案”,打开“编辑配色方案”对话框,选择“自定义”选项卡。在“配色方案颜色”选项中选择"强调文字和超链接",设置合适的颜色。同样选择"强调文字和已访问的超链接",修改已访问的超链接的颜色。

2. 利用动作设置创建超链接

选定要插入超链接的对象(如文本、图形等),单击"幻灯片放映"菜单,选择"动作设置"命令,打开"动作设置"对话框(如图6－42所示)。点击"单击鼠标",打开"超链接到"下拉菜单,选择所要链接的形式,如幻灯片或其他文件。若选择"幻灯片"选项,弹出"超链接到幻灯片"窗口,选定所要链接的幻灯片即可。若选择"其他文件"选项,弹出"超链接到其他文件"窗口,选定所要链接的文件即可。

图6－42　"动作设置"对话框

"插入超链接"和"利用动作设置创建超链接"从创建过程和完成的结果看,二者没有什么区别。但"利用动作设置创建超链接"可以设置声音,也可以设置成在鼠标经过时就打开链接;"插入超链接"只能响应"单击鼠标",从而打开链接。

3. 利用动作按钮创建超链接

选定要插入超链接的对象(如文本、图形等),单击"幻灯片放映"菜单,选择"动作按钮"命令,弹出多种形状的按钮。选择一种要使用的按钮,将鼠标移动到幻灯片上,此时鼠标指针变成"十"字形,在幻灯片的合适位置,按住鼠标左键,拖出方形区域,相应的按钮就出现了,同时弹出"动作设置"对话框,其设置方法与"利用动作设置创建超链接"相同。

(六)课件的效果处理与播放

课件的效果是指课件的动画效果和切换效果。PowerPoint 中提供两种制作动画效果的方案，分别是“预设动画”和“自定义动画”。前者是使用 PowerPoint 中设置好的动画效果，后者是用户根据自身需要设置个性化的动画效果。

1. 动画效果

（1）预设动画。预设动画提供一系列基本的动画效果，可以使各个对象的动画设置一次性完成，快速为幻灯片中的对象设置动画效果，操作步骤如下。

在普通视图或浏览视图中，选定欲操作的幻灯片。单击“幻灯片放映”菜单，选择“动画方案”命令，打开“幻灯片设计”任务窗格（如图 6－43 所示）。从“应用于所选幻灯片”列表框中选择相应的动画方案。

若单击“应用于所有幻灯片”按钮，则演示文稿中的每张幻灯片都具有相同的动画方案。

图 6－43 动画方案设置

（2）自定义动画。自定义动画可以使幻灯片上的文本、图形、形状等对象具有动画效果，同时可以规定对象出现的顺序及方式，这样可以控制演示文稿的呈现流程，并提高演示文稿的趣味性。在自定义动画中可以设置进入、强调、退出和动作路径四种效果，具体操作步骤如下。

在普通视图下，选定欲设置动画效果的幻灯片或对象。单击“幻灯片放映”菜单，选择“自定义动画”命令，打开“自定义动画”任务窗格（如图 6－44 所示）。在“自定义动画”任务窗格中单击“添加效果”按钮，根据需要选择幻灯片的动画效果（进入、强调、退出、动作路径）。

在“自定义动画”任务窗格中选择已设置好的动画效果，点击鼠标右键，弹出下拉菜单,在下拉菜单中单击“效果”选项,打开效果面板(如图 6-45 所示),在面板中可以设置动画效果的速度、声音、动画播放后的效果(如变暗、隐藏等)等。

图 6-44 自定义动画设置

图 6-45 动画效果设置

2. 切换效果

幻灯片的切换效果是指在幻灯片放映时连续两张幻灯片之间的过渡效果,即从一张幻灯片切换到下一张幻灯片时出现的类似动画的效果。适当的幻灯片切换效果可以吸引观众的注意力。设置幻灯片切换效果的步骤如下。

在普通视图或浏览视图的状态下,选定要设置切换效果的幻灯片。单击“幻灯片放映”菜单,选择“幻灯片切换”命令,打开“幻灯片切换”任务窗格(如图 6-46 所示)。在任务窗格中选择切换的动画效果,设置切换速度、声音和方式。

3. 放映方式

(1)普通放映。

单击“幻灯片放映”菜单,选择“观看放映(F5)”命令,即可从演示文稿的第一页开始放映。在放映过程中,单击鼠标左键或按下键盘上的“Enter”键、“Space”键、“Page Down”键、“→”键或“↓”键,可以进入下一张幻灯片;按下键盘上的“Backspace”键、“Page Up”键、“←”键或“↑”键,可以回到上一张幻灯片;按下键盘上的“Esc”键,可以中断或者结束幻灯片放映。

右击当前页的幻灯片,打开快捷菜单,菜单提供多种命令供用户控制幻灯片的放映(如图 6-47 所示)。

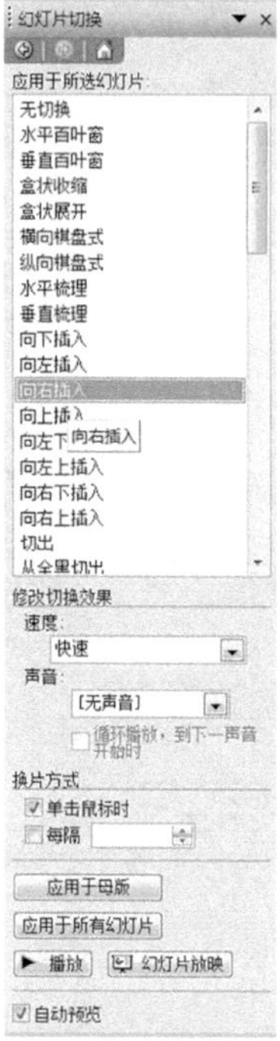

图 6－46　幻灯片切换设置

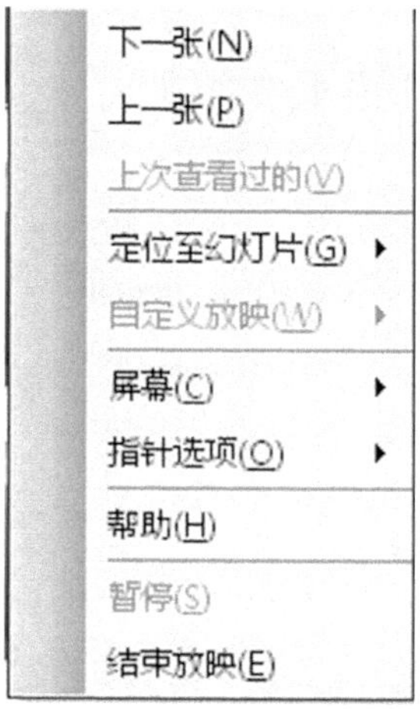

图 6－47　幻灯片放映控制设置

2. 人工控制放映

单击“幻灯片放映”菜单，选择“设置放映方式”命令，弹出“设置放映方式”对话框(如图 6－48 所示)。在对话框中对“放映类型”“放映选项”“放映幻灯片”和“换片方式”进行设置，设置好后单击“确定”按钮即可。“放映类型”可设置“演讲者放映”“观众自行浏览”“在展台浏览”三种放映方式。“放映选项”可设置“循环放映”等方式。“放映幻灯片”可设置幻灯片放映的范围。“换片方式”可设置幻灯片的进入方式。

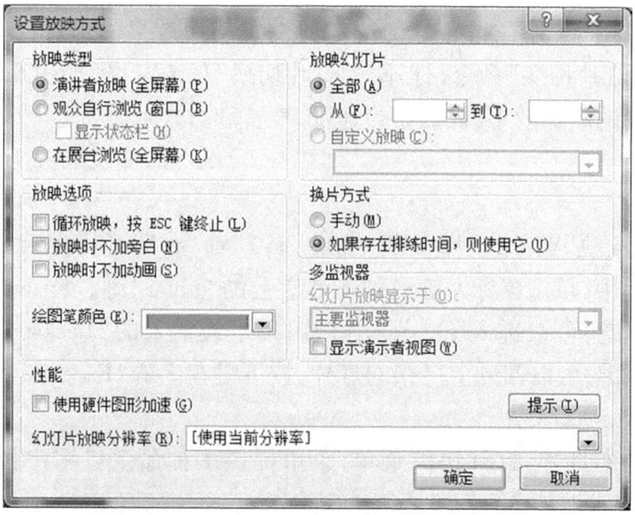

图 6－48　“设置放映方式”对话框

3. 自定义放映

单击“幻灯片放映”菜单，选择“自定义放映”命令，弹出“自定义放映”对话框（如图6-49所示）。单击“新建”按钮，打开“定义自定义放映”对话框（如图6-50所示）。在“幻灯片放映名称”文本框中输入名称，在“在演示文稿中的幻灯片”列表框中选择要放映的幻灯片，单击“添加”按钮，将其添加到“在自定义放映中的幻灯片”列表框中，可以通过“删除”“上移”“下移”按钮调整播放顺序。单击“确定”按钮即完成自定义放映设置。

图6-49　“自定义放映”对话框

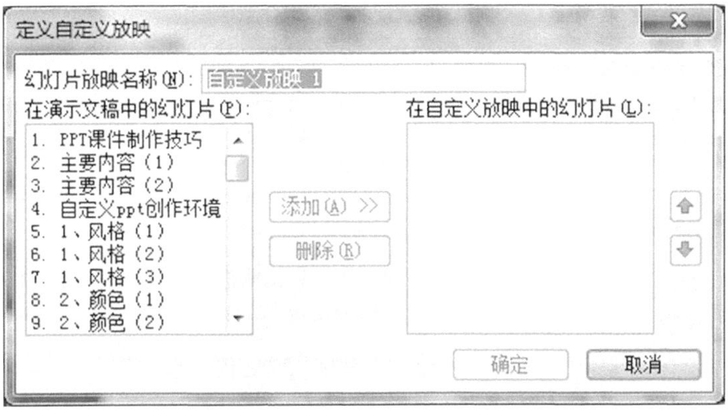

图6-50　“定义自定义放映”对话框

（七）课件的集成与发布

1. 课件的集成

课件的集成即演示文稿的“打包”。所谓“打包”，就是将幻灯片播放器和演示文稿制作为一个文件。“打包”后的演示文稿可以在没有PowerPoint的计算机上进行放映。演示文稿“打包”的步骤如下。

单击“文件”菜单中的“打包成CD”命令，打开“打包成CD”对话框（如图6-51所示），若单击“添加文件”按钮，则打开“添加文件”对话框，添加所需的文件；若单击“选项”

按钮,则打开“选项”对话框(如图 6－52 所示),可更改设置,并设置密码保护,单击“确定”按钮则返回上一级。

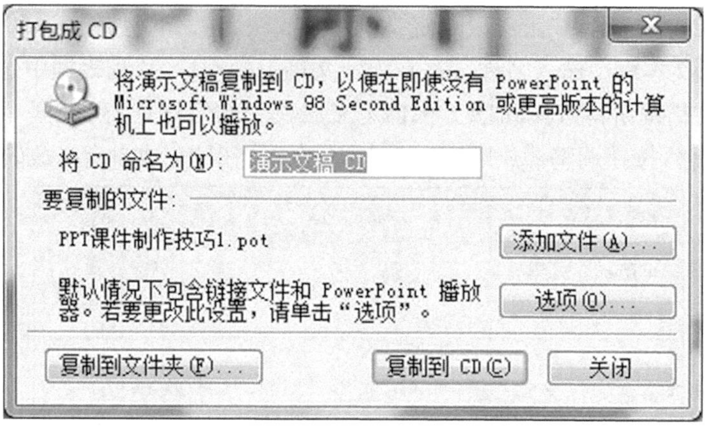

图 6－51 “打包成 CD”对话框

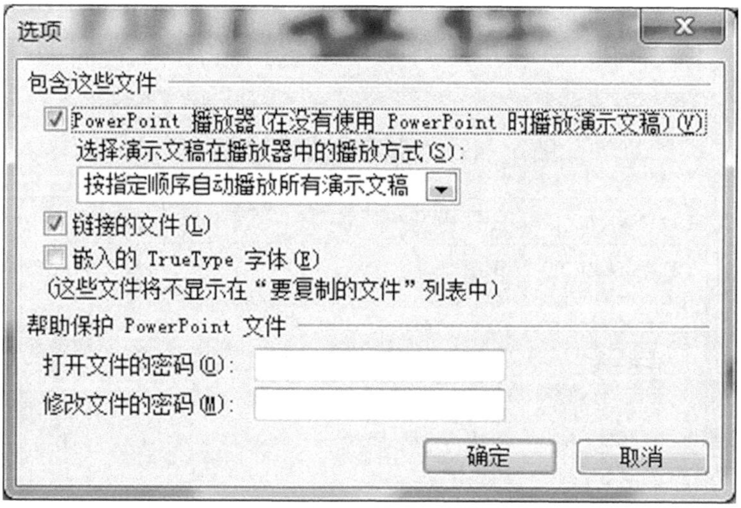

图 6－52 “选项”对话框

在“打包成 CD”对话框中单击“复制到文件夹”按钮,则打开“复制到文件夹”对话框(如图 6－53 所示)。可在此对话框中设置“文件夹名称”和“位置”,单击“确定”按钮即可。

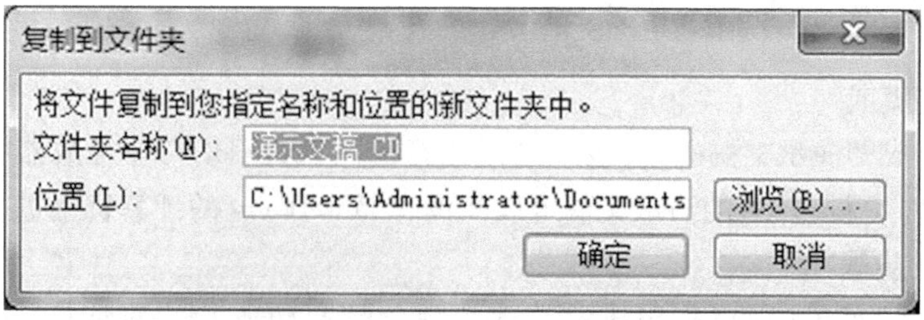

图 6－53 “复制到文件夹”对话框

2. 课件的发布

PowerPoint 可以将演示文稿发布到网站上，操作步骤如下。

单击“文件”菜单，选择“另存为网页”命令，打开“另存为”对话框（如图 6－54 所示），在“文件名”下拉列表框中输入网页的文件名，在“保存位置”下拉列表框中选择合适的位置，单击“发布”按钮即可。

图 6－54　课件发布设置

为确保演示文稿在 Web 浏览器中的显示效果与实际要求相符，可在发布之前以 Web 方式进行预览（单击“文件”菜单，选择“网页预览”命令，即可实现网页预览）。

四　多媒体教室

多媒体教室是根据信息技术条件下教育教学的需要，将多媒体计算机，投影机，录音、录像、音响系统，电子白板等教学媒体结合在一起而建立起来的教学系统。它是以多媒体计算机为中心构成的支持教学的综合教学系统，是信息化教学环境的重要组成部分。教师利用多媒体教室可以有效、灵活地表达教学内容，特别是通过大屏幕投影或交互式电子白板展示多媒体教学内容，为教学提供了丰富生动的知识表达形式，使教学过程更加符合学生的认知、理解和记忆规律，从而提高了教学效率，增强了教学效果。教师需要了解多媒体教室的组成和功能，并能够操作多媒体教室。

（一）多媒体教室的环境与结构

1. 多媒体教室的环境

多媒体教室的环境包括整体环境、照明环境和声学环境三个方面。除安放各种设备的教师讲台和学生课桌应当样式新颖、结构简洁、色调明快外，还可以在教室顶部和后部墙面采用吊装和铺设多孔纸面石膏板，利用它们和窗帘的吸音特性，有效地调整教室的吸音量，减少混响时间，以获得预期的声场效果。在照明灯光的处理中，可以将学生座位区的吊顶设计成向后逐渐升高的“锯齿”状，在“锯齿”向后的平面上安装内嵌式格栅日光灯。利用日光灯安装平面与水平面之间的夹角，使座位区的照明光线不会照射到投影屏幕上。经过这些技术处理，多媒体教室的照明方式、音质条件以及外观形态将构成一个和谐的整体。

多媒体教室的投影屏幕多采用电动升降幕，通常靠近黑板的一侧，黑板的另一侧为教师板书的空间。调查发现，投影屏幕对角线长度与教室长度的比例能够决定学生观看投影信号的范围，比例为1∶3.5～1∶4时效果最佳，各个角度的学生都能够清晰地看到投影屏幕上的信息。此外，为了避免遮挡，建议多媒体教室建成阶梯状，从座位的第三排开始逐排升高一个台阶。

多媒体教室通常上课人数比较多，在这种教学环境下要让每一名同学都能清晰地听到教师讲课的声音，且不能刺耳，音响系统的合理配置就显得尤为重要。正常的音量大小应控制在70分贝以下（大于70分贝的声音定为噪音）。在黑板下方放置三个界面话筒，这样无论教师在讲台上的哪个位置教学都能够进行正常扩音，不受话筒的约束和控制。另外，安装具有数字音频技术的音响设备，可以抑制各种音频的干扰。

2. 多媒体教室的结构

多媒体教室一般以多媒体计算机系统为核心，由投影机、视频展示台、大屏幕、影碟机（VCD或DVD）、录像机、音响设备、电子白板等多种教学设备共同组成。根据构成和功能的不同，多媒体教室可以分成标准型和网络控制型。

标准型：一个由多媒体计算机与各种视音频设备组成的、由中央控制系统集成控制的多媒体系统结构，如图6－55所示。该系统与校园计算机网、闭路电视网连接，系统中的多媒体计算机不仅发布各种教学信息，还可以作为中央控制系统的操作平台。各种不同类型的教学资源通过相应媒体送入中央控制系统，然后通过计算机软件界面、桌面按键面板或遥控器进行操作，以完成各种信号之间的切换，实现对视频、音频设备的全面控制。在这个多媒体系统中，教师能通过直观、简便的操作，以人机对话的方式调用各种教学资源。

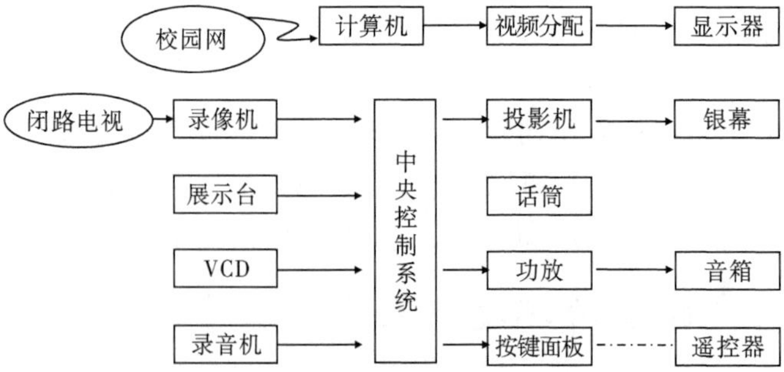

图6－55 标准型多媒体教室系统结构图

网络控制型：网络控制型多媒体教室的系统配置如图6－56所示。在这里，多媒体计算机和网络中央控制器均具备联动功能，可以独立设置，也可以综合设置，并配置管理软件,构成多媒体教室的集成控制系统。可通过网络对多媒体教室的设备、设施进行远程操作、控制与管理,也可将若干个这样的多媒体教室设备连在一起,构成一个局域网,在单独设置的总控制室内进行集中控制与管理。如各教室内投影机的远程开关机、教师主控台电源的延时断电等操作。如果在每个教室内再加装 2 ~3 部带云台的摄像机,在总控制室内配置硬盘录像机和 VOD 服务器及相应的软件等,则可以在联网的所有教室内实现 VOD 以及点对点、一点对多点的教学直播等,还可以通过该系统实现电子防盗和电子监控等功能。

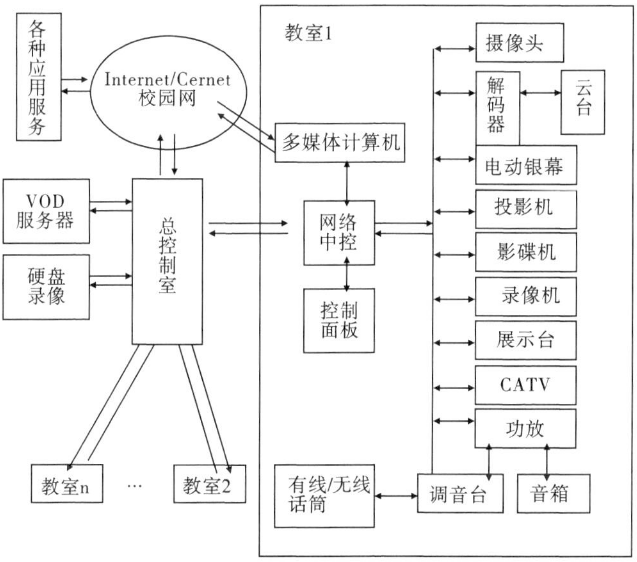

图 6 -56　网络控制型多媒体教室结构图

(二)多媒体教室的功能

多媒体教室应该具备下列主要功能:

(1)能连接校园网、中国教育科研网(Cernet)、互联网,使教师能方便地调用丰富的网络资源,实现网络联机教学。

(2)能连接闭路电视系统,充分发挥电视媒体在教学中的作用。

(3)能演示各类多媒体教学课件,开展计算机辅助教学。

(4)可以播放录像、VCD、DVD 等视频教学节目。

(5)可以展示实物、模型、图片、文字等资料。

(6)根据多媒体系统的构成及其特点,选择设备时应考虑媒体设备与总控制系统的配套。

(7)能以高清晰度、大屏幕投影机显示计算机信息和各种视频信号。

(8)能用高保真音响系统播放各种声音信号。

(三)多媒体设备的连接、安装与使用

(1)中央控制系统:整个多媒体教室中的全部媒体设备都由中央控制系统集中管理和

控制。该系统采用单片机多机通讯技术和系统集成技术,将被控设备的各种操作功能按照用户实际操作要求进行组合处理,然后将具体对每一媒体或设备的操作过程集成为一体。中央控制系统与其他多媒体设备的连接如图 6 – 57 所示。

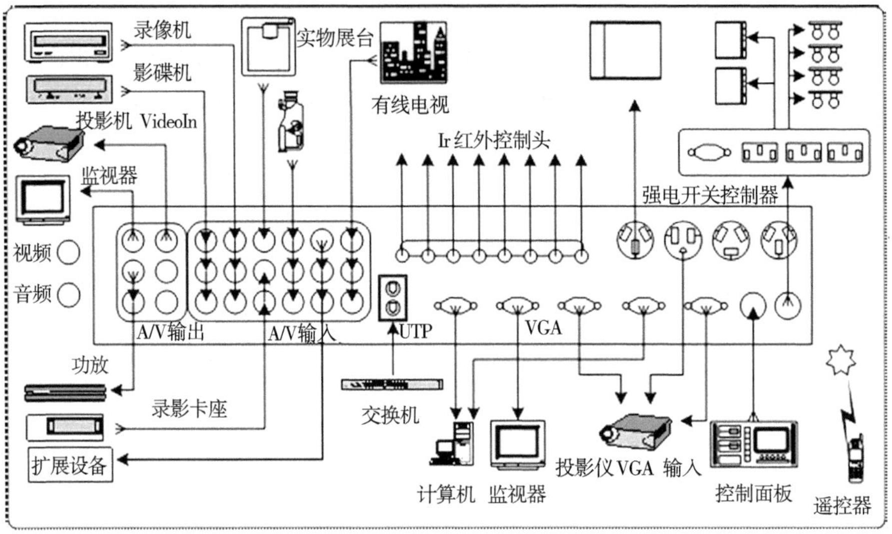

图 6 – 57 中央控制系统与其他多媒体设备的连接

中央控制系统通常集成了多路电源管理、6 ~ 8 选 2 路的视频/音频切换矩阵、6 ~ 8 路红外遥控、2 路计算机 VGA 信号切换、全数码声音控制等功能。系统可以通过桌面按键控制面板、红外遥控器或计算机控制软件对录像机、影碟机、视频展示台、计算机、投影机、功放等设备进行电源和基本操作的集成控制,还可控制教室内的环境设施,如电动屏幕、照明灯光、电动窗帘等。有的中央控制系统还设有自动开关,即按两下“系统关”键,系统会自动遥控关闭投影机,使电动屏幕升起来,将功放电源关闭,延时设定时间后关闭设备电源,延时几分钟后(可设)关闭投影机电源,最后关闭系统主机电源。这样教师不需经过专门培训即可在教学过程中自如地操作各种媒体设备。

(2)多媒体计算机:这是多媒体教室的核心,在系统中既是计算机教学媒体,又是网络连接设备,可能还是中央控制系统的操作平台。因为它多数时间处于多任务工作状态,所以应尽量选配运行速度快,内存大,配有声卡、网卡,光驱纠错能力强,且工作稳定可靠的多媒体计算机。由于多媒体教室的计算机要适合不同课程的教学,软件的配置要兼顾不同课程的需要。对于没有安装还原保护卡的计算机应安装系统保护还原软件,以防由于误操作等引起的故障。

(3)视频展示台:又称实物展示台,它目前已逐渐取代了传统胶片投影机和幻灯机的大部分功能。视频展示台不但能将胶片上的内容投射到屏幕上,而且可以将各种实物,甚至可活动的图像投射到屏幕上。但是视频展示台只是一种图像采集设备,最终将图像展示出来,还需通过外部设备的参与,例如电视机或投影机。图6 – 58所示为双侧灯台式视频展示台。

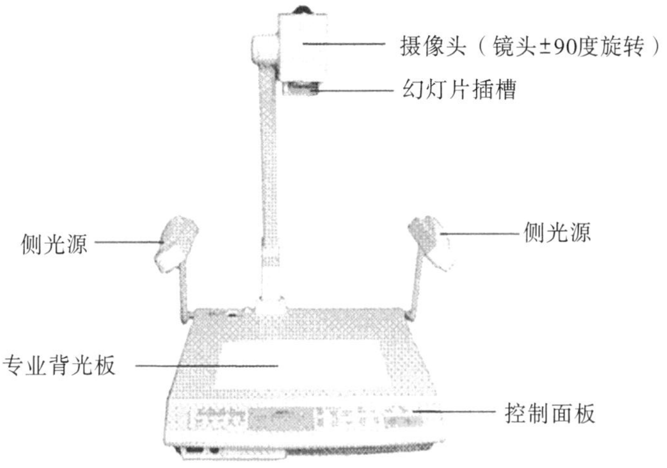

图 6－58　视频展示台

视频展示台的主要技术指标是 CCD(电荷耦合器件)分辨率,目前主流视频展示台的 CCD 分辨率为 40 多万像素,450 线左右,像素越高清晰度越高。其他指标包括:正负片反转,黑白彩色反转,辅助灯源的数量和质量,输入/输出口的数量,是否具有 RS－232C 口(串口),是否具有红外线遥控功能,等等。正负片反转功能使视频展示台直接呈现负片,RS－232 口或红外线遥控功能使展台更易融入中央控制系统。

(4)投影机,又叫投影仪,是多媒体教室中计算机、视频展示台、VCD、录像机的视频再现设备,是目前多媒体教室中价格最高的设备。多媒体投影仪的产品从技术角度上分为阴极射线管投影仪(CRT)、液晶显示投影仪(LCD)和数字光路投影仪(DLP)。图 6－59 为一款 LCD 投影仪。

图 6－59　LCD 投影仪

CRT 投影仪。该投影仪的优点是显示的图像色彩丰富,还原性好,具有丰富的几何失真调整能力;缺点是亮度很低,操作复杂,体积庞大,对安装环境要求较高,并且价格昂贵,目前已经基本退出市场。

LCD 投影仪。该投影仪是目前投影仪市场上的主要产品。液晶是介于液体和固体之间的物质,本身不发光,工作性质受温度影响很大,其工作温度为－55℃～77℃。LCD 投影仪色彩还原性较好,分辨率可达 SXGA 标准,体积小,重量轻,操作、携带极其方便,并且价格比较低廉,因此成为投影仪市场上的主要产品。其缺点是需要良好的散热条件。

DLP 投影仪。DLP 投影仪的技术是一种反射式投影技术，其特点是图像灰度等级高，成像器件的总光效率高，对比度非常好，色彩锐利。DLP 投影仪的优点是体积小巧，可以胜任长时间连续工作，对散热的要求不高，画面对比度高（可达 1400:1），缺点是色彩不够丰富。

一般来说，在选用投影仪时应注意以下几个方面。

输入信号源：一般的多媒体教室使用的投影仪输入源应有 Video、S-Video、Audio 及 1～2个计算机接口（VGA），为了节约资源，若要求较低时则可选购分辨率为 800 dpi × 600 dpi（SVGA）的投影仪。主流选择是 XGA（1024 dpi × 768 dpi）产品，现在市场上还有 SXGA（1280 dpi × 1024 dpi）产品、UXGA（1600 dpi × 1200 dpi）产品，当显示高分辨率图形信号时，须选择行频在 60 kHz 以上的投影仪。为使投影仪呈现出最完美的效果，建议将计算机的分辨率调到与投影仪一致。

投影亮度："light out"是投影仪的主要技术指标，通常以光通量来表示，光通量是描述单位时间内光源辐射产生视觉响应强弱能力的。光通量的国际标准单位是 ANSI（流明）。投影亮度是投影仪极为关键的性能指标，直接关系到观看者是否能清晰辨认屏幕上的图形文字。一般来讲，在几十平方米的中小型会议室中，投到 64 英寸到 100 英寸（1.22 米～2.03 米）宽的屏幕上，投影亮度有 2000 流明左右就够了，若能达到 2500 流明则效果非常理想。如果用在 100 平方米以上的大教室，投影亮度应该大于 2500 流明。除了要根据空间大小来选择亮度指标外，还要考虑使用环境的光线条件、屏幕类型等因素。同样的亮度，不同的环境光线条件和不同的屏幕类型都会产生不同的显示效果。投影仪的亮度很大程度上取决于投影仪中的灯泡，而灯泡的亮度输出会随着使用时间而衰减，这必然会造成投影仪亮度的下降。

使用方式：投影仪的使用方式分为桌式正投、吊顶正投、桌式背投、吊顶背投。正投是投影仪在观众的同一侧；背投是投影仪与观众分别在屏幕两端（需背投幕）。如固定使用，可选择吊顶方式。若有足够的空间，则选择背投式整体效果最好。

使用环境：根据使用环境（房间大小，照明情况），确定机器相应指标（如亮度）。一般情况下可以根据教室面积的大小来确定投影仪的亮度。

在投影仪的安装过程中必须注意以下几点：①计算投影仪与屏幕之间的距离（以屏幕大小确定）。银幕吊装的高度及离第一排座位的距离应根据人机工程学原理进行计算，避免学生过分仰视银幕，让学生以一个较舒适的姿势观看银幕和抄写笔记，减少学生的视觉疲劳，提高学习效率。②墙面悬挂的屏幕上边沿应与吊装投影仪镜头在同一水平线。③投影仪镜头中心点与投影屏幕中心点在同一垂直线上。④选择尺寸合适的安装吊架。⑤安装固定用的螺丝、螺栓应拧紧。⑥调整安装后投影画面的梯形。

（5）音响系统：多媒体教室中应选择频响宽、保真度高的音响系统，以适合多媒体教学，并具有话筒混响功能，使教师能在播放媒体内容的同时进行评论和讲解。

其他音视频媒体设备选用具有红外遥控的市场主流机型即可。媒体设备接入多媒体系统后，将红外线码读入中央控制系统主机，所有功能的操作即可由中央控制系统集中控制了。

五　多媒体网络教学系统

（一）多媒体网络教学系统的构成

多媒体网络教学系统是一个由硬件、软件、教学内容、教学管理机构组成的一体化有机系统。想要了解它的整个结构，需要从四个方面考察：硬件结构，了解系统实施的物质基础；软件结构，了解教学系统的支撑平台；信息组织结构，了解学生如何进行学习；教育管理职能部门的组织结构，了解如何开展教学工作。

1. 硬件结构

支撑网络教学系统的物质基础就是一个计算机网络，一般是一个网络中心。它根据支持的学生人数、范围、学生访问网络的方式等诸多因素的不同，变化很大，组织结构形式也各不相同，但一般来说，都具有如下模块：接入模块（互联网接入）、交换模块、服务器模块、网络管理与计费模块、拨号用户与局域网用户模块、课件制作与开发模块、双向交互式同步教学模块。

（1）接入模块的主要设备是路由器，其主要作用是通过网络专线将整个网络接入互联网，从而使用户能够访问互联网资源，而其他网络用户也能够访问该网络的信息。

（2）交换模块是整个网络连接与传输的核心，主要设备有主干交换机、分支集线器和连接各模块的网络电缆，它们组成整个骨干网络。

（3）服务器模块主要负责信息的收集、储存和发布，它是对外提供教学与信息服务的主要实体，一般有 Web 服务器、FTP 服务器、E-mail 服务器、DNS 服务器、数据库服务器等等，它们可以由一台或多台高性能的计算机承担。

（4）网络管理模块主要对整个网络进行监控，并对其运行性能进行监测、对其故障进行预警和诊断等等；计费模块主要是记录网络用户的资费信息，以控制网络资源的有偿使用。

（5）拨号用户与局域网用户模块的主要功能是让教师和学生能够以多种方式访问网络资源，从而达到教学或学习的目的，其主要设备是访问服务器。访问服务器的主要作用是使没有连入互联网的学生可以通过电话拨号的方式来访问网上的教育资源。学习网络通过校园网进行互联，这样，原来的网络用户，不需要任何变动，只需进行登记注册，便可进入网络进行学习。

（6）课件制作与开发模块主要是开发、维护网上的教学内容与教育资源，以实现教育信息的不断更新与丰富。

（7）双向交互式同步教学模块是一个基于高速数据网络的双向可视会话系统，它可以将演播教室中教师的讲解情况实时传送到远程多媒体教室；教师在讲解中，可以看到远程教室中学生的表情与神态，并能接收到学生的询问，类似于本地课堂教学。此模块的核心设备是视频会议终端、多点控制单元（音视频混合与互换）、摄像机等。

2. 软件结构(仅指教学支持系统)

一个完整的基于网络的教学系统,不仅需要系统软件的支持,如网络操作系统、Web服务器、FTP服务器等,还需要一些专门支持教学的应用软件,如适应性超媒体学习系统、多媒体授课系统、师生交互工具、网络题库管理系统、考试与评价系统、教学资源库管理系统、自动答疑系统、学习管理系统、作业批阅系统、网络课件写作系统、教学管理系统、基于Web的虚拟实验室等等。

3. 信息组织结构

信息组织主要有六个组成部分:办公室、同步教室、自习室、答疑室、虚拟咖啡屋、虚拟图书馆。

办公室完成对用户的登记和管理工作;同步教室实际上是一个课件库;自习室允许学生进行在线测试,对自己的学习效果进行评估;答疑室是一个集中解答学生在学习中遇到的各种疑难问题的地方;虚拟咖啡屋是一个虚拟论坛,为教师与学生、学生与学生之间的交流提供一个平台,师生可以在这里自由地发表自己的见解;虚拟图书馆存放着各类电子报纸、杂志以及其他相关的学习资源。

4. 教育管理职能部门的组织结构。

同其他教学系统一样,基于网络的教学系统同样需要一个机构来维持它的运行,进行日常研究、管理和教学工作,下面从四个方面加以分析。

(1)教学研究组。研究基于网络的各种教学模式的特点,开发适合于网络教学的文字教材,研究网络教学的发展动向,研究国家教育政策的发展变化趋势。主要工作成果的形式是:用于网络教学的文字教材,论述网络教学的论文,网络教学优化的具体意见,等等。

(2)教学支持组。负责主持学生学习,对学生的反馈信息进行应答,如疑问解答、作业评阅等等。主要工作成果是对学生的反馈信息进行应答的文字资料等等。

(3)技术支持组。主要职能是:负责将文字教材制作成电子教材,对教学业务系统进行开发与维护,给教学业务运作提供总技术支持,收集学生的反馈信息,发布教师的应答信息,管理与维护服务器,开发与维护网络教学系统。主要工作成果是课程的电子教材、业务系统软硬件的正常运作等等。

(4)财务组。负责所有项目的财务审核与结算。

(二)多媒体网络教学系统的功能

(1)适应性超媒体学习系统。参与远程学习的学员来自各行各业,他们没有一个统一的起点,能力参差不齐,因此,远程教学系统必须能够针对不同能力的学生,提供不同形式的教学。适应性超媒体学习系统根据学生的个别能力特征,动态呈现与学生当前学习能力最相关的基于超媒体的教学内容。它有两个含义,一是在学习内容的选择上,系统根据学生的学习历史记录和对其能力的估测,选择学生没有掌握或是没有学习过的、与当前学生能力最接近的教学内容。学习内容的选择与组织以认知单元为最小单元,一个认知单元就是针对教学目标中所规定的最小的一个知识点所展开的教学内容。每个学习阶段,可以选择一个或几个认知单元。二是在学习内容的组织上,系统将根据其估测的学生能力和学生的认知风格，选择最适合学生的内容呈现方式。在适应性超媒体学习系统中，每个认知单元的教学展开都有多种形式，有的详细、有的简略，有的具体形象、有的抽象。另外，该系统提供给学生的相关辅助材料、练习试题等，都各不相同。学习内容的组织，主要以超媒体的方式进行，差别主要体现在链接的层次和链接的单元上，根据学生能力的不同而有所不同。具体来说，此系统的主要功能有：教学内容的动态适应，教学内容导航的适应，教学内容动态构建的适应，协作式的问题解决，自主选择学习策略的适应。

(2)多媒体授课系统。从功能上可以分成两个部分：一个是课件点播系统，另一个是同步广播授课系统。

(3)师生交互工具。为了有效支持异地师生之间的交流，远程交流工具不仅仅应提供传统的基于文本的交流，还应提供包括图形、语音、视频等多媒体的支持。同时，类似于传统教室教学中的黑板，身处异地的师生能够通过特定的软件白板来交流沟通。

(4)网络题库管理系统。基于 Web 的题库系统用于支持教师和学生通过网络进行组卷，并进行各种类型的测试。题目内容主要是各级各类学科内容的测试题、达标题等。支持各种类型的测试，并可以根据不同的测试目的，提供相应的组卷策略，包括智能组卷、相对评价组卷、绝对评价组卷等。教师可以根据不同的测试目的，通过网络自动组卷，并将其下载下来进行使用。基于 Web 的题库系统能够完成一般的题目管理功能，如题目增加、删除、修改等等。试题内容支持图形、语音、公式等多种形式的媒体，还能对学生的测验结果进行统计分析。

(5)考试与评价系统。考试以及对考试结果的分析与评价，在远程教育中发挥重要作用。借助计算机和国际互联网，远程考试在许多方面优于传统考试。

(6)教学资源库管理系统。教学资源库管理系统的主要功能是对各种教学资源进行采集、管理、检索和利用。它由两部分组成：CAI 软件库和学习资源库。CAI 软件库包括通过各种渠道收集到的国内外继续教育优秀课件，可能是一门完整的课程，也可能是一节课或一个知识点。学习资源库为各级各类学校提供丰富的学习背景材料、扩展学习材料以及其他各种分类的多媒体素材。

(7)自动答疑系统。自动答疑系统是一个适应性的知识库系统，它分自动答疑与人工答疑两大部分。在教学设计阶段，教师将本学科最常见的疑难问题按一定的组织方式，存放到领域知识库中，当学生在遇到疑难问题时，通过网络远程提交问题的描述，系统将根据学生提交的问题描述，在领域知识库中进行智能搜索(主要采用的技术有中文词语的切分、全文检索、语义网络匹配、关键词索引等)，按照检索内容相关程度的高低，将对该问题的解答呈现给学生。

(8)学习管理系统。不管系统多么智能，计算机都不能完全替代教师，缺乏教师参与的学习系统，不是一个完美的学习系统，教师参与学习管理可以弥补计算机系统的不足。具体地说，系统的教学管理应具备如下功能：针对性的辅导、疑难解答、协作监控和建构智能个性化的远程学习环境。

(9)作业批阅系统。作业批阅系统是基于网络的协作式作业批改系统，学生可以通过该系统提交作业,获取作业批改结果,并根据教师的建议来修改和编辑作业。经过几轮交互后,教师可对最后的作业做出评价。作业批阅系统具备以下几个功能:教师发布作业,学生完成并提交作业,教师批改并点评作业,作业库管理,作业转发,协作批阅,分析与评价。

(10)网络课件写作系统。开发网络课件写作系统的主要目的是为了方便不具有专业编程经验的各站点教师编制网络教学软件。该系统应该具备基本的多媒体集成功能,并能制作基本的 HTML 网页,也就是说首先要具备一些通用软件的基本功能,其次要具备一些支持教学课件的写作功能。具体来说,即一要有素材库的管理功能,二要有内容教学设计的理论指导,三要有大量的课件写作模板,四要支持各种各样的教学策略。多媒体课件制作工具向教学单位或教师提供各类素材,教学单位或教师可以通过该软件选取素材库中的素材来构建网络课程或网络教学模块。在该平台上构建的网络课程,能直接在网络上运行。

(11)教学管理系统。远程教学管理系统基本覆盖教学活动的各个环节,如从学生入学到学生毕业的各项活动,其管理的范围不仅仅是管理机构和行政部门,还包括教学涉及的所有对象和资源,如学生、教师、课件等等。同时,它以学生为中心,为学生创造一个个性化、智能化的远程学习环境,其具体功能有:学生注册,学生学籍管理,专业课程管理,教师管理,数据统计分析,信息查询功能,计费,行政公文管理,系统设置维护。

(12)基于 Web 的虚拟实验室。基于 Web 的虚拟实验就是在 Web 中创建出一个可视化的三维环境,其中每一个可视化的三维物体代表一种实验对象。通过鼠标的点击以及拖曳操作,用户可以进行虚拟实验。虚拟实验室可以针对物理实验、化学实验、计算机组成原理实验等各个不同的科目分别设计具体的实验环境。

(三)多媒体网络教学系统的使用

教育管理学理论把学校的管理分为微观和宏观两个层次,宏观就是学校管理,而微观就是课堂管理。多媒体网络教学系统的管理同样也可以分为这两个层次。用于信息技术教学的多媒体网络机房就可以建成一个微观的多媒体教学系统。宏观层次即以学校、区县、甚至是市、省为主体的多媒体网络教学系统。虽然一些城市硬件条件较好的学校已经建成多媒体网络教学系统,并且覆盖区域逐渐扩大,但是就整个教育系统来说还有待进一步发展。微观与宏观仅仅是层次、规模的区别,没有实质的不同。本书以用于信息技术教学的多媒体网络机房为例,介绍学校微观多媒体网络教学系统的使用。

依据前述的多媒体网络教学系统的构成要件,学校的多媒体网络机房已满足硬件条件。学校的多媒体网络机房发展很快,种类很多,如联想电子教室、红蜘蛛电子教室、凌波电子教室等等。虽然种类繁多,但作用都大同小异。一般来说,使用流程如下。

(1)在计算机策略设置里面“删除注销”。这样,学生机就不能随意按“Ctrl + Alt + Del”组合键对教学支持软件进行注销了。

(2)学生终端与教师终端分别安装。选定要使用的教学支持软件,下载后安装即可。

(3)打开软件图标登录使用。各种软件的功能基本相似,使用者登录到界面以后可摸索尝试使用,过程较为简单。

(4)常见的功能。教师终端一般包括以下功能。

①广播教学。将教师机屏幕和教师的语音传送至学生机,可以配合使用电子教鞭。

②语音教学。将教师机麦克风或其他输入设备的声音传送到学生机。

③语音对讲。教师可以选择任意一名已登录学生进行语音对讲。

④学生演示。教师可以将某一学生的操作演示给其他所选定的学生。在演示过程中,教师可以遥控此机器并将遥控过程演示给其他学生。

⑤文件分发。文件分发允许教师将教师机的目录或文件发送至所选学生机的某目录下。若该目录不存在则自动新建此目录;若盘符不存在或路径非法则不允许分发;若文件已存在则自动覆盖原始文件。

⑥屏幕监看。教师机可以监视所选学生机的屏幕(默认为全体学生),每屏可监视多个学生。

⑦屏幕录制。教师机可以将本地的操作和讲解过程录制为一份录像文件,供以后回放,由此可实现电子备课。

⑧屏幕回放。教师机可以将已录制好的含有操作与讲解的录像文件进行回放,回放过程中可以使用广播教学功能进行同步讲解。

⑨联机讨论。组织学生机对某个问题进行讨论。

⑩电子抢答。教师可以通过"电子抢答"的功能来实现让学生抢答的目的。

⑪分组教学。可将学生任意分组进行教学。

⑫远程命令。远程命令包括本机运行、远程运行、远程重启、远程关机、远程开机和远程退出等。

⑬远程设置。允许教师机对学生机的属性进行设置。

⑭黑屏肃静。教师可以执行黑屏肃静来禁止学生的任何操作,并显示黑屏画面。

⑮网络影院。使教师机播放视频文件的同时可对学生机进行广播,网络影院支持多种文件格式。

⑯视频直播。将实时视频信号通过网络同步传输给所有学生机。

⑰在线测验。可以让教师在课堂上进行一个中小型的考试,即考即答即统计结果,快速、方便。

⑱程序限制。控制学生机只允许或不允许运行某些程序。

⑲上网限制。控制学生机只允许或不允许访问某些网站。

⑳系统设置。主要有屏幕广播、语音教学、网络影院、屏幕监看等相关设置。

在课堂教学中,教师是活动的组织者和指导者,因此,在设计教学支持软件时学生端功能较少,一般为电子举手、作业提交、发送消息、访问因特网、设置等几项,操作较为简单。

总之,随着教育系统硬件支持及计算机领域软件开发的进一步发展,多媒体网络教学系统的使用会更加普遍,教学会更加高效,优势会越来越凸显。

六 学科教育技术工具的应用

伴随信息技术的发展与教育技术理论与实践的变革，教育工作者不仅需要掌握一些在各行各业都适用的普通信息技术工具（如E-mail、搜索引擎等），以及一些作为教师需要掌握的信息技术工具（如公共课件平台、交互电子白板等），还要根据自己所在学科的要求掌握一些符合本学科特点或为本学科量身定做的教育技术工具。

（一）数学类软件工具

信息技术改变着人们多年来形成的教育理念，对于数学学科来说，它改变了数学教学与学习方式。中小学数学教师，为了适应新技术条件对教学的要求，应该积极掌握一些专门的适切的数学课件制作和使用技术，使用适应中学数学教学的设计软件。目前在中小学数学教学中应用比较广泛的软件很多，尤其是几何画板和Z+Z超级几何画板（简称“超级画板”）最受数学教师欢迎。

几何画板是由美国Key Curriculum Press公司制作并出版的优秀教育软件，1996年该公司授权人民教育出版社在中国发行该软件的中文版。“几何画板”是教育部、人民教育出版社向中学师生推荐的一个研究性学习工具，适合于教师开展计算机辅助教学以及学生学习和探索数学。

几何画板能够动态地展现几何对象的位置关系、运行变化规律，它不仅能用于平面几何作图，也能用于代数、三角函数、解析几何、立体几何和物理等学科的教学或学习。几何画板界面简洁，易学实用，为数学教师和物理教师提供了丰富而方便的设计功能，是数学教师与物理教师制作课件的“利剑”。该软件提供的作图、变换、度量和图表等工具能帮助教师轻松实现其教学思想。几何画板最主要的特色之一是其提供的动态几何环境。与在黑板上的图形不同，几何画板的动态图形可保持设定的几何关系不变，能使学生从本质上深刻地认识几何图形的关系，为师生提供了一个在动态中观察几何规律、探索数学问题、培养创新思维的实践园地。教师只需要熟悉软件的简单使用技巧即可自行设计和编写应用范例，范例所体现的并不是编者的计算机软件技术水平，而是其教学思想和教学水平。可以说几何画板是出色的教学软件之一。

Z+Z智能教育平台的超级画板是由中科院院士张景中教授主持策划开发，北京师范大学国家基础教育课程实验教材数学编写组监制，为中国基础教育量身定做的一款教学软件，它的功能非常强大。与几何画板相比，超级画板一方面吸取并强化了几何画板的主要优点，如动态作图、几何变换、参数驱动动画、动态测量、跟踪和轨迹、用户自定义作图工具等；另一方面对几何画板的不足之处作了改进，特别是针对我国新课程标准的要求增加了许多几何画板没有或不容易实现的功能：如不用菜单的智能作图、二次方程和圆锥曲线的多种作图方法、推理功能和自动解题、随机变量和概率统计、线性规划及排列组合等。超级画板实现了高度的智能化，不仅在使用的方便性和教学互动性上大大高于国内外同类产品，而且可以进行几何定理的机器证明，适用于课堂教学和网络教学。应用超级画板制作课件非常简单方便，如智能作图工具，不用菜单就能作出相等、平行、垂直、相交、相切等几何关系，还能作出等腰或等边三角形、平行四边形和正方形等常用图形，并且在动态变换过程中其属性不变。制作超级画板课件，一般只需几分钟，有时甚至不用提前准备，课堂上就可以现场制作，让学生观察图形的几何关系，深刻理解其本质特征。超级画板简单易学，使用方便，是最出色的数学教学软件，是我们中华民族的骄傲。

下面介绍几何画板的一些简单用法，进一步学习需要研读一些专门的学习材料。

首先介绍几何画板的界面和绘图工具。

1. 窗口组成

进入几何画板系统后的屏幕画面如图 6－60 所示。

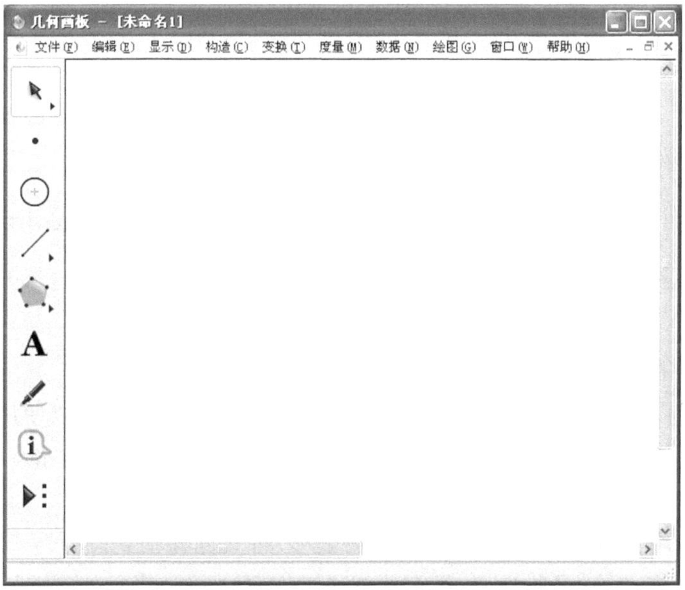

图 6－60　几何画板主界面

几何画板操作界面包括控制菜单、最大化/最小化、关闭以及标题栏、菜单栏、工具栏、状态栏、绘图窗口和记录窗口等。画板窗口的左侧是画板工具栏，中间空白部分是工作区，画板的右边和下边有滚动条，通过滚动条可以使几何画板处理更大的图形，画板的上部是菜单栏，包括“文件”“编辑”“显示”“构造”“变换”“度量”“数据”“绘图”“窗口”和“帮助”十个菜单。

2. 工具栏组成

工具栏依次是移动箭头工具、点工具、圆工具、线段直尺工具、多边形工具、文本工具、标记工具、信息工具和自定义工具等。各种工具的功能如下：

移动箭头工具：可以看到该工具右下角有个三角号，表示该按钮还有其他功能。按住三角号可以显示其他功能，分别是。其中第一项是移动箭头工具，功能是选择和移动图形；第二项是旋转箭头工具，功能是旋转图形；第三项是缩放箭头工具，功能

是缩放图形。

点工具：点工具可以在画板绘图区任何空白的地方或线上画点。其中，线可以是线段、射线、圆、轨迹、函数图像。

圆工具：圆工具只能画正圆，不能画椭圆。

线段直尺工具：线段直尺工具包含线段直尺工具、射线直尺工具和直线直尺工具，用于画直线、线段、带箭头的线段。

多边形工具：该工具包括多边形工具、多边形和边工具以及多边形边工具。用于绘制各个多边形，包含只有轮廓或者只有填充的多边形。

文本工具：该工具用于加标注（说明性的文字）或给对象标标签。标注顺序按照 A ~ Z、A1 ~ Z1 的顺序依次类推。

标记工具：用于随意选择、写字等。用户可以直接把该工具当成钢笔使用，直接在工作区写字或者作图。

信息工具：用于信息的提示，如说明使用了何种工具，选中后会出现“？”。

自定义工具：如果上述工具不够用时（如不能直接画平行四边形），还可以定义新的工具。

3. 简单图形的绘制

选择某项绘图工具时，用鼠标单击一下该工具，在工作区中就可以使用了。

点工具的使用：单击“点工具”，然后将鼠标移动到画板窗口中单击一下，就会出现一个点。

圆工具的使用：单击“圆工具”，然后拖动鼠标，将光标移动到画板窗口中一处位置（圆心）单击一下，再拖动鼠标到另一位置（圆心到该位置之间为半径）松开鼠标，就会出现一个圆。画好的圆形上有两个点，分别在圆心和圆周上，移动这两个点可以缩放圆的大小，移动圆周可以移动整个圆的位置。

线段直尺工具的使用：单击“线段直尺工具”，然后拖动鼠标，将光标移动到画板窗口中单击一下，再拖动鼠标到另一位置松开鼠标，就会出现一条线段。

多边形工具的使用：单击“多边形边工具”，然后拖动鼠标，拖动期间，单击一次鼠标，多边形就添加一个顶点，在结束绘制多边形时，需要在最后一个顶点上双击鼠标或者单击鼠标右键来结束多边形的绘制。

文本工具的使用：单击“文本工具”，光标由箭头变为手型，然后移动光标到对象处，单击鼠标，输入字母，对象就有了标签。再次单击，标签则删除。

标记工具的使用：单击“标记工具”，不要松开鼠标并在窗口中移动，即可画图或者写字，可以当成钢笔使用。

信息工具的使用：选择“信息工具”，然后在某个对象上单击或双击，即可显示有关信息或弹出该对象信息对话框。

实例1:绘制三角形。

(1)打开几何画板,选择“文件”—“新建”菜单,建立新绘图。

(2)单击“线段直尺工具”,在绘图区绘制一条线段,然后以该线段的一个端点为起始点再画一条线段,最后用一条线段连接剩下的两个端点,保证三条线段首尾顺次相连。过程如图6-61所示:

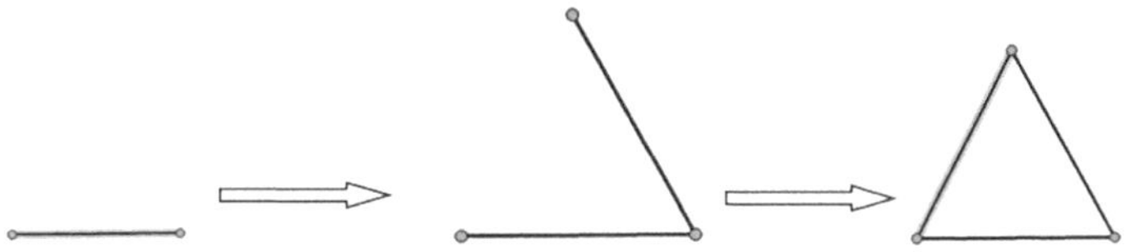

图6-61　“线段直尺工具”的使用

用移动箭头工具可以灵活调整三角形的大小和形状。

(3)将该文件保存成“三角形. gsp”。

实例2:绘制等边三角形。

(1)打开几何画板,建立新绘图。

(2)单击“圆工具”,在绘图窗口点击一下鼠标,出现一个点后(圆心),按住并向右(可以是任意位置)拖动鼠标到另一位置,松开鼠标;不要移动鼠标,在原处(鼠标向右拖动的过程中,圆周上会有一个圆点,原处指的是该点)单击并按住鼠标向左(和第一个圆的反方向)拖动到起点处(第一个圆的圆心)松开鼠标,画出两个等圆(半径相等的圆)。

(3)选择“线段直尺工具”,在两个圆心之间画一条线段,将鼠标移动到两圆相交的地方(此时两个圆应该变成红色、蓝色或者其他颜色)单击鼠标,分别用“线段直尺工具”连接该点与两个圆心。

(4)按“Esc”键,取消画线段状态,单击圆周后,按“Ctrl + H”键,隐藏圆,剩下的图形就是等边三角形。

(5)将该文件保存为“等边三角形. gsp”。

等边三角形的绘制过程如图6-62所示:

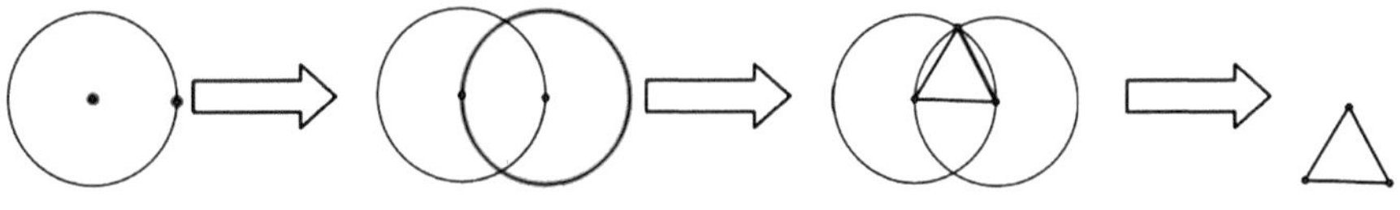

图6-62　“圆工具”的使用

本例题利用两个半径相等的圆来制作等边三角形,那么,如何画直角三角形、线段的垂直平分线?

实例3:画多边形。

(1)打开几何画板,建立新绘图。

(2)选择“点工具”,先画多个点(按住 Shift 键连续画点);然后利用“构造”菜单中的“线段”命令(或直接按“Ctrl + L”键)画出多边形。(画连续的点时,必须按住 Shift 键,否

则不能构成多变形)

(3)将文件保存成“多边形.gsp”。

注意:①选取顶点的顺序是十分重要的,不同的顺序会得出不同的多边形。②画多边形还可以使用“多边形工具”,其中“多边形和边工具”画出来的图形有背景。

小技巧:按住“Ctrl + H”键可以隐藏已选的线或者点。

提示:①用几何画板绘制几何图形,一定要考虑对象之间的几何关系,不是基本元素(点、线、圆)的简单堆砌。②点不仅可作在画板的空白处,也可作在几何对象(除内部外)上。线段和圆的起点和终点也是如此,即不仅可作在画板的空白处,也可作在几何对象上,即构造点与线的几何关系。③在画点(圆、直线、线段、射线)时,光标移动到几何对象(点和线)处,几何对象会变为红色、蓝色或者其他颜色,此时单击鼠标才能保证点点重合,点在线上。④对于绘制图形的辅助线,一般情况下不能删除,否则相关对象都被删除了,只能按快捷键“Ctrl + H”隐藏。

4. 对象的选取、删除、拖动

几何画板有些选择对象的选择方式与一般的 Windows 绘图软件有所不同。

(1)选择:在选择对象之前,需要先单击画板工具箱中的“移动箭头工具”,使鼠标处于选择箭头状态。

选择的对象可以是点、线以及一个图形。选择的方式分为选择一个对象、选择多个对象、取消一个对象、取消所有已选择对象以及选择所有对象等。几何画板中基本对象的选择方法如下:

选择点,只需用鼠标对准要选中的点,待鼠标变成横向箭头时单击鼠标左键。选择一条线或者其他图形(如三角形、多边形或者圆形),待鼠标变成横向箭头时,还需要用鼠标对准直线本身或者图形的边进行单击(圆形需要单击圆周)。

①选择一个对象:用鼠标对准画板中的对象单击鼠标即可选中。

②选择两个对象(选完一个后继续选择第二个):当一个对象被选中后,再用鼠标单击另一个对象,新的对象被选中,而原来的对象仍被选中(选择多个对象时,不需要按住 Shift 或 Ctrl 键,此处与常用的 Office 软件不同)。

③选择多个对象,连续单击所要选择的对象(注意:不能在画板的空白处单击或者按 Esc 键,否则将会取消所有选择或者隐藏所选的对象),还可以单击鼠标,不要松开,拖出一个矩形框来,矩形框以内的对象都被选中。

④取消一个对象:当选中多个对象后,想要取消某一个,只需单击这个对象即可。

⑤取消所有已选择对象:在画板窗口空白处单击即可。

⑥选择所有:如果选择了画板工具箱中的选择工具,这时在编辑菜单中就会有一个“选择所有”或者“全选”的项;如果当前工具是画点工具,这一项就变成选择所有点;如果是画线工具或画圆工具,这一项就变成选择所有线段或选择所有圆,它的快捷键是“Ctrl + A”。

(2)删除:删除就是把对象从屏幕中清除掉。选中要删除的对象,然后再选择编辑菜单中的清除项,或按键盘上的 Delete 键,此时与该对象有关的所有对象均会被删除。

(3)拖动:用鼠标选择一个或多个对象,并在画板中拖动已选中的对象,这些对象就会随之移动。

下面推荐两个几何画板专门的辅助学习材料:①潘懋德所著的《几何画板》,由内蒙古大学出版社2000年出版;②陶维林编著的《几何画板实用范例教程》,由清华大学出版社2001年出版。

(二)科学类软件工具

随着教育信息化的发展,各种现代化教学方式纷至沓来。幻灯、投影仪、电影、录音、广播、语音实验室等现代技术广泛应用在一定程度上缩短了信息传递的过程。卫星的运用以及电子计算机、微电子技术、光纤通讯技术、多媒体技术在教学中的普及应用,极大地丰富了教学的手段,为教育提供了新的途径。计算机网络的出现,使学生之间的相互交流和协作更加方便,互联网和多媒体技术的成熟与普及,为教学交流提供了更广阔的途径和更加丰富灵活的形式,教学不再局限于班级教学和小组学习,而是出现了虚拟课堂、远程教学、交互式学习等一系列教育新概念。

然而在一些自然学科的实验教学中由于教学经费、实验设备等条件的限制,存在实验课普遍开设不足的现象。比如,化学实验中一些危险大、费用高、耗时长的实验很难在实验室普及。另外,在一些远程教育中,学生与教师之间以及学生与学生之间所处的地理位置有可能很远,学生亲自到实验室中做实验的可能性很小,因此,科学类实验模拟软件受到越来越多师生的欢迎。

物理学是一门以实验为基础的自然科学。通过物理实验(教师演示实验、学生分组实验、家庭小实验等),学生不仅能有效地获得学习物理知识的感性材料,加深对物理概念和规律形成过程的理解,还能培养观察能力、思维能力、实践操作能力,并激发学习物理的兴趣,培养科学的态度和科学的研究方法。

物理学课程教学也常用几何画板作为课件编辑工具。另外还有一些计算机辅助实验教学工具。

朗威数字化信息系统实验室(Digital Information System Laboratory,简称"DISLab"),是上海市中小学数字化实验系统研发中心研究开发出来的辅助实验信息系统。DISLab是由"传感器+数据采集器+实验软件包(教材专用软件、通用扩展软件)+计算机"构成的新型实验系统。该系统成功克服了传统物理实验仪器的诸多弊端,有力地支持了信息技术与物理教学的全面整合。它集物理量测量、智能化数据分析、数据记录和自动控制等功能于一体,实现了对物理实验的实时控制及对实验数据的自动化采集和处理。

有兴趣的学习者可以在相关网站上获得DISLab的学习资料。

化学软件是当前化学化工工作者日常工作和化学教学的基本工具。使用较多的是ChemOffice、ChemSketch、化学实验模拟软件ChemLab、化学金排、超级化学助手、化学品电子手册、虚拟仪器开发工具LabVIEW、实验室信息管理系统LIMS和ChemWAVE等软件。

1. ChemLab **界面介绍**

打开ChemLab软件之后,界面如图6-63所示,包括标题栏、菜单栏、工具栏和实验窗口。默认状态下,在实验窗口左边还有显示实验和文本窗口。标题栏由标题名、图标以及窗口最大化/最小化按钮组成。菜单栏包括“文件”“编辑”“实验仪器”“化学试剂”“实验操作”“排列”“选项”和“帮助”八个菜单。工具栏的按钮和菜单栏中的命令相对应。可使用的实验装置有:不同形状和大小的烧杯、长颈瓶、量筒、电热磁搅拌器、布氏漏斗、蒸馏装置、搅拌棒、滴定管、温度计、pH 计、表面皿、热量计、天平、金属丝、本生灯和蒸发皿等实验室常用仪器。软件右下方是实验窗口,实验窗口用于进行模拟实验。

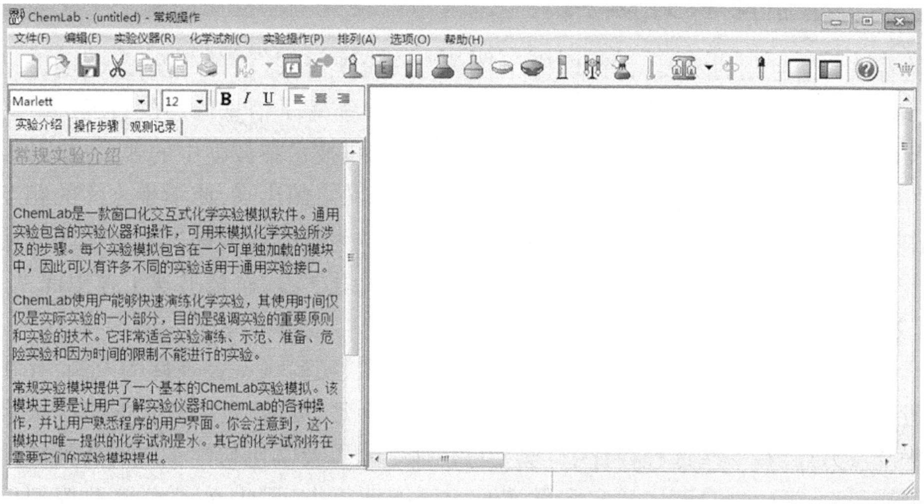

图 6-63　ChemLab 软件主界面

2. ChemLab 操作

ChemLab 提供烧杯、温度计、酒精灯等数十种化学仪器,所有实验器皿都和真实的实验用具一样。整个实验过程是通过鼠标点击及拖曳来完成操作的,可以模拟出各种实验效果,并允许用户向容器中添加各种化学物质以及改变外部条件(如加热、加药品等)。在使用时,用鼠标选择实验仪器。单击所需仪器,然后在实验窗口中相应的地方单击。当鼠标置于实验窗口中相应的仪器或空白位置时,点击右键,将出现不同的下拉菜单。在仪器上双击鼠标左键,会打开该仪器的化学属性对话框:在仪器的标签上双击左键,可对仪器的标签进行编辑。要给仪器贴上一个标签时,应先选定该仪器,即拉一个矩形框罩住仪器,再单击主菜单中“Procedures”(步骤)的“Label”项,在弹出的窗口填写标签即可。

ChemLab 支持很多化学实验的基本操作,下面对部分操作进行简要介绍。

(1)倒出/注入:选择盛放试剂的容器,置于接收容器的左上方或中心(对于表面皿和蒸发皿而言),然后从工具栏选择“倒出/注入”按钮,或者从“操作”菜单或右键快捷菜单中选择“倒出/注入”。

(2)加热:类似本生灯加热,将加热器放在被加热对象的下方。

(3)滴定:添加新的滴定管时会打开滴定对话框。滴定对话框用于控制滴定管的流速,通过调节标记为“活塞”的滑块可以达到这一目的。如果已有滴定管被选中,“滴定管”按钮或“滴定管”菜单被按下就会打开滴定对话框而不会添加新的滴定管。通过自动添加到滴定对话框标题上的标签,可以识别哪个滴定管的对话框被打开。注意:每次只有一个滴定管的对话框可以被打开。滴定对话框可以设置滴定管的体积(精确到0.1mL),还可用来记录滴定起始时的体积和滴定结束时的体积。

(4)加入化学试剂:要添加化学试剂首先要选择一个容器,然后选择主菜单中的"化学试剂"或在右键快捷菜单中选择"所有试剂",或者从工具栏中选择"化学试剂"按钮,打开一个化学试剂对话框。化学试剂对话框允许用户把化学试剂添加到选定的容器中或添加到新的容器中,允许用户更改所选容器的大小和类型。最后从化学试剂组合框下拉菜单中选择所需的化学物质,输入所需的质量或体积,然后按"确定"即可。

(5)加入蒸馏水:通过"蒸馏水"对话框可以将蒸馏水添加到选定的实验仪器中。首先打开"蒸馏水"对话框,选择菜单中的"化学试剂"或右键快捷菜单中的"蒸馏水",或者点击工具栏上的"添加蒸馏水"按钮。蒸馏水也可以通过化学试剂对话框添加。工具栏按钮只能添加室温下的水。蒸馏水对话框还允许用户添加冰水,这可用于冰浴。"蒸馏水"对话框还能改变蒸馏水的体积。

(6)搅拌:ChemLab 允许添加搅拌棒到实验容器中用于所盛物质的混合。用户可通过工具栏上的"添加/移除搅拌棒"按钮、"实验仪器"菜单或右键快捷菜单选择"搅拌棒"。也可以通过相同的操作从容器中移除现有搅拌棒。搅拌棒能停留在容器中的时间只有几秒钟;继续搅拌,必须重新选择添加搅拌棒。

(7)称重:容器中样品的质量可通过选择工具栏上的"显示质量"按钮、"实验仪器"菜单或右键菜单中的"显示质量"来显示。用户也可以通过同一过程取消显示样品的质量。

(8)过滤:在 ChemLab 中首先选择锥形瓶,然后从工具栏选择"添加/移除布氏漏斗"按钮,或者从"实验仪器"菜单或右键快捷菜单中选择"添加/移除布氏漏斗"添加或移除布氏漏斗。如果有任何固体出现在过滤器中就会弹出一个对话框,询问您是丢弃还是把它转移到另一个容器中保留。

实验过程中,ChemLab 会对操作中的失误给出相应的判断。如用户在滴定中没有使用指示剂,在滴定管中加错了溶液,在火焰测试前未清洗金属丝,等等,所有这些错误的操作都会得到与在真实实验中一样的结果;即使不能出现模拟的结果,软件也会提醒在实际操作中会有什么样的结果产生。

使用 ChemLab 模拟化学实验,虽然比真实实验快很多,但它仍然会有时间感。如在加热溶液时,不会马上沸腾,溶剂被蒸发干将经过一个比较长的时间。如果用户在操作中意外离开,实验会记录下来,并在下次重新开始。

3. **操作实例**

ChemLab 有自带的实验模块,用户可以通过观看软件自带模块的演示来熟悉 ChemLab 软件的使用。另外,用户还可以从官方网站下载新的实验模块并复制到新的安装目录以扩充原有实验库。通过 Labwizard(实验向导工具)来扩充原始的实验模块,用户能定制各个实验步骤,并向 ChemLab 数据库中加入新的化合物、溶液浓度、指示剂等。Labwizard 工具可将用户的实验转变为新的 ChemLab 模块,即用户自定义实验(UDL's)。这需要用户提供相关的文献资料、化合物数据和化学反应方程式。用户还可以根据所建立的模拟实验生成全新的理论、步骤和观察现象页面。

酸碱中和滴定介绍。

纯水能够发生微弱电离（自身电离）生成 H^+（氢离子）和 OH^-（氢氧根离子）：$H_2O \rightleftharpoons H^+ + OH^-$。

在中性溶液中 H^+ 和 OH^- 的浓度相等，都是 1.0×10^{-7} M(mol/L)。在酸性溶液中 $[H^+]>[OH^-]$，而在碱性溶液中 $[H^+]<[OH^-]$。pH 是 $[H^+]$ 的一种度量方法，其定义为：$pH=-\log[H^+]$。

在中性溶液中 pH = 7。pH < 7 表示溶液呈酸性，而 pH > 7 则表示溶液呈碱性。

酸碱中和反应是指 H^+ 从酸转移到碱的反应：$HA + B \rightleftharpoons A^- + BH^+$。这里 HA 表示酸，而 B 表示碱。

这个实验将探究中和滴定的规律。把碱滴加到酸中并记录 pH 的变化（增大），然后绘制出 pH 随碱量的增加形成的滴定曲线。当酸被完全中和时，滴定曲线将会在当量点发生突变。因为在当量点附近碱的微小改变量就能导致 pH 发生巨大的变化，从而造成滴定曲线的突变。这个突变点就是反应的结束点，并且该点能够通过指示剂的颜色变化表现出来。酸碱指示剂是指其颜色在一定 pH 范围内能够发生变化的物质。酚酞是一种指示剂，当 pH 为 8 ~ 10 的时候其颜色由无色变为粉红色。

用强酸和强碱来完成酸碱滴定。假设强酸和强碱在水中完全电离。把 NaOH（强碱）滴加到 HCl（强酸）当中，在反应中 NaOH 将中和 HCl 生成 NaCl（氯化钠，盐）和 H_2O（水）：$HCl + NaOH = NaCl + H_2O$。

因为在这个反应中 OH^- 和 H^+ 的化学计量数之比是 1∶1，所以加到 HCl 中的 NaOH 的物质的量与 HCl 的物质的量在反应结束时是相等的，即酸的物质的量浓度 × 酸的体积 = 碱的物质的量浓度 × 加入碱的体积。实验如图 6 - 64 所示。

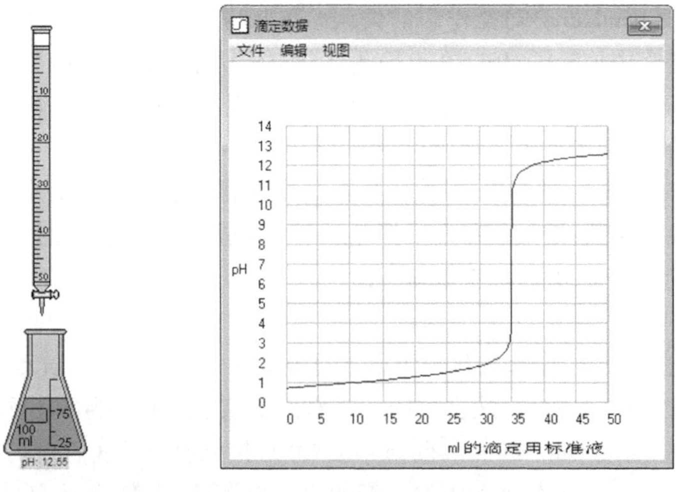

图 6 - 64 酸碱中和滴定

（三）思维导图工具

思维导图是有效的思维模式，是应用于记忆、学习、思考等的思维“地图”，有利于开发人脑的发散思维。思维导图由东尼·博赞创建，已经在全球范围得到广泛应用，新加坡教育部将思维导图列为小学必修科目，中国应用思维导图已有20多年时间。

思维导图又叫心智图，是表达发散性思维的有效图形思维工具，它简单有效，使用便利，是一种革命性的思维工具。思维导图运用图文并重的技巧，把各级主题的关系用相互隶属与相关的层级图表现出来，让主题关键词与图像、颜色等建立记忆链接。它充分运用左右脑的机能，利用记忆、阅读、思维的规律，协助人们在科学与艺术、逻辑与想象之间平衡发展，从而开启人类大脑的无限潜能。

常用的思维导图制作软件有 MindMananger、FreeMind、MindMapper 以及 XMind 等。下面介绍 XMind 软件的功能与用法。

1. XMind 软件工作界面介绍

XMind 是一款免费的商业思维导图（Mindmap）和头脑风暴（Brainstorm）软件。XMind 兼容 FreeMind 和 MindManager 数据格式，不仅可以绘制思维导图，还能绘制鱼骨图、二维图、树形图、逻辑图、组织结构图等，以便以结构化的方式来展示具体的内容。人们在用 XMind 绘制图形的时候，可以时刻保持头脑清晰，随时把握计划或任务的全局，它可以帮助人们在学习和工作中提高效率。

XMind 基于 Eclipse RCP 软件架构，全力打造易用、高效的可视化思维软件，强调软件的可扩展、跨平台、稳定性等性能，致力于帮助用户提高学习或工作效率。

XMind 软件的界面包括标题栏、菜单栏、工具栏、工作簿窗口、属性窗口以及视图窗口等，如图 6-65 所示。

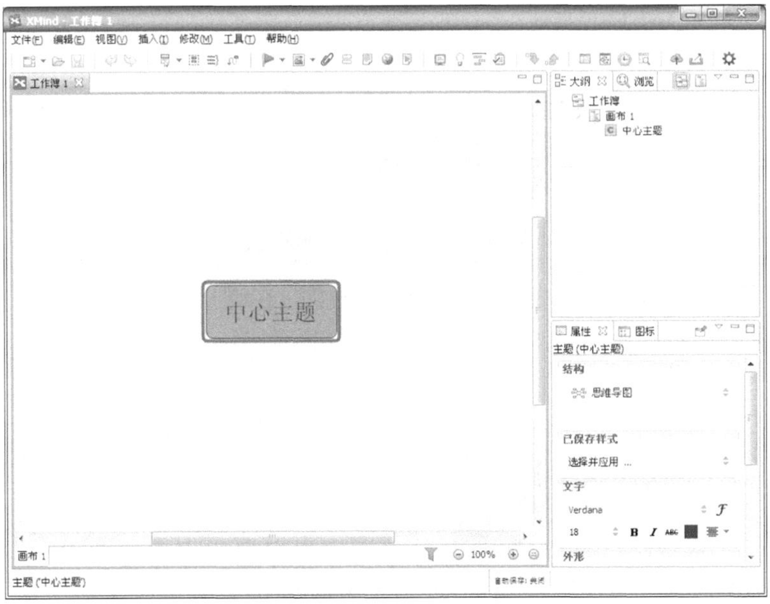

图 6-65　XMind 软件主界面

2. 主　题

主题包括中心主题、分支主题、子主题和自由主题。

中心主题:每一张思维导图有且仅有一个中心主题。这个主题在新建图的时候会被自动创建并安排在图的中心位置。当保存这个新建图的时候中心主题的内容会默认设置为保存文件的名字。

分支主题:中心主题周围散发出来的第一层主题即分支主题。分支主题被用来记录与中心主题相关的信息,如图 6-66 所示。

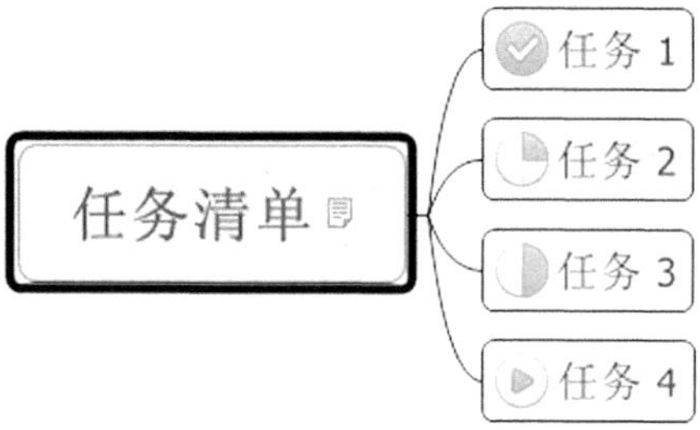

图 6-66　分支主题输入

子主题:分支主题、自由主题后面添加的主题都被称为子主题,子主题还可以有自己的子主题。

自由主题:通常中心思想之外总会有些关键的而临时没有合适位置的信息。这些信息都将以自由主题的形式存在于思维导图之中。

3. XMind 制作思维导图的关键技术

(1)插入分支主题:用鼠标右键单击中心主题,在弹出的菜单中选择“插入”—“分支主题”菜单项,即可插入一个分支主题,如图 6-67 所示。

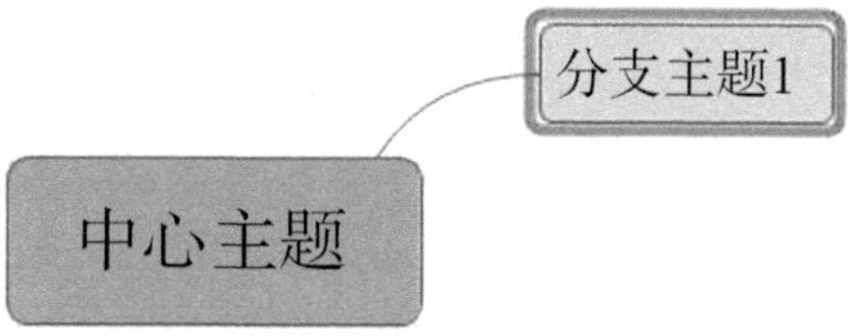

图 6-67　分支主题插入

(2)插入子主题:用鼠标右键单击某个分支主题,在弹出的菜单中选择“插入”—“子主题”菜单项,即可插入一个分支主题,如图 6-68 所示。

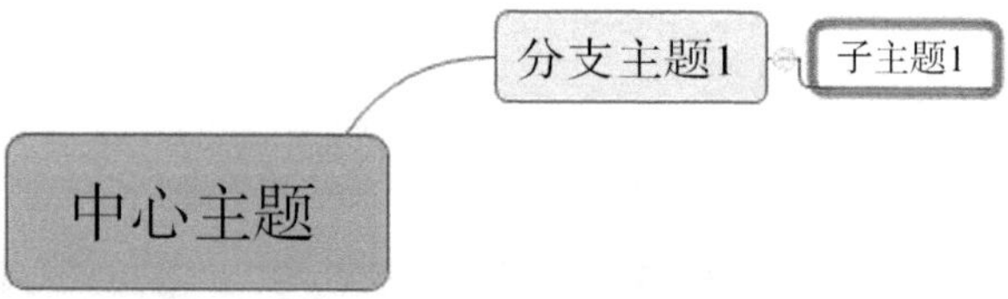

图 6-68　子主题插入

小技巧:插入分支主题可以用快捷键“Enter”键;插入子主题可以用“Tab”键。

(3)更改主题文字。用鼠标双击要更改的主题,进入更改模式,输入想要变更的内容,如图 6-69 所示。

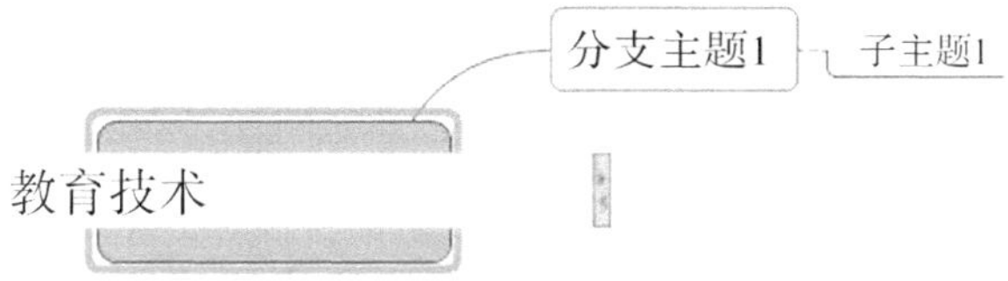

图 6-69　更改主题文字

各级主题的变更均可按照该方法进行修改,变更主题文字的快捷键是 F2 键。

例:用 XMind 制作教育技术 AECT1994 定义的五个范畴。

①打开 XMind 软件,选择“文件”—“新建”命令,选中一个红白模板双击打开。

②用鼠标双击中心主题,把“中心主题”文字变更为“教育技术”。

③用鼠标右键单击“教育技术”主题,选择“插入”—“主题”命令,插入一个分支主题。选择该分支主题,双击该分支主题,输入“设计”文字。

④按回车键,插入一个新的分支主题,按 F2 键,把“分支主题”文字改成“开发”。

⑤重复步骤④依次插入“利用”“管理”和“评价”三个范畴。结果如图 6-70 所示。

⑥保存文件。

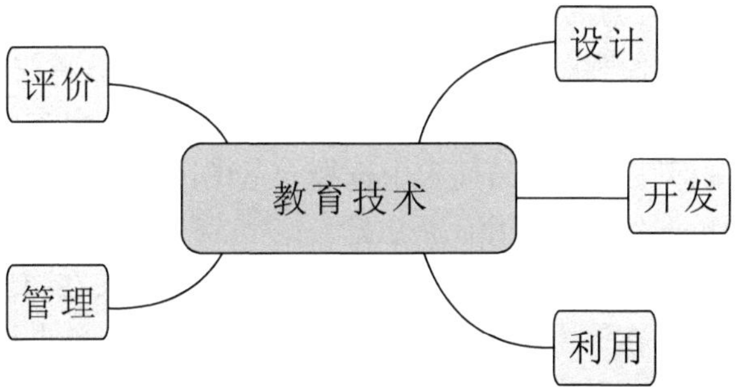

图 6-70　修改中心主题与分支主题

4. 选用不同的风格

XMind 可以选用不同风格呈现思维导图。

首先,选中“中心主题”之后,选择“视图”—“风格”命令,此时在工作簿的下部会出现一个包括多种风格的窗口,如图 6-71 所示。

其次,选择自己需要的风格,双击鼠标即可。

(1)插入自由主题。任选空白位置,单击鼠标右键,选择“自由主题”,此时在鼠标所在的位置会出现一个背景为灰色的“主题”,移动鼠标到合适的位置单击鼠标左键即可创建一个自由主题。

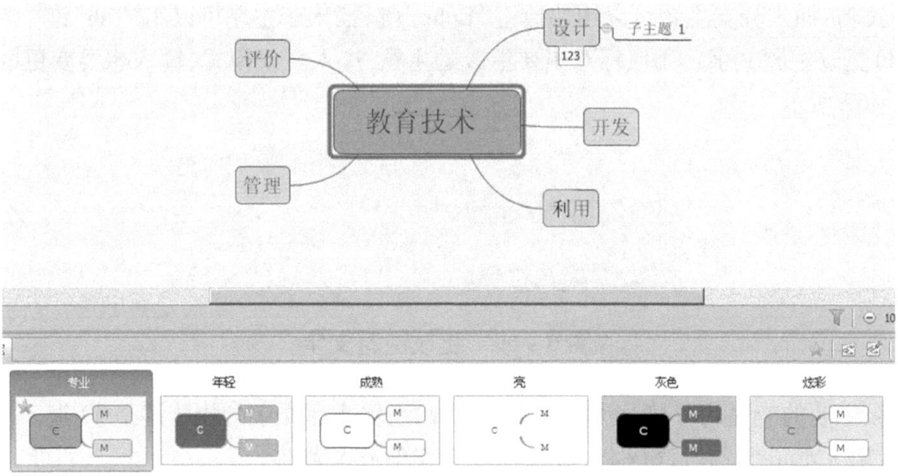

图 6－71　多风格窗口

（2）插入图片。先选中任意一个主题，单击鼠标右键，选择“插入”—“图片”—“来自文件”，可以从本地电脑中选择一张图片，还可以用鼠标点选图片四周的控制点调整大小。

（3）插入超链接。XMind 还可以为主题插入超链接。选择任意一个主题，单击鼠标右键，在弹出的菜单中选择“超链接”，可以在弹出的对话框中设置链接的文件、内容或者网址。

（4）插入注解。点选任意一个主题，按 F4 键，即可输入注解。输入注解后，主题的文字后边会出现一个小型的便利贴图示，点击该图示即可显示或编辑注解。

（5）插入图标。在主题上可以任意插入图标。选择任意一个主题，单击鼠标右键，在弹出的菜单中选择“图标”，在弹出的列表中选择合适的图标即可。如果主题中含有图片的话，需要注意，右键单击的不是图片而是主题。

（6）插入附件。点选任意一个主题，选择“插入”—“附件”，在弹出的对话框中选择需要的附件，插入成功以后，在该主题的前方会出现一个主题框，单击该主题框即可打开该附件，如图 6－72 所示。

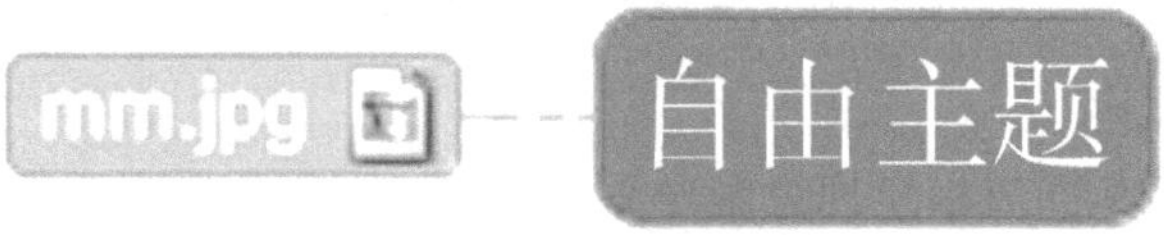

图 6－72　插入附件

（7）插入关联。选择一个自由主题，右键单击该主题，在弹出的对话框中选择“插入”—“联系”，此时会有一条带箭头的线从该主题出发，将鼠标移到需要和该主题建立关联的主题上单击鼠标左键，即可在这两个主题之间建立一个关联。

（8）改变主题样式。主题的样式在属性对话框中，包括文字的颜色、大小以及边框的形状等，如图 6－73 所示。选择任意一个主题，在主题样式对话框中选择自己需要的样式即可。

图 6－73　改变主题样式

XMind 的最大特色在于能快速改变其结构，实现方法是选择任意主题，点击鼠标右键，选择“结构”命令，在弹出的菜单中选择一种结构即可。

(四)文科类软件工具

文科类，如历史、政治、地理、语文、英语类的辅助教学和学习的软件主要是教学一线的教师们编写的教学课件，或者一些微小课件或积件，可以到相关的学科教学网站上搜集。另外，汉语或英语词汇类学习软件也有很多，均可以辅助学习或教学(如金山词霸等)。下面介绍一款由历史教师编写的辅助教学软件——文科历史学习宝典。

该软件出自中学一线历史教师之手，是全国第一款面向中学文科师生，带有中文电脑语音阅读的自助式文科历史教与学的专门软件，是教师备课讲课、学生学习练习的好助手。该软件默认使用历史科数据，以高考历史知识巩固与能力训练提高为目标，进行本学科内基础知识过关、课程全程导学与专题知识体系构建，提供限时仿真作答检测环境，进行双基的全程全面训练。该软件收集了与高考历史相关的巨量典型例题，集成了文科生需要的大量文史资料、名言佳句、学法考经以及网友提供的文摘美图，并不断更新数据库提供下载。

师生们完全可以把该软件作为学科试题库、学科试卷库、学科教案库、文史资料库、个人信息库、图片收藏库等加以利用，根据需要随时扩充、不断积累。教师除了可以进行大量备课参考外，还可以进行轻松快捷的试卷生成(不到 10 秒钟便可生成 1 份卷子)，稍加编辑修改即可在多媒体互动教学中利用投影仪进行演示、当堂真题练习测试或屏幕板书作业展示等，实用性功能很多。

教师可以通过该软件进行备课、讲课、管理试卷、批量导入试题以及动态统计数据等。该软件共有八个功能模块：

“扬帆启程”有程序设置与数据管理两个部分：含启动方式选择、窗体边框选择、课程目录设定、图文类别配置、自励语句设定、高考时间校准；自主添加数据、备份用户数据、数据压缩保存。界面如图6－74所示。

图6－74 文科历史学习宝典主界面

“步步为营”设有课程同步导学、专题过关学习、名词概念阐释、结句正论选粹四个部分。课程全程同步，精析精导，专题归纳，井井有条，层层递进，方便理解，有助记忆。界面如图6－75所示。

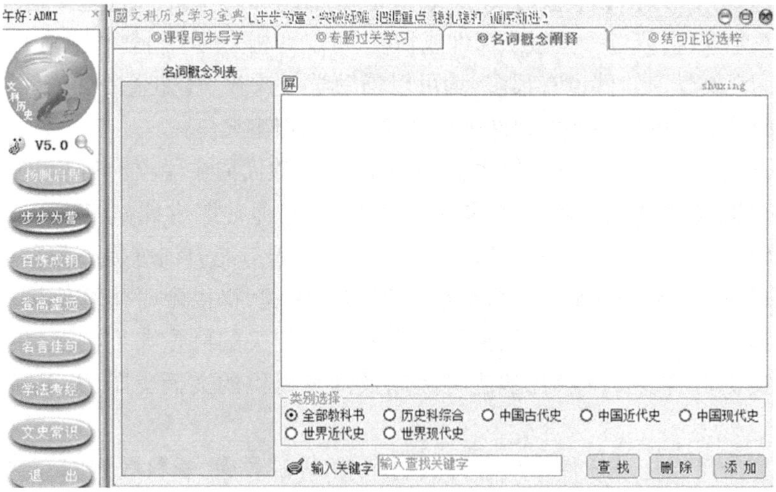

图6－75 “步步为营”栏目界面

“百炼成钢”着眼高考备考，着力能力提高，搜集三大类不同层次的巨量仿真试题，适合学生随时自我检测，可进行当场限时训练及其反馈评估，查缺补漏，让学生轻松把握，提高能力。其中，“我的错题库”收集了许多答题中的差错失误类型，方便有针对性地辨别纠错、训练与巩固。界面如图6－76所示。

图 6-76　“百炼成钢”栏目界面

“登高望远”集纳古今数千篇典籍要文，分为古今中外纵横、历史典籍纵览、历史上的今天、世间万事由来、轻松一笑历史五个部分。用户通过阅读其中的书籍、文章等以开阔眼界、增长知识、升华境界、促进提高。界面如图 6-77 所示。

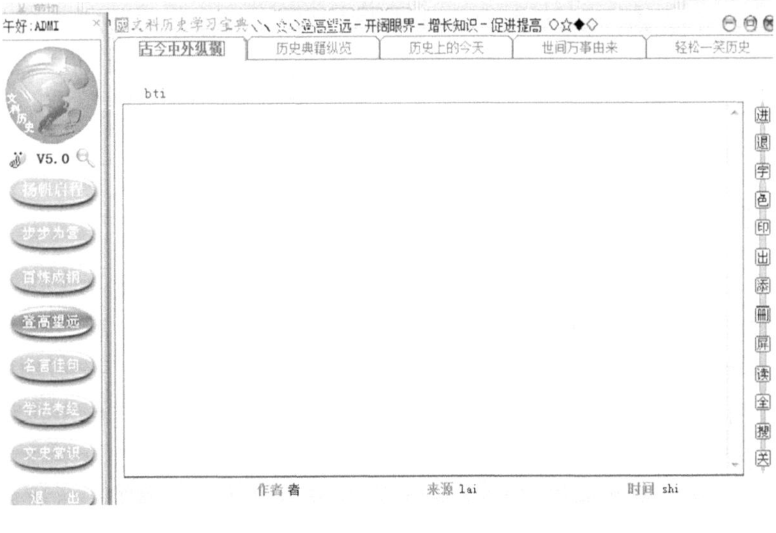

图 6-77　“登高望远”栏目界面

“名言佳句”量大面广，适用性高，分门别类地收集了数千条古今中外的名言佳句以供用户学习欣赏。

“学法考经”包括学习方法概要和应试经验纵览两个部分。

“文史常识”中逐条浏览与全部阅读相结合，提供中学生常见、常用的大量文史资料，以拓宽用户的知识面！

“个人领地”是个人信息事务处理板块，支持用户密码登录认证，提供了大量便捷的实用工具。

以上各个模块需要注册以后才能正常使用,该软件具有十个值得注意的特色,分别是:

自动隐现:细长型主窗口界面,时尚亮眼,小巧玲珑,可以随意隐现,随时调用,方便实用。

自由扩容:可根据需要随时扩容,不断积累;可自由修改、编辑、增减题库或其他资料;可作为历史试题库、文史资料库、个人信息库、图片收藏库使用;教师还可快速生成试卷,将其作为历史备课资源库、课堂课程讲演、练习测试使用。

个性设置:提供电脑语音阅读、自选教材进度、自定义字体大小颜色与背景色、编辑、导出、打印、全屏浏览、生成试卷、数据备份、窗口换肤及大小窗口切换兼备等众多实用功能。

全程导学:涵盖中学文科五本历史教材内容,解疑释惑,分析透彻,纲举目张,重点突出,全力拓展,注重能力培养与提高。

实时训练:定教材、定难度、定时间、定方式进行测试,并对答题量及其准确性作出评估反馈与建议。

轻松环境:界面简洁优美,操作方便明了,色彩怡人,背景音乐优美动听。

综合性高:文史兼备,图文并茂,丰富多彩,有利吸收,促进提高。

数据量大:板块众多,内容全面,兼收并蓄,面广量大,丰富学习,效用性强。

针对性强:拥有丰富多彩的历史教学资源,实用必要的文科资料积累,简洁的功能界面设置,轻松的学习环境。

绿色无尘:仅一个可执行程序和相关数据,拷贝即安装,删除即卸载。

(五)多媒体可视化编程工具软件

可视化编程,即可视化程序设计,它以"所见即所得"的编程思想为原则,力图实现编程工作的可视化,即随时可以看到结果,程序与结果的调整同步。

可视化编程是相对传统的编程方式而言的,这里的"可视"指的是无需编程,仅通过直观的操作方式即可完成界面的设计工作,是目前最好的 Windows 应用程序开发工具。

可视化编程语言的特点主要表现在两个方面:一是基于面向对象的思想,引入了类的概念和事件驱动;二是基于面向过程的思想,程序开发过程一般遵循以下步骤,即先进行界面的绘制工作,再基于事件编写程序代码,以响应鼠标、键盘的各种动作。

可视化(Visual)程序设计是一种全新的程序设计方法,它主要是让程序设计人员利用软件本身所提供的各种控件,像搭积木一样地构造应用程序的各种界面。

能进行可视化程序设计的集成开发环境很多,比较常用的有微软的 Visual Basic(简称 VB)、Visual C++、中文 Visual Foxpro、早期 Borland 公司的 Delphi 等。下面简单介绍 Visual Basic 编程工具。

VB 是由微软公司开发的一种可视化编程语言,是世界上使用人数最多的编程语言。VB 拥有图形用户界面(GUI)和快速应用程序开发(RAD)系统,可以方便地使用 DAO、RDO、ADO 连接数据库,或者轻松地创建 ActiveX 控件。程序员可以轻松地使用 VB 提供的组件快速建立一个应用程序。

VB 6.0 结构简单,编写程序对系统的资源占有极低,是程序编写者编写小型程序的第一选择。如果你是一个对编程一无所知,而又迫切希望掌握一种快捷实用的编程语言的初学者,那就应该选择 VB 6.0。虽然存在程序本身编译和运行效率较低的不足,但是由于快捷的开发速度,简单易学的语法,人性化的开发环境,VB 仍不失为一款优秀的编程工具,是初学者的首选。

英文 Visual 的意思是“视觉的”,“可视的 Basic”这个名字可能抽象了点,但实际上它是最直观的编程方法。当你看到 VB 的界面就会明白,实际上你无需编程就可以完成许多步骤,所以叫作“可视”。VB 中引入了控件的概念。在 Windows 中控件的身影无处不在,如按钮、文本框等各种各样的控件,VB 把这些控件模式化,并且每个控件都有若干属性用来控制其外观和工作方法。这样你就可以像在画板上一样,随意点几下鼠标,一个按钮就设计完成了。这些在以前的编程语言下是要经过相当复杂的工作才能实现的。

问题思考与讨论

1. 你认为技术改善教学的途径是什么?
2. 你会用哪些与所学专业有关的软件工具?
3. 结合自己未来的学科教学,谈谈以后将如何学习教育技术。

阅读指南

张剑平,章苏静. 现代教育技术——技能与训练[M]. 北京:高等教育出版社,2007。

该书介绍了 3 类 19 项现代教育技术技能的训练:①媒体设备的使用。光学投影仪的使用、影碟机的使用、录像机的使用、数码相机的使用、摄像机的使用、数字投影仪的使用、实物展示台的使用、多媒体教室的使用。②教学资源的开发。网上信息的搜索、素材采集与格式转换、图像素材编辑、音/视频素材编辑、动画素材的制作、电子教案的制作、演示文稿的制作、网页的制作。③教育技术综合能力。多媒体课件的设计与制作(文科)、多媒体课件的设计与制作(理科)、教育技术应用效果评价。

该书充分考虑到现代教育技术技能训练与实验教学的需要,每个实验均提供学习目标、训练任务、操作环境、训练步骤、训练指南和思考题。该书还提供相关的网上资源支持。

网络导航

中国教育技术研究网:http://www.cetr.com.cn/e21web/。

中国教育技术研究网由中央电化教育馆主管,由中央电化教育馆研究部、全国教育技术研究规划工作领导小组办公室主办。主要栏目有机构介绍、学术动态、课题研究、实验在线、信息服务、互动天地等等。

主要参考文献

[1]龙丽嫦,曾祥潘,简子洋.用技术解决问题——教师信息素养88个情景实例[M].广州:暨南大学出版社,2014.

[2]白凤翔,罗滨.现代教育技术技能教程[M].北京:中国铁道出版社,2007.

[3]张剑平,章苏静.现代教育技术——技能与训练[M].北京:高等教育出版社,2007.

[4]汪琼,李林.交互式电子白板教学应用教程[M].北京:北京大学出版社,2014.

[5]李芒,张敬涛,朱京曦.交互式电子白板有效教学应用[M].北京:中央广播电视大学出版社,2013.

[6]邢小茹.中文PowerPoint 2003应用基础[M].北京:电子工业出版社,2010.

[7]方其桂,何立松,于继成.中文版PowerPoint 2003课件制作百例[M].北京:清华大学出版社,2004.

[8]王昌勇.几何画板教程[M].武汉:华中师范大学出版社,2008.

[9]陶维林.几何画板实用范例教程[M].北京:清华大学出版社,2001.

[10]曲智男.画出你的世界——思维导图实战手册[M].修订版.北京:电子工业出版社,2013.

[11]许庆芳,翁婉真.Visual Basic 6程序设计与应用教程[M].北京:清华大学出版社,2007.